古典文獻研究輯刊

三九編

潘美月・杜潔祥 主編

第 13 冊

續經義考・春秋之部
（第十冊）

周懷文 著

國家圖書館出版品預行編目資料

續經義考‧春秋之部（第十冊）／周懷文 著 -- 初版 -- 新北市：
花木蘭文化事業有限公司，2024〔民 113〕
目 4+194 面；19×26 公分
（古典文獻研究輯刊 三九編；第 13 冊）
ISBN 978-626-344-933-6（精裝）
1.CST：春秋（經書）2.CST：研究考訂
011.08   113009705

ISBN-978-626-344-933-6

古典文獻研究輯刊
三九編　第十三冊　　　　　　　　ISBN：978-626-344-933-6

續經義考‧春秋之部
（第十冊）

作　　者　周懷文
主　　編　潘美月、杜潔祥
總 編 輯　杜潔祥
副總編輯　楊嘉樂
編輯主任　許郁翎
編　　輯　潘玟靜、蔡正宣　美術編輯　陳逸婷
出　　版　花木蘭文化事業有限公司
發 行 人　高小娟
聯絡地址　235 新北市中和區中安街七二號十三樓
　　　　　電話：02-2923-1455／傳真：02-2923-1400
網　　址　http://www.huamulan.tw 信箱 service@huamulans.com
印　　刷　普羅文化出版廣告事業
初　　版　2024 年 9 月
定　　價　三九編 65 冊（精裝）新台幣 175,000 元　　　版權所有‧請勿翻印

續經義考‧春秋之部
（第十冊）

周懷文　著

目次

第十冊

鄭賡唐 春秋引斷 佚

◎鄭賡唐《空齋遺集》卷末附鄭惟颺、鄭載颺述《先考朝議大夫福建參議寶水府君先妣李恭人合葬行狀》：府君既肥遁自矢以著述自娛，念六經之精微惟《易》，而聖人之志在《春秋》，於是為《讀易蒐》《春秋引斷》二書。又論次史乘，訂往蹟之是非，曰《古質疑》、曰《春秋質疑》、曰《兩漢語林》、曰《唐宋節錄》，距邪說而歸之正，皆發人所未發。又闡明典章，纂《古今同異辨》數十篇，其他古文詞甚富。序記蒼深渾穆，得柳、歐之神。諸體悉備，詩歌酬酢敏贍，然脫稿輒多棄去。工書法，小楷逼鍾、王，行草頡頏宗伯，晚出入於顏、柳間，變而彌遒。尺牘箋啟高華雅秀，人得其吉光片羽，珍秘若琬琰。

◎鄭賡唐《空齋遺集》卷末附湯來賀《前參議鄭公寶水先生墓表》：公於經史百家無不博洽，為古文詞蒼蔚淵穆，詩歌悲壯有少陵忠愛之風，《簝上吟》其最著也。晚年自集其詩曰《髡應草》、曰《遊杭草》，餘多散佚不傳者。公常言聖人之道莫大于《易》，而其志俱在《春秋》，乃為《讀易蒐》《春秋引斷》。又取古事之可疑者，辯析成帙，曰《古質疑》《漢語林》，多發人所未發。

◎鄭賡唐《空齋遺集》卷末附溫陵黃虞稷《兵備寶水鄭公傳》：居平論學，以聖人之道莫大於《易》，而其志具在《春秋》，於是為《讀易蒐》《春秋引斷》二書。《易蒐》鉤索精微，多發人所未發。其論亢龍也，謂：「其時之不得不亢，惟知進而已，何能慮其退；惟知存知得而已，何能慮其喪亡。以伊周觀之，上下危疑，流言繁興，斯時欲慮退於進、虞存於亡、患喪於得，能無餒乎？」論泰之初九曰：「卦以泰交為義，所謂內君子外小人者，正欲與之相安，不欲與之相激。相安則小人可化，相激則君子亦傷。否之六二曰二，以中正應五，中正為能包容小人之心、承順君子之德，使小人皆受其吉，即大人否亨之道。此雖與小人為羣，而轉移變化在我，豈得而亂之哉！坎之九五曰器盈則人概之，盈者人之所欲，概也不盈則適得其平，處中以受天下，何險不濟？其解義精確類此。」《引斷》多采諸說之長者，而間申以己意，皆為通人所稱。治經外，復取古事可疑者辨析成書，曰《古質疑》《漢語林》。其辨周公未嘗殺管叔，論尤宏偉，有關倫教。其他詩文十餘卷，而最奇崛者為《簝上吟》一卷，洞金石而泣鬼神，語二子曰：「此吾志所在，存此一卷足矣。」晚歲有欲以遺逸薦者，公笑曰：「吾豈以終南為捷徑者哉？！」力拒之。

◎鄭賡唐《空齋遺集》卷末附李來泰《粜藩鄭寶水先生傳》：所著有《讀易蒐》《古質疑》《兩漢語林》《春秋引斷》凡若干卷，其詩集有《髡應草》《遊

杭草》，而《簝上吟》一編則公在長溪溪山作也，比《指南》於信國，仿《北征》於少陵，後之知人論世者，於此有考焉。

◎光緒《縉雲縣志・人物》卷之八：居平論學，以聖人之道莫大於易，而其志具在《春秋》，於是為《讀易蒐》《春秋引斷》二書。

◎光緒《縉雲縣志・藝文》卷之十一：鄭賡唐《讀易蒐》十二卷（自序見文編）、《春秋引斷》、《春秋質疑》、《唐宋節錄》、《古質疑》、《兩漢語林》、《古今同異辨》、《空齋遺集》十二卷。

◎鄭賡唐（1607～1678），原名孕唐，字而名，號寶水。浙江縉雲縣周村人。天啟七年（1627）舉人，屢試進士不第，遂治經世之學。唐王即位福州，任為翰林待詔，陞吏部主事員外郎，攝文選事。後任福寧兵備道，思有所建樹而回天無力，隱跡長溪叢林。晚年致力治學，力拒遺逸之薦。著有《讀易蒐》十二卷、《春秋引斷》、《質疑》（括《春秋質疑》一卷、《古質疑》）、《兩漢語林》、《古今同異辨》、《唐宋節錄》、《空齋遺集》十二卷、《髡應草》、《遊杭草》、《簝上吟》等。二子惟颺、載颺皆進士，有文名。

鄭賡唐 春秋質疑 一卷 存

國圖藏康熙二十一年（1682）鄭惟颺鄭載颺等刻本

◎條目：魯隱公。宋穆公。石碏。蔡季。壽子急子。子糾小白。仇牧。申生。管仲。季友。齊桓公。荀息。子魚。舅犯。臧文仲。晉文公。甯武子。秦穆公。季文子。趙盾。鄭歸生。泄治。魯成公。趙朔同括。子臧。華元魚石。

◎質疑舊序：士大夫修身于鄉而著書貽後世，其盛德大業，所謂古之隱君子者非歟？夫人得志則樂心生，失志則窮愁怨憤懟其所不必然者，才大而氣驕，學成而量溢也。鄭君在先朝困公車二十季，當其始也，挾持奇策，顧盼于金戈鐵馬。方將戮力中原，為國家効命，乃書上輒斥。晚復驅馳嶺表，支離憔悴，終不得大展其用。悲矣！既逢時不辰，遂棄去一切，投老山林。以彼之遇，窮愁怨憤，欲以加于世，誰曰不宜？乃觀其山中所著《質疑》諸書，酬酢古今，考衷百代，懼詖邪害心，無為矯世絕俗之言，豈非心平故氣和，氣和故其言溫理光章率皆湛深經術者哉？夫孔明抱膝南陽，寄志泉林，蕭條遠托，幾疑于煙霞痼疾。究其自命，此豈北海元龍睥睨萬物恣睢群材者得而比肩也？！陶徵君千秋高士，其《讀山海經》諸詠，引類寓言，亦何嘗譏訕咄嗟，汲汲明其不得志之故哉！是書也，考核博辨析精，盡取諸子百家之確駁詭誣者一折衷于經

傳，微顯闡幽，皆有關于綱常名教之大、聖賢中正之則，于以正人心，挽世運，所謂不得見諸行事庶或托諸空言，作者之意固已深矣。且聞鄭君白首田園，尚有兩親在堂，當其匍匐闕廷遠涉山海，每飯不忘所生，今其書固皆歸老括蒼、趨庭侯寢之餘所輯而成也。以鄭君忠孝，德至者言亦至，宜予之聞風遐企抗志希褁者，與使獲是書者讀之而慨然嘆興。問古有隱君子焉，仙都吏隱之間，不將與南陽、彭澤並著哉！

時順治戊戌剞劂于武林，板罹回祿，幸存副本，茲康熙戊午重梓中州，仍錄前序以誌知言云（惟颺識）。

◎王源《居業堂文集》卷十三《春秋質疑序》：夏商之季，桀紂之殘暴，三代之風猶未改。至於東周而三代之勢遂大變，不可以復救。蓋夏商之季亂在上，東周亂在下；夏商之變不過數端，而東周之變遂不可勝紀。故曰孔子懼，作《春秋》，竊取其義而實見諸行事。且夫變不極則君子之用不著，而處朝廷骨肉守正行權鋤奸御詐之道不盡見，故當其時不肖者履常則釀變，遇變則殺身，辱名貽害於國家而禍流乎數世；其賢者貞固之操足以維世教，妙用足以宏濟艱難而全其忠厚惻怛之心，謀足以肆應百出不可窮深識遠，略足以洞其事之始終而預操其成敗。《春秋》一皆筆之於書而示褒貶以昭垂於萬世。嗚呼！《春秋》以史為經，讀史而不知《春秋》，猶涉河而不知源、登泰華而不知其分自崑崙，不亦陋乎！括蒼鄭子岵思，既刻其尊人寶水先生所著《考古質疑》行世，又將梓其《春秋質疑》以傳，而請余為之序。余受而讀之，或發經義所未著，或論其處事之當否，或辨三傳之誤而以為莫須有，大抵皆據時勢、切事情，確乎不可磨滅之論。夫窮經不能致用，縱析豪芒，不過經生博士之學，非聖人所貴。先生嘗從亡閩嶠，危亂之際，能拒悍帥監紀之請。迨備兵福甯，矢死自守，必待符奪其兵而後歸竄空山以歿。其出處一準乎義而不苟，則其有得於《春秋》可知。雖然，《春秋》傳信之書無可疑也，乃經義晦而傳多誤，疑生焉。質其疑而信，以出《質疑》，非所以傳信乎？然則疑也者信也，無可疑也，讀者其知之！

◎鄭廎唐《空齋遺集》卷末附鄭惟颺、鄭載颺述《先考朝議大夫福建參議寶水府君先妣李恭人合葬行狀》：府君既肥遁自矢以著述自娛，念六經之精微惟《易》，而聖人之志在《春秋》，於是為《讀易蒐》《春秋引斷》二書。又論次史乘，訂往蹟之是非，曰《古質疑》、曰《春秋質疑》、曰《兩漢語林》、曰《唐宋節錄》，距邪說而歸之正，皆發人所未發。又闡明典章，纂《古今同異

辨》數十篇，其他古文詞甚富。序記蒼深渾穆，得柳、歐之神。諸體悉備，詩歌酬酢敏贍，然脫稿輒多棄去。工書法，小楷逼鍾、王，行草頡頏宗伯，晚出入於顏、柳間，變而彌遒。尺牘箋啟高華雅秀，人得其吉光片羽，珍秘若琬琰。

◎鄭賡唐《空齋遺集》卷末附湯來賀《前參議鄭公寶水先生墓表》：公於經史百家無不博洽，為古文詞蒼蔚淵穆，詩歌悲壯有少陵忠愛之風，《簷上吟》其最著也。晚年自集其詩曰《髡應草》、曰《遊杭草》，餘多散佚不傳者。公常言聖人之道莫大于《易》，而其志俱在《春秋》，乃為《讀易蒐》《春秋引斷》。又取古事之可疑者，辯析成帙，曰《古質疑》《漢語林》，多發人所未發。

◎鄭賡唐《空齋遺集》卷末附溫陵黃虞稷《兵備寶水鄭公傳》：居平論學，以聖人之道莫大於《易》，而其志具在《春秋》，於是為《讀易蒐》《春秋引斷》二書。《易蒐》鈎索精微，多發人所未發。其論六龍也，謂：「其時之不得不亢，惟知進而已，何能慮其退；惟知存知得而已，何能慮其喪亡。以伊周觀之，上下危疑，流言繁興，斯時欲慮退於進、虞存於亡、患喪於得，能無餒乎？」論泰之初九曰：「卦以泰交為義，所謂內君子外小人者，正欲與之相安，不欲與之相激。相安則小人可化，相激則君子亦傷。否之六二曰二，以中正應五，中正為能包容小人之心、承順君子之德，使小人皆受其吉，即大人否亨之道。此雖與小人為羣，而轉移變化在我，豈得而亂之哉！坎之九五曰器盈則人概之，盈者人之所欲，概也不盈則適得其平，處中以受天下，何險不濟？其解義精確類此。」《引斷》多采諸說之長者，而間申以己意，皆為通人所稱。治經外，復取古事可疑者辨析成書，曰《古質疑》《漢語林》。其辨周公未嘗殺管叔，論尤宏偉，有關倫教。其他詩文十餘卷，而最奇崛者為《簷上吟》一卷，洞金石而泣鬼神，語二子曰：「此吾志所在，存此一卷足矣。」晚歲有欲以遺逸薦者，公笑曰：「吾豈以終南為捷徑者哉？！」力拒之。

◎鄭賡唐《空齋遺集》卷末附李來泰《糸藩鄭寶水先生傳》：所著有《讀易蒐》《古質疑》《兩漢語林》《春秋引斷》凡若干卷，其詩集有《髡應草》《遊杭草》，而《簷上吟》一編則公在長溪溪山作也，比《指南》於信國，仿《北征》於少陵，後之知人論世者，於此有考焉。

鄭國器 春秋質疑 佚

◎光緒《湖南通志》卷二百四十六《藝文志》二：《春秋質疑》，湘鄉鄭國器撰（《縣志》。增）。

◎鄭國器，字用齋。湖南湘鄉人。諸生。著有《易經辨疑》四卷、《詩經叶韻考》、《三禮辨疑》、《春秋質疑》、《論語質疑》、《孟子質疑》、《九經辨疑》、《詩書辨疑》、《經絡指南》、《銅人圖繪注》、《麻疹活幼》、《損傷證治》、《各省沿革考》、《歷代甲子字畫辨忽》、《人道工程表》、《晉唐書法譜》。

鄭環 春秋國名補 佚

◎鄭環（1730～1806），字清如，一字夢暘（孟揚），自號東里居士。武進（今江蘇常州）人。惲敬舅父。乾隆五十一年（1786）舉人，大挑二等，選授揚州訓導。為經師五十年，及門者不下三百餘人，臧庸、左輔等俱為其弟子，多所成就。著有《周易觀象》、《春秋國名補》、《春秋前知錄》二卷、《願學齋經說》、《桑梓潛德錄》、《歷代典禮考》一卷、《孔子世家考》二卷附《史記十二諸侯年表孔子年譜》一卷、《弟子列傳》、《竹書紀年考》、《從祀先儒考》、《洪範五行傳》、《石鼓文注釋》、《願學齋文集》、《漢漢壽亭侯關神武世家》一卷、《老子本義》二卷。

鄭環 春秋前知錄 二卷 佚

◎王其淦、吳康壽光緒《武進陽湖縣志》卷二十八《藝文》：鄭環《春秋前知錄》二卷（存）。

鄭璜 春秋地理今釋 不分卷 存

南京藏稿本

◎鄭璜，字元吉，號瘦山，晚號贅翁。吳江（今江蘇蘇州吳江區）人。嘉慶十五年（1810）舉人。候選訓導。常年客幕。精經學，好為詩，入竹溪社。卒年六十一。著有《春秋地理今釋》不分卷、《海紅華館詩鈔》十二卷、《海紅華館詞鈔》六卷、《籜石齋十國詞》一百首。

鄭郟 春秋表微 三十卷 佚

◎乾隆《福建通志》卷六十八《藝文》一：鄭郟《易測》《春秋表微》《皆山詩文》。

◎蔡衍鎤《操齋集・文部》卷七《鄭奚仲春秋表微序》：鎔《詩》《書》《易》《禮》《樂》而為《春秋》，褒貶取裁于聖心。凡單辭隻字，無非大義微言，是以書成游夏莫之能贊也。夫以游夏之所不能者，欲令千載以下之儒管窺蠡測，

逆得聖人之意于千載以上，其將能之乎？左之失誣、公之失俗、穀之失短，至
胡庶幾近之，然亦未免有深文鍛鍊幾于酷吏苛辭者。莆田鄭子曰：此豈聖人著
善惡惡之意邪？異時禽獸逼人，邪淫害正，自斯人激之矣。因翻文定舊案，自
作《春秋表微》，據經史以正其訛，參百家以窮其奧，微顯闡幽，裁成義類，
自隱元始至于麟止，為卷三十。凡以存天理遏人欲使天下後世曉然于聖人之意
之所在，夫子有言：「吾志在《春秋》」，先生亦云「吾志在《表微》」，出而問
世，必有知先生罪先生者，錤不敏，未能深知其妙，敢自附于不能贊一辭者之
後云爾〔註83〕。

　　◎蔡衍錤《操齋集‧文部》卷十三《答莆田鄭奚仲牘》：承示《春秋表微》，
先生翻宋儒舊案，逆得聖人之意於千載以上，謂非明眼人可乎？序文如命構
就，別簡呈上。錤平昔於是經未能有所發明，惟有春王正月一辨差強人意。至
桓十四年夏五月二字，世儒皆指為闕文。錤謂此文實未嘗闕，不過五字之下誤
脫月字。但此月字之脫必非脫於國史之手，并非脫於孔子游夏之手。倘國史脫
之，孔子必增之；或孔子脫之，游夏必增之。即令游夏脫之，左丘、公、穀必
增之。今既未嘗增入，則其脫也當在秦漢以後。夫所謂闕文者，闕其時焉可也，
闕其地焉可也，闕其人與事焉可也，若徒闕一顯然易知之字而謂之闕文，又何
貴於闕文，亦何嘗有所闕文哉。噫！自唐宋來賢儒輩出，未有不窮經考傳，逆
得聖人之意於千載以上者。獨此明白易曉之文，曾無一人議增此字，此錤所以
掩編而三嘆也。今先生既翻宋儒舊案，不為俗說所拘矣，縱不敢于經文夏五之
下直增月字，亦何妨于此條分註中疏明其說，使讀者一見而豁然？是則錤所惓
惓屬望者。至若大義微言所在，必非深于《春秋》者所能知。錤不敢輕贊一辭
矣。敝邑盛傳先生寓興教寺，夜夜拜佛念經。夫佛本無父無君之教，若《春秋》
正所以明君臣父子之大義於天下者。先生拜佛念經之意，不與所著《春秋表微》
之意自相矛盾矣乎？是又錤之所未解者，抑傳之非其真與〔註84〕！

　　◎張元濟《涵芬樓燼餘書錄‧涵芬樓原存善本草目‧經部》：《春秋表微》
（鈔本）。

　　◎鄭郟（1615～　），字奚仲，一字皆山，福建莆田人。崇禎末歲貢生。黃
道周弟子。康熙三十八年（1699）尚健在。與林雲銘等善。著有《易測》四卷、

─────────────────

〔註83〕其後有評二條：襃貶處大得麟經筆意（張北山）。辱承華袞之襃，雖亦善善宜長
　　　　之意，然實幸先生不罪我矣，寶而藏之以為拙集光（鄭皆山）。
〔註84〕其後有評：加一月字是為至確之言，非眼明手快，豈能補千古之闕文耶！（湯
　　　　碩人）。

《易測說卦傳》一卷、《易測繫辭》二卷、《皆山詩集》、《詩史》、《和陶》、《廣騷》、《春秋表微》、《明書》、《南華微笑》、《續英雄記》、《鈔同聲錄》。

鄭江 春秋集義 二十卷 佚

◎杭世駿《道古堂文集》卷三十八《侍讀鄭公行狀》：公所學無不貫，尤邃於經。謂《春秋》為宣聖性命之文，而三傳未能發明，非啖、趙、孫、劉諸大儒，則聖經或幾乎晦。武夷胡氏頗以己意武斷，迂泛不切者不可殫述。晚集諸家之說為《春秋集義》二十卷，穿穴根據，不第為胡氏諍臣也。又為《詩經集詁》四卷、《禮記集注》二卷。與修《明史》時有《明志稿》六卷、《明太祖本紀》八卷《列傳》十卷。修《綱目》時有《明綱目》三卷。少學詩於同里洪稗畦，中凡數變，卒歸醇雅。與里中諸宿老結南屏之社，而公獨絕去破碎鬼瑣之習。已刻《筠谷詩鈔》七卷，余嘗承公命為之序。未刻者有《書帶草堂詩鈔》三十三卷文集八卷賦四六共二卷詞一卷，其他若《析醒錄》三卷、《粵東紀遊》一卷，則公之難著也。

◎鄭江（1682～1745），榜姓錢，字荃若，號璣尺，晚號筠谷。浙江錢塘人。幼孤，眇一目，淡泊寡營。康熙五十七年（1718）進士，改庶吉士。先後充《明史》《大清一統志》《明史綱目》館纂修官。嘗督學安徽，遷侍講，進侍讀，官至右春坊右贊善。以足疾告歸。工八法。著有《詩經集詁》四卷、《禮記集注》二卷、《春秋集義》二十卷、《筠谷詩鈔》七卷、《書帶草堂詩鈔》三十三卷、《書帶草堂文集》八卷、《書帶草堂賦／四六》共二卷、《書帶草堂詞》一卷、《析醒錄》三卷、《明志稿》六卷、《明太祖本紀》八卷《列傳》十卷、《明綱目》三卷、《粵東紀遊》一卷等。

鄭良弼 春秋存疑 一卷 佚

◎《明史》卷九十六《志》第七十二《藝文》一《春秋》：鄭良弼《春秋或問》十四卷、《存疑》一卷、《續義》二卷。

◎羅振玉《經義考目錄》卷六《春秋》三十七：鄭氏（良弼）《春秋或問》十四卷（未見）、《春秋存疑》一卷（未見）、《春秋續義》三卷（未見）。

◎鄭良弼，字子餘（宗），號肖巖。浙江淳安人。萬曆舉人。澤州教授。其學通經，尤善《春秋》之學。著有《乾坤易簡錄》一卷、《春秋存疑》一卷、《春秋或問》十四卷、《春秋續義》二卷、《春秋續義發微》十二卷。

鄭良弼 春秋或問 十四卷 佚

◎《明史》卷九十六《志》第七十二《藝文》一《春秋》：鄭良弼《春秋或問》十四卷、《存疑》一卷、《續義》二卷。

◎羅振玉《經義考目錄》卷六《春秋》三十七：鄭氏（良弼）《春秋或問》十四卷（未見）、《春秋存疑》一卷（未見）、《春秋續義》三卷（未見）。

鄭良弼 春秋續義 二卷 佚

◎《明史》卷九十六《志》第七十二《藝文》一《春秋》：鄭良弼《春秋或問》十四卷、《存疑》一卷、《續義》二卷。

◎羅振玉《經義考目錄》卷六《春秋》三十七：鄭氏（良弼）《春秋或問》十四卷（未見）、《春秋存疑》一卷（未見）、《春秋續義》三卷（未見）。

鄭良弼 春秋續義纂要發微 七卷 存

清華藏明抄本

◎《提要》春秋續義發微十二卷（兩淮馬裕家藏本）：此編取胡安國《傳》所未及者，拾遺補闕，續明其義。一步一趨，皆由安國之義而推之，故其得失亦與安國相等。朱彝尊《經義考》載良弼有《春秋或問》十四卷、《存疑》一卷，並《續義》三卷，俱云「未見」。今此本分十二卷，與所記卷數不符，殆彝尊以傳聞誤載歟？

鄭銶 春秋心印 十四卷 佚

◎王大同等主修，李林松主纂嘉慶《上海縣志》卷十八《志藝文・經部》：《春秋心印》十四卷（鄭銶撰。文淵閣存目）。

◎應寶時修，俞樾、方宗誠等纂同治《上海縣志》卷二十七《藝文》：《春秋心印》十四卷（鄭銶撰。《文淵閣》存目）。

◎鄭銶，上海人。著有《春秋心印》十四卷，萬曆二十八年（1600）曾刻《明目良方》。

鄭守條 讀春秋詩 一卷 佚

◎尋霖、龔篤清編《湘人著述表》：《蚓鳴集》十卷，縣志載含《評商書周書》一卷、《評歷代子書》一卷、《評傳記大序小序》一卷、《評二十一史》一

卷、《雜說》一卷、《讀四書詩》一卷、《讀春秋詩》一卷、《遊覽》一卷、《詞賦》一卷、《樂府》一卷。

◎鄭守傃，湖南湘鄉人。康乾間在世。著有《讀四書詩》一卷、《讀春秋詩》一卷、《評商書周書》一卷、《評歷代子書》一卷、《評傳記大序小序》一卷、《評二十一史》一卷、《雜說》一卷、《遊覽》一卷、《詞賦》一卷、《樂府》一卷，合稱《蚓鳴集》。

鄭同旬 春秋題義括 佚

◎同治《六安州志》卷三十三《文苑》：博通經籍，著有《春秋題義括》《柿葉草堂刊近體》及《詩餘選本》。

◎光緒《重修安徽通志》卷二百二十九《人物志・文苑》：博通經籍，著有《春秋題義括》《柿葉草堂刊近體》及《詩餘選》（《六安州志》）。

◎鄭同旬，字禹山。英山（今湖北英山）人。康熙三十七年（1698）拔貢生。博通經籍。著有《春秋題義括》《柿葉草堂刊近體》《詩餘選本》。

鄭文蘭 春秋辨義 十二卷 存

浙江、中山大學藏乾隆木活字印本

◎鄭文蘭，字雨培。剡縣（今浙江嵊州市）人。著有《春秋辨義》十二卷，與修道光《稽南鄭氏宗譜》。

鄭曉如 春秋揣義述說 十二卷 存

台灣藏曲阜鄭氏遺書稿本

◎鄭曉如，原名憲銓，以字行，又字子彬，號意堂。原籍安徽歙縣，遷山東曲阜。咸豐元年（1851）恩科舉人，歷知廣東新安、澄海、曲江等縣，補清遠縣。著有《易經析錄》四卷、《周易讀本》八卷、《周易集說》四卷、《禮記正簡》四十六卷、《春秋揣義述說》十二卷、《春秋集解》八卷、《春秋三傳升祀改祀考》、《闕里述聞》十四卷、《皇朝聖師考》七卷、《防山書屋詩集》。

鄭曉如 春秋集解 八卷 存

台灣藏曲阜鄭氏遺書稿本

鄭曉如 春秋三傳升祀改祀考 佚

◎孫葆田《山東通志》卷百二十七《藝文志》第十：是書亦《鄭氏遺書》之一，見《採訪冊》。

鄭勳 左傳樂府 佚

◎徐時棟《煙嶼樓文集》卷二十四《徵舉孝廉方正鄭君墓碣》（庚申）：君既為寒村南谿之元曾樗庵之弟子，復以三雲先生（辰）為季父、陳誦帚大令（同文）為師且以為外舅。所嚴事，縣人則桂盧筠（廷蔚）、顧鑑沙（桐），郡中則董小鈍（秉純）、盧月船（鎬）、范莪亭（永祺）、黃東井（定文），省中則梁山舟（同書）、余秋室（集）、何春渚（琪）諸前輩，竝能以古學獎借後進。當是時，天下承平，士大夫孴經考史，壇坫滿江南。會儀徵阮文達視學兩浙，南康謝蘇潭中丞（啟昆）為方伯，無錫秦小峴司寇（瀛）由觀察攝廉訪，交起羅才俊，豫章樗櫟兼收竝畜，一時知名之士若張文皋（燕昌）、鮑綠飲（廷博）、何夢華（元錫）、錢魯斯（伯坰）、奚鐵生（岡），其同徵者若程易疇（瑤田）、胡頷君（虔）、袁陶軒（鈞）、陳仲魚（鱣）、張農聞（彥曾）、邵懷粹（志純）諸君後先集省垣，上自故訓證據之學，下至金石書畫，鉤索周秦，抉摘唐宋，著書立說，各自名家。而蘇潭方召諸徵士作《史籍考》，盡舉文瀾閣書置藩署蓬巒軒，又得廣披博覽，厭飫祕府。嗟乎！有家學為淵源，有名師為軌轍，有鄉先生為典刑，學人既幸之；至於名公卿之主持、博雅君子之萃類、湖山文物之美、石渠天祿之富，由今日觀之，若入海求三神山，杳不知其所在，而君皆得遭遇之，何其盛也……所著有《鄭氏獻徵錄》《高州年譜》《校補梨洲年譜》《簡香日錄》《二硯窩讀書隨筆》《左傳樂府》各若干卷、《二硯窩文集》六卷《詩存》三十八卷。

◎鄭勳（1763～1826），原名繼高，更名勳，字書常，自號簡香。浙江慈谿灌浦人。家「二老閣」世藏書，至勳積書二千餘卷，又別建「二硯窩」以儲之。先後師從蔣樗庵孝廉，受《毛詩》《春秋》，始由師說追溯家學，以與聞證人之傳。年二十餘，受知於大興朱文正公，補第子員。食既稟，仁宗登極，舉孝廉方正，賜袟六品。著有《左傳樂府》、《鄭氏獻徵錄》、《高州年譜》、《校補梨洲年譜》、《簡香日錄》、《二硯窩讀書隨筆》、《二硯窩文集》六卷、《二硯窩詩存》三十八卷。

鄭延順 讀左偶筆 佚

◎孫葆田《山東通志》卷百二十七《藝文志》第十：是書見《州志》。

◎鄭延順，字去逆。山東濟寧人。監生。著有《讀左偶筆》。

鄭元慶 春王正月考 佚

◎翁方綱《復初齋文集》卷十四《補錄鄭芷畦窆石志》：晚年託迹幕府，研窮經學，於易、禮尤邃。所著有《周易集說》、《詩序傳異同》、《禮記集說參同》、《官禮經典參同》、《周禮集說》、《家禮經典參同》、《喪服古今異同考》、《春王正月考》。

◎鄭元慶（1660～1730後），字芷畦，又字子餘。平生慕鄭子真為人，自號小谷口、鄭谷口。歸安（今浙江湖州）人。幼年從其叔學易、禮，並通史傳及金石文字。後以貢生入國子監。藏書處曰魚計亭。與毛奇齡、朱彝尊、胡渭交。李紱、張伯行雅重其學，欲薦於朝，未果。著有《周易集說》、《詩序傳異同》、《禮記集說參同》、《官禮經典參同》、《家禮經典參同》、《喪服古今異同考》、《春王正月考》、《湖錄》（《湖州府志稿》）一百二十卷、《海運議》、《小谷口薈蕞》、《二十一史約編》、《石柱記箋釋》等。

鄭蘊弘 麟經要刪 佚

◎王嗣槐《桂山堂文選》卷七《鄭芥園傳》（代）：所著《進履言》及《麟經要刪》行世。

◎鄭蘊弘（1618～1678），字雨隨，別號芥園。浙江桐鄉人。鄭昌世子。桐鄉九賢之一。順治九年（1652）進士。授湖南寶慶、辰州等地推官，後官中書科中書。著有《麟經要刪》《進履言》。

鄭宗堯 春秋摘要 佚

◎嘉慶《連江縣志》卷之七《藝文》：鄭宗堯《易經要義》□卷、《禮記選常》□卷、《春秋摘要》□卷、《詩書精解》□卷。

◎嘉慶《連江縣志》卷之七《文苑》：著有《易經要義》《禮記選常》《春秋摘要》《詩書精解》諸書。

◎杭世駿《道古堂文集》卷三十四《華泉居士傳》：與章□、孫拱極為文章意氣之友，沉酣六籍，大放厥辭，著述滿家，於經學尤邃，有名《易經要義》者，有名《禮記選常》者，有名《春秋摘要》者，有名《詩書精解》者。他如

《周禮》《史記》及宋元理學之書，靡所不究……史氏曰：連江文獻，項背相望。或隱或見，厥軌亦殊。若其逸足方騁而羈焉中絕，則未有如居士之可哀者也。居士循庸行而不鈞奇，為文卓詭切至而宗於經，推其所至，宜有益于世用。而年不登中壽，捥髮傳業而不得貫名州郡。嗚呼！其有限之者耶！

◎鄭宗堯，字嗣勳，嘗遊玉泉、寶華二山，遂自號華泉居士。福建連江人。初援例入監，與邑中張廷烈、孫拱極為文字友。讀書沉酣六籍，理解尤邃。乾隆五十七年（1792）以五經充副貢。卒年四十六。著有《易經要義》《詩書精解》《春秋摘要》《禮記選常》。

鄭佐 春秋傳義 佚

◎道光《徽州府志》卷十五《藝文志》：鄭佐《春秋傳義》。

◎鄭佐，徽州府歙縣（今安徽歙縣）人。著有《春秋傳義》。

中法漢學研究所 春秋繁露通檢 存

中法漢學研究所 1944 年北京本

中華書局 公羊傳精華 一冊 存

中華書局 1915 年排印本（題教科自修適用公羊傳精華）

◎目錄：隱公：元年春王正月、公子益師卒、九月紀履緰來逆女○冬十月伯姬歸于紀、癸未葬宋繆公、初獻六羽、秋七月、滕侯卒、鄭伯使宛來歸祊、六月壬戌公敗宋師於菅○辛未取郜辛巳取防、冬十有一月壬辰公薨。桓公：鄭伯以璧假許田、宋督弒其君與夷及其大夫孔父、春正月己卯烝。莊公：紀侯大去其國、公及齊人狩于郜、公侵宋、公會齊侯盟于柯、秋公子結媵陳人之婦于鄄遂及齊侯宋公盟、齊人伐山戎、公子牙卒。閔公：齊仲孫來、齊高子來盟。僖公：齊師宋師曹師次于聶北救邢、虞師晉師滅夏陽、楚屈完來盟于師盟于召陵、諸侯盟于葵邱、春王正月戊申朔霣石于宋五是月六鷁退飛過宋都、夏四月四卜郊○不從乃免牲○猶三望。文公：毛伯來求金、世室屋壞、晉人納接菑於邾婁弗克納、夏五月公四不視朔。宣公：春王正月郊牛之口傷改卜牛牛死乃不郊猶三望、晉趙盾衛孫免侵陳、晉荀林父帥師及楚子戰於邲晉師敗績、宋人及楚人平、初稅畝。成公：叔孫僑如會晉士燮齊高無咎宋華元衛孫林父鄭公子鰌邾婁人會吳于鐘離。襄公：三月公會晉侯宋公衛侯鄭伯曹伯莒子邾婁子薛伯杞伯小邾婁子于溴梁戊寅大夫盟、吳子使札來聘。昭公：冬葬許悼公、曹公孫會

自鄭出奔宋、齊侯唁公於野井。定公：元年春王、冬十有一月庚午蔡侯以吳子及楚人戰于伯莒楚師敗績〇楚囊瓦出奔鄭〇庚辰吳入郢、盜竊寶玉大弓、叔孫州仇帥帥墮郈〇季孫斯仲孫何忌帥師墮費。哀公：齊陽生入于齊齊陳乞弒其君舍、西狩護麟。

　　◎序：傳《春秋》者，有左氏、公羊氏、穀梁氏、鄒氏、夾氏諸家。而公羊氏之說本據亂而作，多非常異義可怪之論。漢世治其說者，胡母生、董仲舒、嬴公眭、孟莊、彭祖、顏安樂、陰豐、劉向、王彥之徒，遞相傳授，師友不絕。往往獨標其義，絕塵而馳，以治古學貴文章，謂之俗儒。斷絕眾流，不復相溝通。許叔重作《五經異義》，亦云古者《春秋左氏說》，今者《春秋公羊說》，由是今文古文之爭沿及後世。攻擊者不遺餘力，而昌其說者亦愈張皇幼眇，上九天而下九淵，引之至於無垠。前清三百年間，學問經術迴鑠漢唐宋，乾嘉之際，古文之學極盛而無以復加。自是厥後，今文大興，而公羊家言靡一世，其所捵述，尤與政治、哲理桴鼓相應，隱然同軌於宇內思想之大勢。嗚呼，豈非氣運使然者哉！是編之輯，嘗鼎一臠，藉以知味，初學之士瀏覽乎此，匪惟足以洗荒經之恥，抑所以廣己造大，而息息相通於宇內思想之大勢者，我知其必有合也。是為序。

中華書局　公羊傳穀梁傳精華　一冊　存

中華書局 1936 年排印中國文學精華本

文聽閣圖書有限公司 2008 年民國時期經學叢書第二輯影印中華書局 1936 年排印中國文學精華本

　　◎目錄：

　　穀梁傳精華：隱公：元年春王正月、公子益師卒、九月紀履緰來逆女〇冬十月伯姬歸于紀、癸未葬宋繆公、初獻六羽、秋七月、滕侯卒、鄭伯使宛來歸祊、六月壬戌公敗宋師於菅〇辛未取邿辛巳取防、冬十有一月壬辰公薨。桓公：鄭伯以璧假許田、宋督弒其君與夷及其大夫孔父、春正月己卯烝。莊公：紀侯大去其國、公及齊人狩于郜、公侵宋、公會齊侯盟于柯、秋公子結媵陳人之婦于鄄遂及齊侯宋公盟、齊人伐山戎、公子牙卒。閔公：齊仲孫來、齊高子來盟。僖公：齊師宋師曹師次于聶北救邢、虞師晉師滅夏陽、楚屈完來盟于師盟于召陵、諸侯盟于葵邱、春王正月戊申朔霣石于宋五是月六鶂退飛過宋都、夏四月四卜郊〇不從乃免牲〇猶三望。文公：毛伯來求金、世室屋壞、晉人納接菑於

郳婁弗克納、夏五月公四不視朔。宣公：春王正月郊牛之口傷改卜牛牛死乃不郊猶三望、晉趙盾衛孫冤侵陳、晉荀林父帥師及楚子戰於邲晉師敗績、宋人及楚人平、初稅畝。成公：叔孫僑如會晉士燮齊高無咎宋華元衛孫林父鄭公子鰌邾婁人會吳于鐘離。襄公：三月公會晉侯宋公衛侯鄭伯曹伯莒子邾婁子薛伯杞伯小邾婁子于溴梁戊寅大夫盟、吳子使札來聘。昭公：冬葬許悼公、曹公孫會自鄸出奔宋、齊侯唁公於野井。定公：元年春王、冬十有一月庚午蔡侯以吳子及楚人戰于伯莒楚師敗績○楚囊瓦出奔鄭○庚辰吳入郢、盜竊寶玉大弓、叔孫州仇帥師墮郈○季孫斯仲孫何忌帥師墮費。哀公：齊陽生入于齊齊陳乞弒其君舍、西狩護麟。

公羊傳精華：隱公：元年春王正月、鄭伯克段於鄢、祭伯來、武氏子來求賻、公觀魚于棠、宋公齊侯衛侯盟于瓦屋。桓公：鄭伯以邴假許田、齊侯衛侯胥命于蒲、齊侯送姜氏于讙、春正月甲戌己丑陳侯鮑卒、夏五、壬申禦廩災○乙亥嘗、天王使家父來求車。莊公：築王姬之館于外、夫人姜氏會齊侯于禚、五月葬桓王、紀侯大去其國、甲午治兵、齊人取子糾殺之、秋丹桓宮楹○二十有四年春王三月刻桓宮桷、六月辛未朔日有食之鼓用牲于社、公會齊侯宋公陳侯鄭伯同盟于幽、臧孫辰告糴于齊、春新延廄、秋築臺于秦。僖公：虞師晉師滅夏陽、齊侯宋公江人黃人盟于貫、冬十月不雨○三年春王正月不雨○夏四月不雨○六月雨、秋齊侯宋公江人黃人會於陽穀、公及齊侯宋公陳侯衛侯鄭伯許男曹伯會王世子于首戴○秋八月諸侯盟于首戴、公會王人齊侯宋公衛侯許男曹伯陳世子款盟于洮、秋七月禘于太廟用致夫人、晉殺其大夫里克、己卯晦震夷伯之廟、春王正月戊申朔隕石于宋五是月六鷁退飛過宋都、滅項、梁亡。文公：八月丁卯大事于大廟躋僖公、晉人納捷菑於邾婁弗克納。宣公：晉趙盾弒其君夷皋、王札子殺召伯毛伯、初稅畝。成公：季孫行父如齊、九月辛丑用郊。襄公：晉士匄帥師侵齊至穀聞齊侯卒乃還、大饑、閽弒吳子餘祭、五月甲午宋災宋伯姬卒。昭公：楚子蔡侯陳侯許男頓子胡子沈子淮夷伐吳執齊慶封殺之、秋蒐於紅、冬葬許悼公。定公：元年春王、夏公會齊侯于頰谷公至自頰谷。哀公：秋公伐邾婁八月己酉入邾婁以邾子益來、春西狩護麟。

鍾懷 春秋考異 佚

◎焦循《雕菰集》卷二十二《甘泉優貢生鍾君墓志銘》：君卒之明年夏四月，君之子負二囊來，皆君著述草藁，乞循為理之。明日啟囊，得十三種，曰

《春秋考異》，論三傳也；曰《說書》，解《尚書》也；曰《區別錄》，考訂毛詩之草木蟲魚也；曰《論語考古》，發魯論之疑滯也；曰《祭法解》，核古祀典也；曰《周官識小》，經緯諸職而類釋之也；曰《讀選雜述》，補《文選》注之不及也；曰《興藝塾問答》，與子弟門人輩講說之所錄也；曰《漢儒考》，表兩漢經師也；曰《興藝塾筆記》、曰《考古錄》，雜論經籍之所叢也；曰《覺菴日記》，甲寅乙卯間記日所行之事也；曰《筠心館集》，詩古文詞也。《日記》首尾完善，錄雖璅屑，間丞哀傷，而夷曠之風露於椿表。訊而味之，可以消市心焉。文止數篇，詩則備矣。其餘零星斷爛卷帙未完，窮三日力，刺其精華，為君寫之。統得四卷，名之曰《蕘厓考古錄》。蕘厓者，君別字也。君諱懷，字保岐。鍾氏世為揚州甘泉縣人。

◎鍾懷（1761～1805），字保岐，號蕘厓。揚州甘泉（今江蘇揚州江都區）人。省試十三次不第，嘉慶九年（1804）舉優貢。著有《祭法解》、《周官識小》、《春秋考異》、《論語考古》、《漢儒考》、《讀選雜述》、《說書》、《區別錄》、《興藝塾問答》、《興藝塾筆記》、《覺菴日記》、《筠心館集》、《蕘厓考古錄》四卷。

鍾晉 春秋往例質疑 二卷 佚

◎光緒《平湖縣志》卷十七《人物・列傳》三：深於經術，力求聖賢用心所在。常端坐深思，達旦不寐，故所見真切。尤精於易。著有《周易學》四卷、《周易象義觀通》十二卷、《筮占古例》一卷、《春秋往例質疑》二卷，今僅存《周易釋》十二卷已刊，《勺泉集詩選》二卷未梓。

◎光緒《平湖縣志》卷二十三《經籍》：《春秋往例質疑》二卷（鍾晉。府于《志》。未刊。顧廣譽序略曰：杜氏所撰《左氏集解》分正例、變例、非例以蔽全經之條貫，先生於三者分條為之疏證辨難者十之八九，其中或有意求疵，未盡平允，然所駁之義剖析亦多入微）。

◎許瑤光修，吳仰賢等纂光緒四年《光緒嘉興府志》卷五十九《列傳十・平湖縣》：著有《周易象義觀通》《春秋往例質疑》《詩文集》諸書（于《志》）。

◎許瑤光修，吳仰賢等纂光緒四年《光緒嘉興府志》卷八十《經籍一》：鍾晉《春秋往例質疑》三卷（顧廣譽《序》略曰：杜氏所撰《左氏集解》，分正例、變例、非例，以蔽全經之條貫。先生於三者，分條為之疏證辨難者十之八九，其中或有意求疵，未盡平允，然所駁之義，剖析亦多入微）、《春秋夷庚》（徐士芬《漱芳閣集》）。

◎鍾晉，字士升，號山子。平湖（今浙江平湖）人。鍾衛弟。恩貢生。善詩文，尤精經學。性孝友，行狷潔。家無擔石，泊如也。著有《周易學》四卷、《周易釋》十二卷、《周易象義觀通》十二卷、《筮占古例》一卷、《毛詩學》、《春秋往例質疑》二卷、《春秋夷庚》、《句泉集》。又著有《觀音堂詩鈔》二卷、《明日看雲集》一卷、《道中歌》一卷、《觀音堂硯銘》一卷，合稱《雪子偶存》。

鍾晉 春秋夷庚 佚

◎光緒《平湖縣志》卷二十三《經籍》：《春秋夷庚》（鍾晉。徐士芬《周易象義觀通跋》）。

◎許瑤光修，吳仰賢等纂光緒四年《光緒嘉興府志》卷八十《經籍一》：鍾晉《春秋往例質疑》三卷（顧廣譽《序》略曰：杜氏所撰《左氏集解》，分正例、變例、非例，以蔽全經之條貫。先生於三者，分條為之疏證辨難者十之八九，其中或有意求疵，未盡平允，然所駁之義，剖析亦多入微）、《春秋夷庚》（徐士芬《漱芳閣集》）。

鍾文烝 春秋穀梁經傳補注 二十四卷 首一卷末一卷 存

復旦藏同治七年（1868）南菁書院刻本

國圖、武漢〔註85〕、北大、中科院、遼寧、吉林、黑龍江、安徽師範大學、天津、中央民族大學藏光緒二年（1876）嘉善鍾氏信美室刻本（附律句一卷）

皇清經解續編本

商務印書館國學基本叢書本

中華書局四部備要據南菁書院續經解本排印本

中華書局 1996 年十三經清人注疏駢宇騫、郝波慧點校本

續修四庫全書影印華東師大藏光緒二年（1876）鍾氏信美室刻本

◎一名《穀梁補注》。

◎鍾氏於范氏原序後註曰：文烝附范書為《補注》，兼用三例，記姓名者三百餘焉。

◎目錄：卷首序、論經（十八條）、論傳（十五條）、略例（九條）、范氏元序。卷第一隱公第一上（元年盡四年）。卷第二隱公第一下（五年盡十一年）。卷第三桓公第二上（元年盡七年）。卷第四桓公第二下（八年盡十八年）。卷第五莊

〔註85〕清謝章鋌圈點並識。

公閔公第三之一（莊元年盡七年）。卷第六莊公閔公第三之二（莊八年盡十八年）。卷第七莊公閔公第三之三（莊十九年盡二十七年）。莊公閔公第三之四（莊二十八年盡閔二年）。卷第九僖公第四之一（元年盡五年）。卷第十僖公第四之二（六年盡十七年）。卷第十一僖公第四之三（十八年盡二十七年）。卷第十二僖公第四之四（二十八年盡三十三年）。卷第十三文公第五上（元年盡八年）。卷第十四文公第五下（九年盡十八年）。卷第十五宣公第六上（莊元年盡七年）。卷第十六宣公第六下（十年盡十八年）。卷第十七成公第七上（元年盡九年）。卷第十八成公第七下（十年盡十八年）。卷第十九襄公第八上（元年盡十九年）。卷第二十襄公第八下（十八年盡三十一年）。卷第二十一昭公第九上（元年盡十八年）。卷第二十二昭公第九下（十九年盡三十二年）。卷第二十三定公第十。卷第二十四哀公第十一。卷末律句四十韻、又二首、四言一首、書後二篇。

◎序：魯之《春秋》，魯所獨也。孔子之《春秋》，孔子所獨也。魯所獨者，王禮所在，其史法較諸國為備，故石尚欲書《春秋》，當時以為重。孔子所獨者，是非二百四十二年之中，脩其辭以明其義，子游子夏不能贊一辭改一字，故梁鄭正其名、石鶂盡其辭，正隱治桓，皆卓然出於周初典策之上。夫梁鄭之事，舊文也，而名有所必正，則其加損舊文者可知矣。石鶂之事，微物也，而辭有所必盡，則大焉者可知矣。正隱治桓，揭兩字於卷首，則全書悉可知矣。然而斯義也，左氏、公羊不能道，獨穀梁子稱述而發明之，實為十一卷大指總要之處，推之千八百事，無所不通。故《穀梁傳》者，《春秋》之本義也。蓋嘗論之，聖人既作《春秋》書於二尺四寸之策，其義指數千，弟子口受之，自後遞相授受，錄以為傳，則《穀梁》之與《左氏》《公羊》宜若無大異者。而漢博士言《左氏》不傳《春秋》，自以其書專主記事，不若二家純論經義。二家之中，《公羊》當六國之亡，《穀梁》去孔子近，則見聞不同。《公羊》五傳至其元孫，當漢孝景時，始著竹帛。《穀梁》作傳，親授荀卿，則撰述亦不同。《公羊》為齊學，《穀梁》乃魯學，則師承又不同。今觀《穀梁》隕霜不殺草之傳，據韓非書，乃夫子答哀公問《春秋》之語，而《公羊》無之；《穀梁》引尸子、公子啟、蘧伯玉、沈子之外，有稱「傳曰」者十。傳者，七十子所記，其來甚古。《儀禮・喪服傳》亦有此例，《公羊》又無之（舊傳與《喪服傳》所引舊傳，非必說《春秋》說《喪服》之專書，而皆出七十子。《喪服傳》出七十子之後，或云子夏作，非也。《毛詩序》亦非子夏自作，有引高子語，當與公羊同時），以公羊氏所未聞明穀梁氏之近古，以《儀禮傳》之可信明《春秋傳》之得真，知其為

《春秋》之本義無疑也。《左氏》《公羊》之失甚多，就其最淺著者如《左氏》於仲子之贈，以為桓母未死而豫贈，誤紀子伯為紀子帛，則以君為臣（《左氏》亦以臣先於君，其義不安，故於襄十六年「叔老會鄭伯，晉荀偃」之傳釋之曰「為夷之故也」。杜注、孔疏以為諸侯之大夫與鄭伯尊卑皆平，是也。又於僖二十九年傳曰「卿不會公侯，會伯子男可也。」皆是曲為彌縫，以申成臣得先君之說）。誤尹氏為君氏，則內外男女皆失其實。開卷之初，其謬如是。《公羊》妄意曹伯為有罪，則曰「甚惡也」；又不能言其惡，則曰「不可以一罪言也」；妄意盟宋再出豹為殆諸侯，則曰「衛石惡在是，惡人之徒也」；妄意西宮為宮寢之宮，又不敢決言三宮之制，則曰「以有西宮，亦知諸侯之有三宮也」。凡若此類，第在事實、人名、禮制之間，亦不及《穀梁》遠，何論其他矣！漢世三傳並行，大約宣元以前則《公羊》盛，明章以後則《左氏》興，而《穀梁》之學頗微。江左中興，妄謂《穀梁》膚淺，不足立學，相沿至唐初，謂之小書，而《穀梁》之學益微。苟非有范甯、徐邈闡明於前，楊士勳輩纘述於後，則《穀梁傳》之在今日幾何不為十六篇《書》、三家《詩》之無徵不信哉！吾於此歎唐人義疏之功大也。大歷以降，經學一變，前此說《春秋》者，皆說三傳主於一而兼其二，未有自我作故、去取唯欲者。啖助、趙匡、陸淳之書出而兩宋孫復、劉敞、孫覺、程子、葉夢得、胡安國、陳傅良、張洽之徒繼之。元之黃澤、趙汸用功尤深，又踵而詳之。於是三家之書各不成家，而《春秋》之說滋亂，至於今未已也。然而風氣日開，智慧日出，講求益密，義理益詳，則亦自有灼然不惑之說。故啖助謂「《穀梁》意深」，陸淳謂「斷義不如以《穀梁》之精」，孫覺謂「以三家之說校其當否，《穀梁》最為精深」，葉夢得謂「《穀梁》所得尤多」，胡安國謂「義莫精於《穀梁》」，蔡元定謂「三傳中道理《穀梁》及七八分」，某氏《六經奧論》謂「解經莫若《穀梁》之密」。而乾道中浦江鄭綺遂著《穀梁合經論》三萬言，惜不可見矣。清興，李文貞公光地變通朱子之學以治羣經，其論《春秋》曰：「三傳好，《穀梁》尤好。」迨後惠士奇父子倡漢學於東南，亦云「論莫正於《穀梁》」。其專宗《穀梁》者，深水王芝藻。而後亦頗有人，而書皆不行（《四庫》附存目有王芝藻《春秋類義折衷》十六卷，載其自序謂《左傳》多不可信，《公羊》亦多謬戾，惟《穀梁》猶不失聖門之舊；又謂《公羊》襲取《穀梁》書續為之。鎮江柳氏《穀梁傳學》，海州許桂林有《穀梁時月日釋例》，道光中阮元皆為之序。許書今有刻本，取其一條）。竊以國家二百年來，經籍道盛，宜有專門巨編發前人所未發者。且以范注之略而舛也、楊疏之淺而脃也，苟不備為補正，將令

穀梁氏之面目精采永為左氏、公羊所掩，謂非斯文之闕事乎哉！文烝年九歲十歲時（道光丙戌、丁亥），先君子親以三傳全文授讀，備承庭訓，兼奉慈箴（考諱棠，縣諸生。先母氏奚）。後來博搜諸家書，見而記，記而疑，其甚疑者則時時往來於心不能自已。年將三十，始知《穀梁》源流之正、義例之豐。數年之間，所見漸多，頗有所得。用是不揣檮昧，詳為之注，存豫章之元文，擷助教之要義，繁稱廣引，起例發凡，敷暢簡言，宣揚幽理，條貫前後，羅陳異同典禮，有徵詁訓從朔。辭或旁涉，事多創通，竊謂《穀梁》解《春秋》，似疏而密，甚約而該。經固難知，傳亦難讀，學者既潛心於茲，又必熟精他經，融貫二傳，備悉周秦諸子及二千年說者之得失，然後補苴張皇，可無遺憾。以予淺學，蓋未之逮，唯曰實事求是而盡心平心，則庶幾矣（詹體仁語。真德秀居官蒞民之道曰「盡心平心」，實亦讀書要法）。夫不得於心則不待於言，趙岐之拙、王弼之巧，皆失之不明（朱子曰：解書難得分曉，趙岐《孟子》拙而不明，王弼《周易》巧而不明），李鼎祚、衛湜之浩博又苦於不斷，予期於明且斷而已矣。乙巳迄癸丑歲棄立，己未歲始有定本，直題《補注》，無取異名。疏卷二十，今二十有四。《左氏》《公羊》之經異者，具列經下並證明之，別為《論經傳》各若干條冠書首焉。咸豐九年己未夏五月乙未，嘉善鍾文烝朝美氏自序。

自後又脩飾暢繹之而紀之以詩，癸亥之三月也。又六歲增易，又以千百計。然後疑滯疏漏漸漸免矣。夫學欲多也，思欲專也，取羣書以治一書者，其道無以易此也。予討論百家之解，稽合四部之言，所謂「思之思之，鬼神教之」，蓋有之矣。所謂「天下之理，眩於求而真於遇」，蓋有之矣。敢自謂多且專乎哉！抑亦有二十餘年心力之勤焉，於是乎又記。時同治七年戊辰七月七日。

◎略例：

凡范注全載，或移其處，疏則補注中采之頗有增刪並析，隨宜也。

凡補注之作，以徵引該貫學鄭君《三禮》注，以探索精密學朱子《四書章句集注》《或問》，雖不能至，心鄉往之，求詳也。

凡《春秋》中不決之疑，今悉決之。其未經人道者，竊比於梅鷟辯偽書、陳第談古韻，皆可以俟後世徵實也。

凡百家之解、四部之文，今已逸者，從他書所引引之，不連舉他書之名，省煩也。

凡古今諸儒，皆直稱其姓名，本范注舊例。范於鄭君獨不名，今又以朱子配之，而推及於韓子、周子、程伯子、程子、張子、邵子，表異也。

　　凡經傳中聖諱字，廟諱三字皆敬缺筆。經傳外諸應敬避者，或缺筆，或改寫，若以他字代，則方匡其外，至私諱水部木部各一字，亦缺筆，在經不缺筆，慎辨也。

　　凡經傳注疏及所稱引，皆以舊本善本精校本審定其字，懲誤也。

　　凡傳皆連於經，經傳一條第二行以後皆下一字，一條畢乃提行。無傳之經，每條提行，便覽也。

　　凡撰異，上皆加圈，補注有餘意更端者亦加圈。注中有注，則於眉端附存之，避殽也。

　　◎書後：六經惟《春秋》為聖人手筆，而穀梁子獨得真傳，先生自序及《論經》《論傳》兩篇言之詳矣。道光己酉，善登年二十始受業於先生之門，每見未嘗不言《穀梁》，然亦未嘗得讀藁草。越九年咸豐丁巳，始授以隱公經傳補注一卷，曰：「是未敢自信，以子請之勤，可先睹吾書大略耳。」既更亂離，違函丈者三閱寒暑。同治癸亥夏，復得侍於滬瀆客舍，曰：「吾書首尾略具矣。曩子所見，十不存六七。吾益以知此事之難也。」又曰：「傳稱梁鄭正其名、石鷁盡其辭，豈惟是一經之通體，抑凡學者所當究心焉。吾猶未敢自信也。」他日又錄示莊元年傳補注論性累千言，曰：「吾自問於體驗功少，子好深思，其為我熟復之。」小子有所請，未敢竟，越二年，又錄示今所定本曰：「曩者子言實起予，今以《孟子》為主而通於《論語》，殆不背於相近之指矣。吾於昭十九年傳論為學之序，亦以《內則》為主而通諸《論語》，皆用意之最深者也。子其識之！」自是每見必言《論語》與本傳印證處，或指授藁本若干條使讀，讀或反覆不能下，必曰得毋猶有疑義否。蓋先生於此見愈實而心愈虛，歷二十餘年未嘗厭倦如此也。戊辰冬始手自寫定，越四年潔本成，復塗乙數十事。既又命工錄副，又數數塗乙之，乃舉全書二十四卷界讀，賜書曰：「吾此中甘苦，舍子殆無可告語者。今將授梓問世矣，其不可以無言。」則又錄示所致德清俞編修樾書，略謂《穀梁》家學已微甚，私竊慭歎，專力成書，會萃見聞，折衷一是，於范注載其全，於楊疏擷其要，而一一指其違謬；於墜文佚注則從他籍弋獲，於二傳、《國語》《管》《晏》《史記》，則舉其可相補備者，辯其大相乖剌者；於羣經及唐以前諸古書，苟相出入，必備援證；於董、何、賈、服、韋、杜諸詁及徐、孔二疏，與夫啖趙以來百餘春秋家并雜著，一字可用，亦必摘采；有數說同者則舉其最先，有己說為昔人所已道者，則改從昔人。大氐風氣日開，聰明亦日啟，至近儒講制度訓詁，更有突過前賢者，要無取乎過鑿過

巧。此二十餘年來實事求是之意，而究不知其真是與否也。小子荒經不學，於
《穀梁傳》尤無所窺測，先生不謂其不肖，使得掛名簡末，又從而教督之如此，
其何敢辭！竊嘗聞先生稱莊生之言矣，曰「《春秋》以道名分」、曰「《春秋》
經世先王之志，聖人議而不辯」，夫道名分者，即正名之謂也；議而不辯者，
即盡辭之謂也。蓋萬物載名而生，大則君臣父子，小則事物細微，皆名也，名
生於真。《春秋》則因任以紀其真，紀其真而意有餘焉。《春秋》則又委曲以表
其意，其真其意，名所由載也。而紀之表之，則辭也。故曰君子之於物無所苟，
猶曰君子於其言無所苟也。凡傳議經之所紀所表，增多於經者二萬五千餘言，
宜若辯矣。補注議傳之所議，增多於傳者三十六萬九千餘言，抑尤辯矣。要於
無所苟，一也。是故名有專有通，曰義理、曰訓詁、曰功用，專名也，羣經所
同也，而統貫以異同詳略、先後離合、婉直微著諸書法。其密極於名字日月之
間，則通名也，《春秋》所獨也，皆不可以不辯。小子乃今卒讀先生此書，
乃今敢舉此書之犖較為讀者告焉，有如「道恆言也」，先生辯之曰：「天人之道，
可言可行之名，則義理備而訓詁在其中矣。」推此類於全書，則有若性命之原、
死生之說、天人虛實之應、仁義人我之施、王霸勤怠之所以分、夷夏內外之所
以辨、伊管之所以異術、儒墨之所以殊塗，凡古今講學家所謂反之於心而胥同、
推之於事而無不曲當者，皆為之根據雅故，別白其淺深，而未嘗有鹽空過高之
蔽。又如「君子常稱也」，先生辯之曰：「伊尹所謂君國子民、孔子所謂人之成
名，則訓詁明而義理亦在其中矣。」推此類於全書，凡古今考據家所持論斷斷
者，若立君，若世卿，若田制、軍制、廟制、宮寢之制、冕弁之制、喪葬祔練
之制、祖禰昭穆之制，其小者若形聲假借，近似傳譌，以至一名一物、一助字
之用，亦莫不貫穿羣籍，擇精而語詳。而其諸家聚訟之展轉不可通者，若禘、
若祫、若日食、若五等封地六國年數之類，則又為之備論同異，聞疑載疑，不
敢顓己是非，巧求其必合，又慎之至也。蓋先生初治鄭氏《三禮》，於小學諸
書亦徧歷其堂奧，繼乃由博反約，一宗朱子之學，歸宿於此書，故能義理訓詁
本末一貫，不少偏倚而功用出焉。功用者，其審端在正名，其致力在盡辭，而
其大效則極於可正可變，可經可權，可以別等衰，可以識時勢，可以裁成庶政，
可以平治四民，是何也？是經世之要務不外乎三者而一於書法之異同詳略、先
後離合、婉直微著，求之則是非之斷無弗平，而真似之界無或亂也。是《春秋》
所以為聖筆、《穀梁》所以為真傳，而先生此書所以為二千年來諸家之師匠也。
抑又思之，名者以口自命，人治之大者也。《春秋》所治，莫非朝聘會盟、喪

祭嫁娶、軍旅賦役之大經大法，而其所命則至孅至悉。即所以稱其人者與所以記其時月日者，亦井然布列於章句而不可紊，非故為是怪異曲折也，今人述身事、證舊聞，或日決之月決之，於其所愛敬所賤惡，或官稱之、字稱之，否則名稱之。彼其緩急抑揚之間豈有成例？而肖中以出聽者，不煩《春秋》，書法猶是已。魯之典策本於周禮，周之禮無所不備，將使後人各因其心口所同，觸類參稽以為勸戒，固未有平易明顯之過於是者。而積之既久，聚之益多，則物情之變又各自有其差次分劑，雜然其不齊。等而上之則仁不勝道之說也，等而下之則亂極思治，雖一節之可取，亦以為彼善於此而不忍沒焉。蓋美惡始於相形而成於各足，權以權輕重而輕重實生權，度以度長短而長短實生度，聖人之於《春秋》亦因其本有之差次分劑與為權度焉已耳。是故王在辭端必加天，而文五年則無天矣。晉文公一年七見，共六皆爵之，而其一則人之矣。猶是尹氏也，隱篇氏之，成篇子之，昭篇則又氏之矣。猶是高傒也，莊篇名之，閔篇則子之矣。猶是殺大夫也，於宋則不名不氏，不目其人矣。猶是序王人也，於救衛則人之字之且月之矣。猶是會盟也，十一公之會皆不月而桓則獨月矣；公與外諸侯盟皆日，於齊桓獨不日，而葵丘則又日矣。如此之類，隨舉即是，使魯史之所記本若是其錯出不倫也，聖人何難整齊之！使本整齊，聖人又豈無故而紛更之也？讀者狃於後世史法，但欲以據事直書之說推測乎聖心，無怪乎愈解而愈惑已。且孔子之作《春秋》，非為史也，不獨心異，其事亦不同。何則？史官載筆，不出一手，編年繫事，此不及待彼，後不必顧前，廣記備言，取足傳信，斯善已。至孔子託以見志，則策書所載事實，與其一時禮俗教治之得法失、朝廷宮閫之臧否、往來赴告之暌合，固已本末具存，而其舊制之類若畫一者，又足因之以為損益，苟適於義，無為仍用其文。故董生言「《春秋》論十二世之事，人道浹而王道備，法布二百四十二年之中，相為左右以成文采。其居參錯，非襲古也」，此之謂也。今更觀其犖犖大者，如正隱、治桓、美齊桓、偵晉文之屬數十百條，一經之綱要也。有所謂內外一疑之、上下一見之者，霸之興、周之衰，一焉而義足也。有具一人之始終、繁而不殺者，文姜之惡、共姬之賢，不詳則不著也。亦有孤文細事、無關宏旨者，又前後無所屬比而特存史文者，介人侵蕭之屬是也。蓋聖心猶天，初無方體，因物付物，莫非化工。《論語》弟子好學之對，君詳而臣略；聞斯行諸之告，進求而退由，於言且然，況在文字不然？後世綱目之作，先具條例，可受可傳，而謂文學高第游夏之徒固不能贊一辭改一字，豈通論哉？然則何以知《穀梁》之必合聖心也？曰三傳

皆出周秦之交，皆有所受，皆託於孔子。然《左》《公羊》之述聖言何寥寥也！
傳則明稱子曰，與其顯白目言者無慮十許事，此一證也。《左》《公羊》所言趙
盾泄冶伯于陽三事，其意象不似聖人，傳則多為答述語，不獨取郜大鼎。用致
失夫人諸文，灼然訓釋，當經也，此又一證也。抑梁鄭、石鷁兩傳尤有明徵矣。
曰「我無加損焉」、曰「故月之、故日之」，聖人豈發凡起例自申其說哉？亦應
間之辭爾。史稱七十子之徒口受義指，蓋即此類。而《左》《公羊》皆無之，
是以知其可信也。且《春秋》萬六千字，其指數千，西河卒業，共撰微言，固
必有質疑問難之事。此兩條尤為千八百事筆削之宗本，故告語特詳，用祛未寤。
而其餘采善鉏醜諸例，與夫漢儒所稱因行事而加王心者，則屈伸之志，文皆應
之，舉一反三，本無通義。史乃謂其有所諱避，不可以書見，又何誣也。小子
曩讀舊注，嘗請仿杜氏《釋例》意，刺取楊疏，以補范氏《略例》之闕。先生
不可，曰：「經圓而例方，難可具釋，要在隨事觀理，得其會通，如昔人之訓
《論語》為倫次倫理、為經綸今古、為輪環不窮，妙達此旨，始為善讀。」他
日又謂近時張氏《屬辭辨例編》門目過碎，義類太煩，轉恐與聖心不相似。然
則古學三體五例之設、今學三科九旨之分，其必不免於鑿枘不入也，亦較然理
矣。是故學者欲求聖人之心，必於《春秋》；欲通《春秋》，必於《穀梁》；而
欲通《穀梁》，又必於先生此書。信如先生之盡心平心而不自絕於希通也，當
必深韙乎斯言。夫著書之難與讀書者所得之深淺誠不可誣也，以鄭君之括囊大
典，而魏儒猶巧詆之；以朱子析理之精審，而或信或疑至今不能無異說，天下
之為鄭學朱學者多矣，又未嘗不區分時代，矜守其一塗。而自知言者觀之，固
昭昭然猶白黑也。今小子於先生此書，穴知孔見，鑽仰無成，誠不能道萬分一。
顧竊以為異同之見，賢者不免，而治教方興，環望碩儒，亦不絕於天壤，意必
有合鄭朱為一其人者出，而尊信表章之，使吾道不孤，絕學有繼，則豈惟小子
之私言哉！聖經廢興，上關天運，先儒卓論，蓋不我欺也。小子敢再拜稽首，
綴言以竢。同治十八年壬申夏六月，門人桐鄉沈善登書。

◎再書後：是書既脩定，一時賢士大夫知與不知相勸助剞劂，越三年遂付
手民，於是先生謂諸君子嘉惠之意甚盛，不可忘，則於卷尾備書之，用漢碑陰
記出錢例也。客或私於善登曰：「若是，其不類於釋子之募刻諸經乎？而可
乎？」曰：「是固紀實也，奚而不可？且先生以身世之多故，而《穀梁》家學
之垂絕復興也難，故謹而志之，亦《春秋》所謂國之正也，奚而不可？」客笑
曰：「有是哉？人謂子好佛氏，書癖固有至是者乎？」曰：「然。然則子今殆進

矣，乃好《春秋》。」曰：「否。始吾於佛氏書，三入三出，讀先生此書，而後乃今不復出。子謂吾進焉，否也。且子獨未聞洪氏慶善之說乎？曰：『《春秋》本無例，學者因行事之迹以為例，猶天本無度，治曆者即周天之數以為度。』是說也，其於三乘權實之旨亦猶二五之於十也。吾為子言之，子行復大笑之。夫行事之迹，其可見者也；而周天之數不可見，所可見者七曜列星之懸象而已，其寓焉者也。然且推步家舍是無以布其算，則從而經之緯之、平之穹之，俄而得其盈縮朒朓焉，則又制為里差歲差諸密率以求之。蓋始亦雜候氣朔，取足順時序、列人事而已。而機數既極，還達本原，恢恢大圓，亦幾一引鐵而如在戶牖然。則其寓焉者，其即真焉者邪？其諸佛氏所謂顯密不二者，物固莫不有然者邪？以事迹求《春秋》，何以異於是？夫《春秋》者，載道之文，盡性之書，而傳心之要典也。其事則齊桓晉文，其文則史，以為心與性道之無在無不在，而不可以察察言也，則生乎《春秋》而言《春秋》，焉可目接乎魯史而言魯史焉可也？是故始元終麟之千八百事猶懸象也，寓也。是其是、非其非，固其是其非之相形而愈出，則貶而存焉，亦寓也。雖然，有辯焉。亦既身際乎其時，而愀然不獲已於言矣。而又謂此是是非非之相形愈出者，均之未槩乎所欲言之數，是即與於惑之甚者也。寓云乎哉？故曰我欲託之空言，不如藏之行事之深切著明也，此之謂也。子休矣，吾所窺竊於先生此書者，若此則未知吾果進也否矣。」客既退，以質於先生。先生曰：「善哉喻乎，弗亦已察察言之乎？盍并次斯語以貽後賢，吾為子分謗焉。」遂書諸記出錢之右。甲戌冬十月庚午朔，善登又書。

◎記出錢：

大夫君子，凡以庶士贈資刊書，此風古矣。漢碑所陳出錢某人，今我記之，數踰千緡，每者每者，次第列寫銀兩銀餅陌百而下：

江蘇按察使永康應寶時敏齋、廣西巡府六安涂宗瀛朗軒，四川按察使歸安沈秉成仲復、蘇松太道南海馮焌光竹儒、縉雲縣學訓導烏程朱丙瑩蘭第、候選中書科中書烏程麗雲鐠芸皋、候選郎中烏程周昌熾味六、江蘇升用知懸候補府經歷嘉興金涵蘊青、四品卿銜內閣中書南陵何慎脩子永、前臺灣道沅陵吳大廷桐雲、江蘇候輔直隸州知州監利李慶雲景卿、太倉直隸州知州歸安吳承潞廣安、江蘇候補知府秀水錢卿鈢伯聲、江蘇候補知府嘉善錢寶傳君硯、江蘇試用府同知桐鄉沈寶樾茂庭、浙江試用知縣上海潘承湛露園、直隸候補知府門人秀水趙銘桐孫、門人南匯于鬯醴樽、門人烏程鄭興森念枝、門人秀水張王熙欣木、門人上虞經元智鳳君。

光緒二年丙子閏五月雕成，門人姪壻上海李邦黻覆校。

◎摘錄卷首《論經》：

愚自己酉歲來，最憙黃澤之學。黃氏之言尤切中樞要者，曰：「史記事從實而是非自見，雖隱諱而是非亦終在。夫子《春秋》多因舊史，則是非亦與史同。但有隱微及改舊史處，始是聖人用意。然亦有止用舊文而亦自有意義者。」

黃氏所獨得者，史法經法之說也。趙汸繼黃而加詳，其大致亦自足取。但因求詳之故，遂欲舉史法經法截然分之，則非也。夫史法既變為經法，則其所遵用史法者，亦皆經法而非史法。史法固不可不知，而亦不可過執也。此在《穀梁》梁亡一傳本有端緒，何也？梁亡，鄭棄其師，義主正名，而文仍舊史，以此推之，則不論其文之加損不加損，而其義皆有所取，不計其與舊史本意同異何如也。說經者若必截分史法經法而一一臆斷其孰為策書本文、孰則聖人脩改，無論其未必是，即使盡得之，亦將疑於仍舊者之無所取義，此說者之大蔽也。杜預雖專治《左氏》，而於《釋例》終篇特言之曰：「仲尼雖因舊文，固是仲尼之書也。丘明所發固是仲尼之意也。」此實開通洞達之言，可破百家曲說。愚之此書，或有推求其為仍舊為改舊者，皆不違本傳之文，仍竊取征南之意。子常可作，或予許焉。

戊午冬日，病中偶思《論語》麻冕章，深悟《春秋》之義。子曰：「麻冕，禮也。今也純，儉，吾從眾。拜下，禮也。今拜乎上，泰也。雖違眾，吾從下。」夫純也、拜上也，皆是俗尚苟簡，積漸使然，非儉亦非泰也。但純之本意雖非儉，以義斷之則儉也。聖人之從純自取義於儉，此《春秋》因舊之比也。拜上之本意雖非泰，以義斷之則泰也。聖人不從其泰，乃據禮以正其義，此《春秋》改舊之比也。

◎摘錄卷首《論經》：以上諸條多定於乙丑、丙寅之閒，與世之馳騁浮辭、增飾鑿說者蓋不同矣。尚有須申論者，則從心所欲不踰矩之說也。

◎摘錄卷首《論經》：總之，讀《春秋》者當知其辭之深微隱約，而不可以史家之學求之。雖曰左史書動為《春秋》、右史書言為《尚書》，然而《尚書》說事者也，《春秋》說理者也（並本《法言》）。說事故覽文如詭而尋理即暢也，說理故觀辭立曉而訪義方隱也（並本《文心雕龍》）。後人以史視《春秋》，一誤於杜預則謂《春秋》不可無《左傳》，再誤於劉知幾則謂《左傳》勝於《春秋》。異言喧豗而斷爛朝報之說起矣。韓子《荅劉秀才論史書》曰：「凡史氏褒貶大法，《春秋》已備之矣。後之作者，在據事跡實錄，則善惡自見。」司馬光作

《通鑑》，於《魏紀》特言之曰：「臣今所述，止欲敘國家之興衰，著生民之休戚，使觀者自擇其善惡得失以為勸戒，非若《春秋》立褒貶之法，撥亂世反諸正也。」由二子之言思之，可以知史，可以知經。

至於經之何以始終也？其終易知，其始難知。易知者，文成致祥，事備絕筆，本一說也。其難知者，若謂始於元之一字，則如鄭君說《禮運》天地為本至於四靈為畜，以為《春秋》始於元終於麟，包之而固非《禮運》之本旨。且十二公皆有元，凡史書莫不有元矣。若如公羊學者言五始，則列國史書亦皆如此，且隱惟四始，不得為五始。每公有五始，則十二公將為六十始矣。若依《公羊》謂始乎隱者，祖之所逮聞，則是強為之辭。殆習聞《春秋》尊祖之說而致誤矣。反覆求之，始隱之意但當如杜預、范寧、趙匡、陳岳所論，而《春秋》大義以正隱、治桓並為始，故穀梁子兩著謹始之文，而正隱謹始尤為全書大始。劉向以正春正君建本立始發明之（具隱十一年下），實《穀梁》家遺說也。正隱之義根於不言即位，傳謂之無事，此亦別見一義焉。甲戌孟秋，沈善登書來曰：「《春秋》記千八百事，乃欲以無事發端；至獲麟絕筆，而復於無事矣。惟隱接乎東遷之初，而可得為無事之文；惟麟為王道之成，而可以無事。聖人皆因其自然而已。既見義於無事，即寓意於無言。故始於無事者，猶曰天何言哉云爾。中間千八百事，猶曰四時行焉，百物生焉云爾。終於無事者，猶言夫何言哉云爾（《魯論語》）。」是說也，活潑潑地（程伯子云：會得時活潑潑地，會不得只是弄精神），遂並記之。

◎摘錄卷首《論傳》：杜預病世之說《左氏春秋》者，進不成為錯綜經文以盡其變，退不守丘明之傳。如杜此言，苟能錯綜經文以盡其義例之變，則固不必守丘明之傳以為義例也。愚治《穀梁傳》二十年，乃知傳之於經，實有如杜所云錯綜盡變者，蓋魯學授受之可憑如是，惜乎元凱氏未嘗潛心。

◎摘錄卷首《論傳》：漢初陸賈造《新語》十二篇，其第一篇《道基》之末引《穀梁傳》曰：「仁者以治親，義者以利尊。萬世不亂，仁義之所治也。」今傳中無此四語，蓋在《漢志》所稱《穀梁外傳章句》中，而通謂之傳也（《說苑》《漢書》《白虎通》《後漢書注》《大唐郊祀錄》所引有類此者，並詳《補注》）。又第八篇《至德》之末論魯莊公事而曰「故《春秋穀梁》」云云，今自梁字以下皆缺，不知何何語。觀陸生兩引《穀梁》，則此傳信為周代書，并外傳章句之屬，有非晚出者矣。

《穀梁》文章有二體，有詳而暢者，有簡而古者，要其辭清以淡、義該以貫、氣峻以厲（《春秋》謹嚴、《穀梁》峻厲，韓、柳二子確論）、意婉以平，徵前典皆據正經，述古語特多精理，與《論語》《禮記》最為相似（《論語》述古語如克復、敬恕之類甚多，惟傳亦然。古書之不可考者多矣，如丹書敬義之詞、道經危微之言，非有《大戴禮》《荀子》則無以知其書名，古人學問無方，豈專四術哉）。至其解經之妙，或專釋，或通說，或備言相發，或省文相包，或一經而明眾義，或闡義至於無文。此乃程瑤田之論《喪服傳》所謂頭緒雖多一線不亂，而凌曙以為唯鄭氏能綜核不誤者也。若夫《左氏》得之品藻失之浮誇、《公羊》得之於辯失之於俗，具如舊說（楊雄、韓子、范序語），其解經不及《穀梁》又無論矣。鄭君論三傳曰：「《左氏》善於禮，《公羊》善於讖，《穀梁》善於經。」案左氏言禮未必盡當，圖讖起於哀平，乃附合《公羊》家說為之，鄭評二傳，竊所未安。唯「《穀梁》善經」一語則不可易。墨子曰：「夫辯者，將以明是非之分、審治亂之紀、明同異之處、察名實之理，處利害、決嫌疑焉，摹略萬物之然（王念孫謂摹略猶無慮，《廣雅》曰：無慮，都凡也）、論求羣言之比，以名舉實，以辭抒意。」文烝為此書，頗有志乎此數語，而要以「《穀梁》善經」一語為準。

《穀梁》多特言君臣父子兄弟夫婦與夫貴禮賤兵、內夏外夷之旨，明《春秋》為持世教之書也（家鉉翁謂三代下有國家者，所恃以扶綱常、植人極，皆《春秋》之大經大法，固公、穀氏所傳，其實公與穀梁異），《穀梁》又往往以心志為說，以人己為說。桓、文之霸曰信曰仁曰忌，僖文之於雨曰閔曰喜曰不憂，明《春秋》為正人心之書也。持世教，易知也；正人心，未易知也。然而人事必本於人心，則謂《春秋》記人事即記人心，可也。謂《孟子》亦欲正人心，直承上文成《春秋》，可也。災異以人事統之，又所謂洚水警余者也。故《春秋》非心學亦心學也，唯傳知之，吾至癸酉季夏而後悟之。

◎摘錄卷末《律句四十韻》：紀世當秦孝，談文妙柳州。其評為峻厲（柳集《報袁君陳避師名書》《答韋中立論師道書》），於傳最殊尤。若究精微蘊，還須反覆求（柳集《答元饒州論《春秋》書》云：「反覆甚喜」，謂陸伯沖書也）。善經經獨合（《六藝論》云：「《穀梁》善於經。」南宋鄭綺有《穀梁合經論》），辯理理何幽（《法言》云：說理者莫辯乎《春秋》。《文心雕龍》云：《春秋》辯理）。聖代風蒸蔚，愚儒志紹搜。字難徵《七錄》（阮孝緒《七錄》云穀梁子名俶，字元始。他書則云名赤、名實、名喜而不記其字），道未喪千秋。體正辭逾切（三家之論，《穀梁》最正，所謂善於經），文清旨自稠（荀崧謂《穀梁》文清義約，其實彌約彌密）。孟荀

符梗慨（孟子同時，荀則弟子也，書多合），桓鄭證源流（觀桓譚《新論》、鄭君《釋廢疾》，知《穀梁》出《公羊》前）。乘記奔陳克（《史通》引《汲冢瑣語》：《晉春秋》書鄭棄其師，晉乘文也。明魯史舊文亦然，可與傳相證），論箋仕衛由（《論論》正名章末二句與隕石傳同）。《內儲》韓子述（《韓非子・內儲說上》載夫子解《春秋》隕霜語，即傳所本），《新語》陸生修（陸賈為漢儒開先，《新語》中兩引傳文，又論宋襄晉厲及頰谷事，並合傳義。又《論衡》引其說性道語）。歷歷都相印，孜孜不暫休。專精終日夜，一覼甘涂阪。夙昔粗闖豹，蒐羅積汗牛。楊烏初受指（予年九歲十歲受《春秋三傳》《國語》等書於先君子），高鳳慣埋頭。東晉遺箋注，西京舊校讎。議宗甘露代（漢甘露元年召五經名儒，太子太傅蕭望之等大議殿中，平《公羊》《穀梁》同異，各以經處是非。時《公羊》博士嚴彭祖、侍郎申輓、伊推、宋顯、許廣，《穀梁》議郎尹更始、待詔劉向、周慶、丁姓、中郎王亥，各五人議三十餘事，蕭望之等十一人各以經義對，多從《穀梁》），名誌皓星儔（江公弟子榮廣，皓星公）。梅福陳謨碩（梅明《穀梁春秋上書》引傳，明夫子為殷後），劉薲對策優（策多引傳）。旁推何、杜冠，近莫澤汸侔。百藉皆葑菲，羣疑幾盾矛。直從明越宋，上溯夏偕游。或者譏膚淺（晉元帝太興初詔語，宋大明二年何偃議郊猶述之），茲焉定豫猶。墨原輸可發（鄭君《發公羊墨守》），歆實向之羞（劉向受《穀梁春秋》，其子歆治《左氏》，數以難向）。五例三科競（杜預說《左氏》有三體五例，何休著《公羊文謚例》有五始三科、九旨七等、六輔二類，七缺），單詞隻義紬。真傳歸魯國（《穀梁》魯學），先路導瑕丘（自瑕丘江公遞傳榮廣、蔡千秋、尹更始等）。竊比崧扶墜（荀崧請立《公羊》《穀梁》博士，而元帝但許立《公羊》），非同兆釋仇（晉劉兆以三傳互為讐敵，著《春秋調人》七萬餘言，又兼解三傳）。憑將孤詣苦，息彼眾人啾。口誦期詳熟，心通異矯揉。章分兼句解，隱索又深鉤。幡布時時拭，瓿醬疊疊投。殺青功甫竟，明白語無庲。勿使瑕藏璧，徐看粹集裘。意言書畢貫，摘駁弼全收（吳程秉有《周易摘》《尚書駁》《論語弼》）。曲說芟燕郢，俄空歎夾鄹。浦陽懷渺渺（宋浦江鄭綺著《穀梁合經論》三萬言。康熙中朱檢討彝尊於書賈舟中見一抄本，未之買，深悔之），溧水悵悠悠（溧水王芝藻者，順治甲午舉人，著《春秋類義折衷》十六卷，專主《穀梁》，見《四庫》附存目。後來說《穀梁》者，則有如鎮江柳氏等書，予俱未得見）。周禘殘編檢（閔二年注謂禘祫通於諸侯，文二年注謂禘大祖，不及親廟主，皆癸亥所定彙，未知有劉向《五經通義》語，乙丑秋乃檢得），唐郊贈簡誧（隱九年注「《大唐郊祀錄》《太平御覽》引傳」云云，今年庚午秋，烏程汪教諭曰：楨詒書見貽，尤侯幽部《韻會》以上皆有訓字）。多聞終有愧，

絕學庶長留。老大無生計，窮愁甚拙謀。惟勤思問辨，曷閒疾貧憂。信矣《公羊》俗（本序），誠哉左氏浮（韓集《進學解》）。未應嫌黨護（柳集《陸文通先生墓表》云：黨枯、竹護、朽骨，謂說三傳諸家也），是用作歌謳。

同治癸亥三月初稟，庚午臘月改定。將使同志之士，知予為此書之難也。加注附末，以當後序。嘉善鍾文烝伯敔甫。〔註86〕

翼日又以前詩未盡之意，率成二首：

萬脈千枝異，茲編自日星。墨朱塗乙徧，兵火苦辛經。取善宏高密（鄭君兼取三家，無專注），傳疑慎考亭（朱子於《春秋》未為書）。兩賢不可作，誰踞寵觚聽。

詰傳焉知傳，河汾漫品題。三家須主一，魯學實先齊。驗決章條備，精詳歲月稽（參驗稽決，擇精語詳，子書要處），謂超文字相，亦妄聽之奚（門人沈善登讀予書，輒謂合於妙有空無之旨，語殊駭俗而會意深矣）。

後二年正副本俱成，予妻言曰：「書末殿以韻語，《法言》《漢書》《說文》自序例也。」竊亦為四言體，仿《金石錄後序》之意。二十八年積此篇帙二百卅部（《四庫・春秋》類著錄及附存目二百三十三部）：遜此詳密，君子用心終始若一。病起促書，宵興呵筆。惟我能知，非我弗悉。我學幼昭（陳傅良妻張令人，葉適銘墓謂與夫同志），我懷與弼（吳康齋集言與妻皆夢見孔子）。志歟夢歟，亦勿深詰。惟記艱勤，以俟來日。秀水沈印齡琛華附記，時壬申三月既望也。

◎李慈銘《越縵堂讀書記・經部・春秋類》：閱鍾子勤《穀梁補注》。鍾氏用力勤至，足成一家之學，而時失之拘率。如僖二十八年春公子買戍衛，不卒刺之，先名後刺，殺有罪也。公子啟曰不卒戍者，可以卒也，可以卒而不卒，譏在公子也，刺之可也。慈銘案：成十六年十有二月：「乙酉，刺公子偃。大夫曰卒正也，先刺後名，殺無罪也。」范武子於公子啟下僅注魯大夫，楊士勳疏引舊解云：「公子啟即公子偃。啟書曰者，啟無罪。」是公子啟曰之曰，乃月日之日，非云曰之曰。古人作日月字皆方闊象形，作云曰字則瘦小，後人反之（唐以前隸皆不如此）。於是以此傳公子啟日，誤作公子啟云解。士勳唐人，尚認日月字，故引舊解說之，舊解是也。啟蓋偃之字，以相反為義。公子啟日者，傳引刺偃書日以證此不書日為買之有罪，下云「譏在公子也，刺之可也」，言此為罪買當刺，故不書日，其理甚明。鍾氏不信舊解而申疏言「上下文勢，理恐不然，猶襄二十三年傳引蘧伯玉曰」，今案彼傳云：「冬十月乙亥臧孫紇出

〔註86〕此下文字原低一格。

奔邾，其日正臧孫紇之出也。蘧伯玉曰，不以道事其君者其出乎」，此是傳引伯玉平日論出奔之事，非謂伯玉說此經也。伯玉年輩遠過宣聖，豈得與《春秋》筆削之辭，亦不必是論武仲。鍾氏乃謂伯玉當夫子修《春秋》時，年近百歲，是比之於尸子、沈子，亦不達甚矣。又謂不卒戌句是當時斷獄議罪之辭，公子啟解其義而事可知，《左氏》《公羊》，徒滋曲說。後世史書但云某官某有罪棄市，或云有罪自殺，以實事為虛辭。案《左傳》謂公畏晉殺之而以不卒戌告楚，《公羊》謂買不肯往戌而以不卒戌為內辭。揆之事理，《左氏》為長。晉伯方興，釋憾於衛，楚救不克，魯先與楚，又親於衛，不知晉文之強，故先戌衛。既知楚非晉敵，懼而殺買，託辭以謝楚人，此必左氏親見魯史，故能為此言。公、穀皆傳聞肊測，不足為據。其以先名後刺為殺有罪、先刺後名為殺無罪，亦非通例。鍾氏乃欲後世史書皆以為法，反以稱有罪為虛辭，則先刺後刺豈足見實事乎？其慎甚矣。光緒壬午五月二十三日。

◎孫殿起《販書偶記》卷二：《春秋穀梁經傳補注》二十四卷附律句一卷，嘉善鍾文烝撰。光緒二年鍾氏信美室刊。

◎許瑤光修，吳仰賢等纂光緒四年《光緒嘉興府志》卷五十五《列傳六·嘉善縣》：主講敬業書院十二年，崇尚經學，尤究心《春秋》，謂穀梁子獨得麟經，遺意楊注范疏，於本傳無所發明。網羅折衷，成《穀梁傳補註》一書，若禘祫、祖禰、謚法數大端，實事求是，共成二十四卷。沈潛反覆二十餘年，始出問世。少年撰述有《論語序說詳正》《鄉黨集說備考》《河圖洛書說》各一卷，均以婺源江氏為宗。甲子後，手自讐勘，存者有《乙閏錄》四卷，《新定魯論語》二十篇（新纂）。

◎許瑤光修，吳仰賢等纂光緒四年《光緒嘉興府志》卷八十《經籍一》：鍾文烝《春秋穀梁經傳補注》二十四卷（案：《與俞編修樾書》自云：於范注載全楊疏擷要，而指其違謬。於墜文佚注，則從他籍弋獲。於二傳、《國語》《管》《晏》《史記》，則舉其可相補備，辨其大相乖刺者。於群經及唐以前諸書，苟相出入，必備援證。於董、何、賈、服、韋、杜諸說及徐、孔二《疏》，與啖趙以來百餘家，一字可用，亦必摘采其略。例云：凡《春秋》中不決之疑，今悉決之）。

◎張裕釗《濂亭文集》卷四《與鍾子勤（文烝）書》〔註87〕：子勤尊兄先生足下，裕釗近從蔣部曹所側聞先生之懿，私心甚慕。鄉日又於部曹所獲睹手書，乃承垂問，及於不肖。且感且愧，用敢奉書於左右而一陳其所欲言。蓋自

〔註87〕又見於甘鵬雲等《湖北文徵》卷十，題《與鍾子勤書》（子勤字文烝）。

康雍乾嘉以來，經學號為極盛，非獨遠軼前明，抑亦有唐而後所未有也。然患在窮末而置其本，識小而遺其大，而反以詆訾宋賢自立標職號曰漢學，天下承風相師，為賢君子病焉。近乃復有一二篤志之士，稍識宋儒之遺緒，推闡大義而不溺於纖小之習，然或專從事於義理，而一切屏棄考證為不足道，蒙又非之。夫學固所以明道，然不先之以考證，雖其說甚美，而訓故制度之失其實，則於經豈有當焉？故裕釗常以為道與器相備而後天下之理得，至於本末精粗輕重之數，是不待口說之辨而明者也。然學者常以其所能相角而遺其所不能者，以開其際而招之攻，是以學術異趨，紛然而未已。夫以其然其必有窮貫乎本末精粗之數而無所不能至者出焉，存其說百世以俟聖人而不惑，而一切之爭可息也。烏乎！非有絕人之資、勤篤之力，其孰能與於此。雖然，必樹是一人者為之宗，以靖天下之紛紜而一其趨，於是學者得有所歸，隨其才力之所至，雖淺深大小不齊，而於道皆有所明，夫然後學術一而成材眾矣。豈不瘉於水火相軋更出迭勝而以黨仇攻伐為爭者哉？伏惟足下才高而識邃、智崇而業廣，自許鄭賈孔下逮國朝顧閻江戴段王之說，既無所不窺矣，又將一折衷於宋儒以求當乎周公孔子之意。由是而推之，則裕釗之所稱者，足下豈有意乎？抑將啟此一途以待後之作者乎？相去千餘里，不得面奉誨言，惟幸辱教焉。裕釗頓首。

◎《嘉善縣志‧文苑》：（張祖陸）道光二十六年鄉薦，交同榜鍾文烝，潛研經學。

◎趙爾巽《清史稿》卷一百四十五志一百二十《藝文》一：《穀梁經傳補注》二十四卷，鍾文烝撰。

◎上海古籍出版社2015年《續修四庫全書總目提要‧春秋類》「《春秋穀梁經傳補注》二十四卷首一卷末一卷」：鍾氏以為，《春秋》為持世教正人心之書，《穀梁傳》乃《春秋》之本。左氏博采國史書，詳陳事蹟，本末俱見，為有功於經，但於諸經義則少有合者。而今文之學中，《穀梁》於時近孔子，於地為魯學，尤得聖人所傳之正。其所傳之經旨，又多與《論語》、《儀禮》、《禮記》、《毛詩》、《易傳》相合。穀梁學雖得啖助、陸淳、葉夢得、胡安國等稱為意深，卻實為千百年來之孤經，而范寧之注略而舛，楊士勳疏又淺而尨。鍾氏網羅眾家，折衷一是，為經、傳之補注。自比於梅鷟之辨偽書，陳第之談古韻。又自謂徵引該貫，凡《春秋》中不決之疑，悉數決之。卷首一卷，除序及略例外，著有《論經》、《論傳》二篇，專論六經之中惟《春秋》為聖人手筆，而《春秋》之學，穀梁子獨得真傳之義。卷末一卷收律句四十韻又二首、四言一首及

《書後》二篇。鍾氏治《穀梁》，不意門目過碎，義類太煩，而多隨事觀理，得其會通。雖盡列范注，但不盡用漢人家法。至於《左傳》、《公羊傳》之異文，也盡數羅列，並時援引以證《穀梁》。鍾氏以為，《穀梁》好從簡略，以義修辭，不以記事為重。並於隱公十一年傳下舉全傳述事者，僅有二十七條。故頗結合其他文獻，間下己意以解經者，尤可見宋人折衷三傳」之旨對鍾氏之影響。對此，楊鍾羲襃獎其能於三傳殊說中，棄其所滯，擇善而從。然鍾氏最重條例，以為舍例則無以言義，尤為重視正例與變例之「變文示義」。對此，楊鍾羲批評《穀梁》之時月例多不可通，如隱四年九月「衛人殺祝吁於濮」，《傳》謂「其月，謹之也」，范注曰：「討賊例時，謹其時月所在，以著臣子之緩慢。」鍾氏亦因而解之，楊氏則斥為荒謬，以為既不合《左傳》所載之詳實，又未能深考《春秋》「誅討亂臣賊子」之大義。此本據華東師範大學圖書館藏清光緒二年鍾氏信美室刻本影印。（陳峴）

◎鍾文烝（1817～1877），字朝美，又字伯㜴、殿才，號子勤。嘉善（今浙江嘉興）人。少負異稟，即通小學。年十二應邑試，冠其軍。道光二十六年（1846）舉人。以知縣注選，歸。絕意仕進，日事著述。同治二年（1863）入江蘇忠義局，與長洲陳奐、平湖顧廣譽同任編纂，主講上海敬業書院十二年。著有《河圖洛書說》一卷、《春秋穀梁經傳補注》二十四卷附律句一卷、《論語序詳正》一卷、《鄉黨集說備考》一卷、《新定魯論語》二十篇、《刪定孝經義疏補》、《信美室集》、《乙闈錄》四卷。

鍾晼 春秋比事 佚

◎王芑孫《淵雅堂全集・惕甫未定藁》卷十五《宛平鍾先生事狀》：先生中年編有《春秋比事》，又刪取呂氏《詩紀》、嚴氏《詩緝》為若干卷，晚年輯《春秋義疏》未及竟。卒于乾隆三十七年十一月四日，年七十九。當芑孫見先生時，年已七十餘，篤老讀書，猶立課程。所撰《春秋義疏》亦已繕校，得數十卷。垂成，光豫述先生所著別有《經說》數十篇。芑孫未前見，故以問之華泗，而華泗僅取先生晚年為光豫官中應事代手之作以至無足存。其可存者二三篇皆先大父當時寫得，即今所護之故籍中者是也。然篇少難以專行，故為具錄著于篇。

◎鍾晼，字勵暇。先世自浙遷京師，遂為宛平縣人。與王澍、徐葆光為忘年交，與方苞相友善。澹然名利。雍正六年（1728）進士，當得知縣，以親老

不就選，往省其親於兄曙。乾隆三年（1738）充《三禮》館纂修，未幾以國子監助教用。十五年（1750）遷禮部主客司主事，又四年進祠祭司員外郎，二十二年（1757）致仕。著有《春秋比事》、《春秋義疏》。

鍾晼 春秋義疏 佚

◎王芑孫《淵雅堂全集・愓甫未定藁》卷十五《宛平鍾先生事狀》：先生中年編有《春秋比事》，又刪取呂氏《詩紀》、嚴氏《詩緝》為若干卷，晚年輯《春秋義疏》未及竟。卒于乾隆三十七年十一月四日，年七十九。當芑孫見先生時，年已七十餘，篤老讀書，猶立課程。所撰《春秋義疏》亦已繕校，得數十卷。垂成，光豫述先生所著別有《經說》數十篇。芑孫未前見，故以問之華泗，而華泗僅取先生晚年為光豫官中應事代手之作以至無足存。其可存者二三篇皆先大父當時寫得，即今所護之故籍中者是也。然篇少難以專行，故為具錄著于篇。

周赤鳳 春秋左傳 六卷 存

濟南藏 1926 年上海中原書局石印本

周熾 春秋解 佚

◎乾隆《銅陵縣志》卷十四《藝文志》下《諸家書目》：《周易講義》《禮記解》《春秋解》（並周熾著）。

◎周熾，字旦林。安徽銅陵人。著有《周易講義》、《禮記解》、《春秋解》、《春秋體注》四卷、《禮記體注》、《古文詳註發蒙集》六卷，與周世濠同修浙江寧波《新河周氏宗譜》十二卷首一卷。

周熾 春秋體注 四卷 存

南開藏康熙四十年（1701）松盛堂書坊刻本

南京藏康熙五十年（1711）漱芳軒刻本

吉林藏康熙五十年（1711）敦仁堂刻本

保定藏康熙五十年（1711）文盛堂刻本

康熙五十年（1711）同安堂刻本

康熙五十年（1711）務本堂刻本

康熙五十年（1711）三畏堂植槐堂三元堂刻本

保定藏雍正四年（1726）世德堂刻本

乾隆四年（1739）三槐堂刻本

乾隆三十一年（1766）四美堂刻本

國圖藏乾隆四十年（1775）懷德堂刻本

國圖藏乾隆五十四年（1789）刻本

乾隆五十七年（1792）文星堂書坊刻本

嘉慶元年（1795）振賢堂刻本

光緒二十四年（1898）漢文書局刻本

紹興藏清學源堂刻本

湖北藏清宏道堂刻本

湖北藏清善成堂刻本

湖北藏清泰和堂刻本

石家莊藏清崇文堂刻本

◎一名《增訂春秋體注大全》、《春秋體注說約大全》、《春秋體注大全合纂》。

◎苕溪范翔紫登鑑定。

◎春秋分卷目錄（共十二公，歷二百四十二年）：一卷：隱公（在位十一年）、桓公（在位十八年）、莊公（在位三十二年）。二卷閔公（在位二年）、僖公（在位三十三年）、文公（在位十八年）。三卷宣公（在位十八年）、成公（在位十八年）、襄公（在位三十一年）。四卷昭公（在位十五年，在外八年）、定公（在位十五年）、哀公（在位二十七年。經至十四年絕筆）。

◎春秋序：三才之道，天位上，地位下，人則成位乎中。夫人亦藐然耳，何以得與天地竝？為其得天地之正理而稟天地之正氣，至大至剛，足以贊化育而經緯天地者，故云爾。不知乎此，不可以為人，不足與讀《春秋》。《春秋》一書乃聖人所以贊化育而經緯天地之書也，托魯史之舊，一筆一削，持正理，運正氣，其好惡之公倍暢於風雅、命討之典倍詳於謨誥、敦庸之則倍嚴於經曲、樂與人善不啻音樂之和平、時措咸宜不啻乾坤之變化。是《易》也、《詩》也、《書》與《禮》《樂》也，皆古帝王所以贊化育以經緯天地者，而《春秋》兼而備之。是書也，天地賴之以位，萬物賴之以育，帝德王猷賴之以常存，人心世道賴之以不亡。人生兩間，苟求無負於人道，何得不聞教于《春秋》。夫《春秋》之大義微言，闡明於文定，欲聞經教，須研《胡傳》。予嘗句求解、字求

釋，訊索經傳，糸考諸解，謬成《體註》一書，置於家塾，俾後生小子由此淺見陋說知所從入，庶幾得聞大義微言之署，而知人道之所由立。乃友人不察，取而為予言曰：「方今聖天子崇文右道，世之欣欣窮經以求觀光者眾矣。茲本言簡意該，甚便後學，曷公同好？」予覺懇而赧諸面，彼竟強而付梓。伏望垂鑒者以前所稱知予窮經之心、以後所稱謙予之所以問世者，非敢自為狂妄也。康熙辛卯秋七月，銅陵周熾旦林題。

◎序〔註88〕：韓子云：「士不通經，果不足用」，故通經者，士之要務也。古者樂正崇四術，立四教，順先王《詩》《書》《禮》《樂》以造士，春秋教以《禮》《樂》，冬夏教以《詩》《書》，夫固以經學之足貴矣。乃後之為士者，冠儒冠，服儒服，徒以對偶聲律之文，獵朋黨交遊之譽。一旦得志，而迂疏不適於用，國家亦烏賴有是士哉！《春秋》者，魯國之史也，孔子因魯史而筆削之史也，而經焉矣，上列天道之變，下載人事之宜，賞善貶惡，命德討罪，自隱迄哀，二百四十二年之事，瞭如指掌。學者熟察乎此，則孰得孰失、何去何從，必能決擇於窮經之日。及起為世用，則幼而學者壯而行，王國之羽儀，非斯人其誰歸？故《春秋》者，士不可以不讀者也。國家制科以來，《春秋》與《易》《詩》《書》《禮記》命題試士，則士之業是經者久矣。況今聖天子重道崇儒，特沛恩徧於鄉會，兩闈拔五經士若干人，則凡今之士沐浴于聖德化神之內，必爭為國家有用之才，而非僅如向者以口耳呫嗶之學釣名于鄉曲已也。予曩者《易》《詩》《書》三經各有成書，而《春秋》《禮記》雖肄業者，少亦次第編輯，凡以通經致用為天下之為士者期也。是為序。苕溪范翔紫登氏題於漱芳軒。

◎凡例：

一、《春秋》雖有四傳，以《胡傳》為主。看經之法，全要看傳，看得傳透，行文始有定見。蓋《胡傳》者即《春秋》之講章也。是集凡傳中閒波疊調，可以不入正講者刪之。其中所重主腦，并結穴正意，及炤應斷事處，旁加密圈，令讀者一覽便審重輕。若向來講章，圈點稀密，雜用黑白，令觀者莫之適從。今但用密圈，庶不致于炫目也已。

一、《春秋》繼雅詩而作，凡會盟征伐以至卒葬弒殺，無不備焉。且上糸天道災祥必誌，下明人事雖小必錄，皆以明王道、正人心也。讀者不考全經，何知聖人之功化？是集經文備載，而傳註間加刪截，一以尊聖人之經，一以從學者之便。

〔註88〕是序又見於紀獻廷《春秋纂要》卷前，待考。

　　一、筆削斷自聖心，書法極為嚴謹。治經者必先看明書法，法有係特筆者，有係諱書者，褒貶寓乎其中矣。雖間有無書法，亦有有書法而不重者，總要在傳中，番別重輕。重者先提後繳，輕者可以帶點，皆須拈出。故傳中書法正發明聖人筆削之大義，治經者務加體貼也。

　　一、經文為大綱，《胡傳》乃斷案，而《左傳》則詳事實也。不知事實則大綱不明，而斷亦無所自矣。是集于《左傳》凡與經相羽翼者、與胡相表裏者，必摘而歸之。且經中合題間有從《左傳》立議者，亦必備載，以便考覽。至于《公》《穀》，槩從畧焉。

　　一、經內題目，有為《胡傳》所不及詳者，或見于《國語》、《史記》、《左傳》杜註林註及《大全》諸書，今皆備載於經文之下，令作者知所指歸。

　　一、經文之無《胡傳》者，大約寄傳之中。有明見于他傳者則曰見某傳，有義有所指者則曰主某傳，有義取相類者則曰借某傳，有詳於某傳者則曰見下傳，有詳于上傳者則曰見上傳，有一題而有兩傳者則曰主某傳，某傳有寄兩傳而意有專重者則曰主某傳而兼用某傳，有二題而總一事者則曰全主某傳。且有寄意寄事及寄半傳之類，不能盡言。神而明之，存乎其人。

　　一、經文內凡日食崩葬弒殺及入極入向求賵等傳，皆非場屋所宜，故經存而傳闕也。

　　一、經文一事而出題，則分兩截甚至三四截者，槩于上面標題，分出位次，而經文不用鉤畫。

　　一、《春秋》經題向有單合比傳四項，今功令只用單題、合題。是集於單合題逐一標出，其餘比傳迂怪之題概置不錄。

　　一、《春秋》講章，自《大全》外，如《衡庫》《指月》《三發》《定旨》《大成》《說約》《麟巖》《指掌》《心典》《正義》，名解疊出。是集纂輯諸解，叅諸前賢，定以鄙見，槩加增刪，非依樣葫蘆，故不敢妄指名氏。

　　一、標題內有單題，然單題中有全出有半出，大意總在一傳。是集由全及半，各明其意。全出者可以炤傳發揮，半出者如何暗射明留。行文步武，無不詳說。合題一類，雖有相類相反之不同，原取兩邊肋兩悉敵，故或以人合、或以事合，或半取《胡傳》半取《左傳》。是集搜求比擬，必取議論冠冕，對伏相稱，提一篇之大綱，而束于數字數句之內。至牽強支離之題，概不入載。其合題位次，悉以十二公年次編列，令觀者便于考記。

一、是集標題上或三圈二圈一圈，雖有不同，要皆試題所不遺，故存之不嫌其詳，使學者得備其用。

徐枚臣先生論文體文格二則（附後）。

一、文體。經藝與書藝不同，而《春秋》尤異。蓋書藝必體口氣立言，而經藝總由後人論斷。他經則有分章分節，而《春秋》大槩一意一題。然作《春秋》文第一要有斷制，如老吏斷獄，一定不移。第二要有波瀾，如抽繭剝蕉，逐層深入。序事宜該而簡，不宜冗長；樹義宜確而精，不宜寬泛。立局則反正並用，不得混淆；分股則長短兼行，不得排比。扼要如射馬擒王，詠嘆如舟搖波蕩。遣詞當遵先正，力掃蕪靡；修句當思疎通，一洗腐套。至於寄傳雖當顧母，而映帶宜出天然。合題不離兩偶，而對仗尤宜精工。題屬理致宜深入題局，如元年、秋七月等題是也。題屬政事，宜透發題旨，如中丘、肆眚等題是也。題係王道，詞宜開拓，如齊伐衛、夾谷至等題是也。題係伯功，詞宜赫奕，如後幽盟、盟召陵等題是也。題係揄揚，須有欣幸之意，如救邢、城邢等題是也。題係感慨，須有傷嘆之情，如救江、召陵侵等題是也。題係思古，要得追慕無窮，如石門、胥命等題是也。題係屬望，要得流連不盡，如秦伐晉、吳札聘等題是也。題係虛縮，須含下不露，如會于曹、十二國伐鄭等題是也。題係結穴，須照前總承，如丁丑烝、公至自伐楚等題是也。正倫等題則關係彝常，須說得激切，如伯姬歸、盟首止是也。討罪等題則關係體統，須說得正大，如遂圍許、執曹歸京是也。發明等題，止在釋經，須得意義明白，如鄭人侵宋、邾鄭伐宋是也。辨疑等題，止在書法，須得反覆詰難，如齊鄭入郕、鄭公如齊至是也。垂教等題，須得聖人因事以教後世，不必斷罪，如大水無麥苗、楚人滅蓼舒是也。垂訓等題，須得聖人書事以戒後人，卻無襃貶，如意如至自晉、朝吳出奔鄭是也。凡此之類，不能盡述。總之作文要訣，當體之經文以求其書法，考之《胡傳》以究其指歸，系之《左》《穀》以得其原由，倣之先輩以定其程式。會須因題求意，出自心裁，因意行文，不拾餘唾，庶幾登峯造極，樹幟麟壇。

一、文格。《春秋》文最忌差路。格局軌度自有定式，若鋪張倒置，當斷不斷、當講不講，總由格局不明之故。故先輩有歌曰：一破二承三起講，入事反意斷制當，七味八收并九結，此是作文新格樣。一定之式，皆具於斯。大約破題須扼題之要。試舉先輩元年破題云：「《春秋》首明君用，正君心以仁也」，可見以正心為君用是此題要領，餘可類推。至於題屬聖意者，破稱聖人，或稱

聖經，或稱《春秋》；周王稱大君，周臣稱王臣；魯稱望國，其君臣稱內君內臣；齊、魯君臣稱伯主伯臣，餘稱外君外臣；秦、宋稱強國大國；陳鄭邾等稱小國、與國；楚、徐稱僭國，吳、越稱遠國，餘無稱呼者，當就題意發之，此一定破例也。承題係承明破意，或正承，或反承，或分承，或合承，總之破屬籠統，承用散疏，多不過三四句起，用此字或夫字、甚矣字，中間直言周魯齊晉某國某人，或有書法收，宜點明，此一定承例也。起講，先輩不用，止有原題未免直致。今文皆有起講，然開口處當扣住題旨，渾發大意，宜簡短不宜冗泛，宜疏古不宜練詞，此正格也。或用起講數語即為通篇開鎖，或就起講發問即為文脈來原相題用之，未必不可至。入事當敘明原委，宜做《左氏》體，古峭見長。反意當翻剝本題，宜做《公》《穀》體，詰辨取致。若斷制處乃一篇之關鍵，發論貴有精思方不單薄，立詞須有觔兩方不浮夸。或散或整，總以闡明聖意。或呼或應，要以透發聖心。通幅勝槩，全在於此。既斷之後，正意已定，若非詠嘆收結，便覺意趣寂寥。故詠嘆處最宜留心，或推開言之不必拘泥，或悠揚出之不用呆填。收結處尤宜著意，蓋通篇俱屬作者之語，惟結束是推聖人之心，故須點清方為完密，此一篇之大概也。至合題之格，兩扇雖屬正局，八比亦可分承。或單提數行後發兩比，或先發二扇後總一收。總要於對偶中工力悉敵銖兩悉稱，方為得之。大抵書不盡言言不盡意，成法不過如此，神明應須作者。銅陵後學周熾謹述。

周大璋輯評 左傳翼〔註89〕三十八卷 存

貴州、黑龍江、石家莊、重慶、保定、臨海、中央民族大學、洛陽市文物考古研究院藏乾隆五年（1740）遂初堂、懷德堂、三畏堂、四箴堂、寶翰樓刻本

新鄉、揚州大學藏同治五年（1866）務本堂刻本

◎一名《左翼》。

◎各卷首題：同學張藥齋先生鑒定；桐城周大璋筆峰輯評；男建中寅亮、薪傳學成校字；門人張若潭澄中、若震宗約，受業姪孫芬斗孺調、芬佩汝和糸訂。

◎目錄：一卷至二卷隱公。三卷桓公。四卷至五卷莊公。六卷閔公。七卷至十一卷僖公。十二卷至十三卷文公。十四卷至十五卷宣公。十六卷至十七卷

〔註89〕或誤題《左傳義》。

成公。十八卷至二十四卷襄公。二十五卷至三十三卷昭公。三十四卷至三十五卷定公。三十六卷至三十八卷哀公。

◎左傳翼序：嗚乎，此吾友周子聘侯之遺書也！聘侯以理學文章樹東南壇坫，著書等身，衣被海內者數十年於茲矣。生平湛深經術，尤工《左氏春秋》，貫穿融洽，徃徃自有心得，出於尋常目論耳食之外。薈萃諸家，採擷蒐獮，勒為一書，名之曰「翼」，蓋不敢自列於古註疏家，而特以助其萬一，扶進乎來學而已。書成於華亭學署，既卒業而病作，未及自發其凡，閱三年始鏤板行世。余嘗相與商訂，許以敘其簡首。夫學者有所著述，期以垂世而行遠，非第獵名鼓譽於一時已也。其托業之最尊者莫如經，孔子之刪訂，所以傳經，非以經傳也。後世惟考亭先生功與孔子並。漢唐以來，箋疏訓詁諸儒皆附經以傳者也。附乎經則傳也久，顧亦有不能傳者，謏聞曲學，鼠穿蠹嚙，攘遺而拾瀋，非庸則妄，其於覆瓿，豈俟沒世之後哉！故學之有足傳者，附乎經則傳愈久；學無可傳，雖附於經，猶不傳也。《左氏》，經也，自晉杜氏、宋林氏、唐孔氏而外，評騭選錄以名其書者不可勝紀，然而如未嘗有書焉者，皆是也。以《左氏》之尊而不能附以俱存，豈非其學無所得而強為者哉？聘侯患俗學之蕪陋，肆業及之，矢口《左》癖而無所窺尋也，積十餘年之力以成其書。其為解也，根柢註疏，芟繁節要，時以己意正其未當。證嚮今古，皆有可據。於其人物臧否、事行得失，斷制謹嚴，有讀書論古之識。而大指存乎論文，鈞元提要，《左氏》之規矩法度、精神意思之所存，犁然井然，得其三昧。楊子云：「一閧之市必立之平，一卷之書必立之師」，世之讀《左》者得不奉是為師乎？！余有以知聘侯之與左並傳也。徃余家居時，先公延聘侯於家塾，與余共晨夕者久，相與上下其議論，每至更殘漏盡，酒闌燈灺。縱言及於《左氏》，聘侯鬚張如戟，娓娓不倦，指數舊說得失，風發泉湧，若傾囊庋。及余視學江蘇，聘侯司鐸於松之華亭，余三至松校士，暇輒詢《左氏》書成否，猶為余抵掌言之。今閱是編也，伸紙奮筆，洋灑千言如共面語，而聘侯已不幸死矣。悲夫！踠晚蹉跎，衰遲獲遇，百里之宰，小草不終，而偓促於荒江僻邑鱣堂槐市之中，窮愁著書，汗青頭白，古之所謂不朽者，其在斯乎！其在斯乎！余悲聘侯之窮，未嘗不幸其傳也。輟簡之餘，為之三嘆云。乾隆庚申歲孟夏月，年家眷同學弟張廷璐題。

◎凡例：

一、孔子作《春秋》，是非予奪，以義為準繩。三傳中公羊、穀梁子義精蘊離者半合者半。至若左氏，人知其文詞超越百家，不知于聖經本旨實有心領

神會，發明親切，雖一字一句亦必根柢乎義者。昌黎「浮夸」之言未可持為定論。是書評選悉以義字為樞紐，不特欲為《左氏》喉舌，抑且翼為麟經羽翼也，讀者自知之。

一、《左氏》文字為百家之祖，《國策》、《史》、《漢》、韓、柳、歐、蘇無不摹彷其章法句法字法，遂卓然自成一家言。欲讀古文，而不精求于《左氏》，是溯流忘其源也。是書于每篇精神血脈必條分縷析，凡秦漢以來諸家支沿派述，亦顯揭其指趣，某文源《左氏》某篇，使後學豁然貫通，庶幾一書中百家醞釀皆在其中。

一、《左氏》長于論事，凡二十一史中大綱節目悉該括無遺。故不貫通全史，不知《左氏》之妙。是書每妙事與史類、言與史近者，必旁引曲證，詳註條疏，于諸史事蹟議論，竊謂瞭如指掌。

一、兵法千變萬化，所謂運用之妙存乎一心，而後世名將出奇制勝之方，無不備于《左氏》中。是書每遇戰陣，必為標明運籌所在，藉以增擴識力，廣益見聞。較之後世韜畧諸書，竊謂別有所勝。

一、註《左氏》者推杜、林兩家，後人常仲杜而林抑。然杜註舛誤正復不少，愚參考諸書折衷，務期盡善，固銖林氏膏肓，亦發杜氏痼疾，將使千載障礙廓清無遺，未敢率爾丹鉛也。

一、本文下有細註有旁註。細註考核典故疏解音義，旁註揭明每段筋節血脈。又有上評、後揔評。上評渾論章法，揔評詳論旨歸，若絲牽繩貫，派別源清，欲使讀者不見其繁，但覺千頭萬緒理于一線。

一、《左氏》載二百二十年事蹟，雖各自為章，實前後一線。註者每自相矛盾，照應全疏，令讀者莫知適從，由胸中未能全部融貫也。是書獨分別註明，貫串到底，無重出舛錯之病，庶于後學有所裨益。

一、揔評常一而二、二而三四，大約始言事，約經史以斷其議論之精；繼言文，援諸家以明其敘次之妙。其繁稱博引，考義徵詞，皆為本傳發明，非強生枝葉。

一、評《左傳》者何啻數十家，愚廣搜精擇，約費數十年苦心，研窮本文神理，參以諸家論說，集腋為裘，揀少取寶，如《左繡》《左傳快評》《左傳鍊要》等書，尤多採取。其中出獨見以疏解者十之六七，非敢自矜創獲，欲令《左氏》真面目見于行間也。

一、《春秋》為經，《左氏》為傳，有經因之有傳，而讀傳即可明經。經文傳中已載，故不需另刊，致滋繁重。至評定，悉照《杜林合註》原本，一句一字有關緊要者，俱為載入。其有一二閒句類于衍文，間為節去，非敢私有去取，務期有裨後學，藉為讀本云爾。

◎乾隆四十五年趙青藜《周筆峰先生墓表》：相國張文端公曰：吾里周子聘侯天才……數年來與予諸子切劘砥礪，諸孫皆執經門下。

◎道光《桐城續修縣志》卷十五《人物志・儒林》：生平嗜古力學，精研先儒性理之秘，窮究諸史百家之書，著有《四書精言》《四書正義》《左傳翼》《朱子古文詮》。

◎劉聲木《桐城文學撰述考》卷一「周大璋撰述」：《四書精言》□卷、《左傳翼》□卷、《初學文觀》□卷、《朱子古文讀本》六卷、《朱子詩集讀本》□卷、《評點震川先生集》□卷。

◎周大璋《古文精言》童孫韜序：天下之評釋古文者，自歷朝以迄今，不知其幾十家矣。要皆各抒其識見，以己之意逆古人之志，俾古人之心思昭然大白於後世。其為後學津梁也，功詎淺哉！然或揭其意之高，或發其法之密，或揚其詞之善而已。其中所用典故，有出自聖經者，有出自賢傳者，有出自子史百家者，而後學讀之，每苦於不解矣。嘗觀過商侯《覺斯》之選，於所援據引用，一一考核開示，亦云悉也。然古文造句選詞，常多倒而裝之、組而練之，每以一句而中藏數句，一字而中藏數字，故爾新奇雋永，詰屈斑駁，深厚渾雅，而無鄙俚淺直之病。後學誦之，茫然於其典故者，亦未嘗不茫然於其辭句也。夫人以明晰詞句為先，顧安所得精於典故，而又詳於詞句者，以日為之訓詁哉？近見《快筆》一書，出自杭資能先生，評其法，釋其典，又為之序其講，亦足以釋後學之苦矣。而猶有所未盡釋者，則以所解於此而不盡解於彼，又能無憾於�魚多骨、海棠無香乎！今是集也，堪稱善本，名曰《古文精言》者，其所選之文增加倍蓰，釋之而甚精，訓之而甚詳，訂訛補闕，音義了然。合諸選之美，成一家之言。爰亟令梓之，公諸海內，以津梁後學，嘉惠何既哉！時乾隆癸亥蒲節文川世弟童孫韜頓首拜。

◎周大璋（1669～1738），字聘侯，號筆峰。安徽安慶樅陽縣周潭人。雍正二年（1724）進士。官浙江龍陽縣令，有政績，自請改授江蘇華亭教諭。後任《江南通志》局總裁、紫陽書院山長。著有《左傳翼》（一名《左翼》）三十八卷、《四書精言》（《四書諸子大全精言》）四十卷、《四書正義》十九卷、《龍

陽講義》、《修凝堂文鈔》六卷、《朱子古文讀本》十六卷、《朱子古文詮》、《古文精言》。

周道遵 春秋輯解 十二卷 首一卷 存

寧波市天一閣博物館藏稿本

◎例言：

一、是書體例亦倣嚴氏《詩緝》，經文之後詳加注解。其有先儒是正，不及在注中辨明者，即於注後另載，所以避混褻也。或採各家成說，則注明某某說。或成說未安之處，不妄刪節，則不注明姓名。誠恐以私意改削前人著作，難免鹵莽之咎。

一、是書注解，會集先儒之說，未嘗專主一家。惟《直解》及顧氏《春秋大事表》所採最多，其有可證明註解而不可據作辨論者，則用小字在注下分兩行寫，亦閱者之一助云。

一、同此書法，同此義例，已於前經注明，後經則不注，從省文也。至如書人書爵書名，及不書人書爵書名，俱非褒貶所係，先儒紛紛聚訟，其是非悉在綱領詳之，經中亦不注入。

一、《春秋》閏月，杜氏《長曆》尚有錯誤，顧氏《朔閏表》悉為辨正。是集採而分載于各年之後，非敢莽于離析也，蓋不分載無以正某日是在某月，反增疑惑耳。

一、是書於列國地名，亦本顧氏《大事表》。間有顧氏不合而某氏合者，即採某氏之說，惟正是從而已。

一、諸侯世系，本有全圖，是書不另作。惟於某公卒下注明某公某立，謂既易查年數也，而世系自見矣。天王世系則在諸公元年之首捴載，一以尊王，一以尊經。

一、是書繼《爾雅／書／詩輯解》而作，閱五載始成。不通聖經，第泥于三傳，故特作是書示之。說之當否，未敢自信。倘蒙當代巨儒俯為質正，幸甚幸甚！

佩斯氏識。

◎周道遵，字佩斯，號介園。甬上（今浙江寧波）人。道光時人。著有《書經輯解》十三卷首一卷、《春秋輯解》十二卷卷首一卷、《古學磚樣》，參纂《甬上水利志》六卷、《招寶山志》二卷。

周登瀛 春秋備要 佚

◎嘉慶《太平縣志》卷八《著述》：《春秋備要》（周登瀛著）。

◎周登瀛，太平（今安徽黃山）人。著有《春秋備要》。

周封魯 春秋奧義錄 二卷 存

國圖藏道光十七年（1837）刻本

◎周封魯，字東山。湖北天門人。縣學增生。家世通經。著有《周東山先生五經解》十卷（括《易經備解》、《詩經備解》、《書經備解》、《禮記備解》、《春秋備解》二卷）、《讀易捷訣》、《周易奧義錄》四卷、《書經奧義錄》三卷、《詩經奧義錄》三卷、《禮記奧義錄》六卷、《春秋奧義錄》二卷。

周封魯 春秋備解 二卷 存

道光二十七年（1847）刻周東山先生五經解巾箱本

周榦 春秋集義 十二卷 存

上海藏咸豐四年（1854）震澤鎮硯華堂刻本

◎許瑤光修，吳仰賢等纂光緒四年《光緒嘉興府志》卷八十《經籍一》：周榦《春秋集義》六十卷（案：是書於《三傳》及胡氏文存其要者，《集義》則采前人之說，以己意聯貫之，亦自有見。末二卷載《王朝列國世次興廢考》《國圖便考》《氏族支圖》）。

◎周榦，浙江桐鄉人。著有《易庸》四卷、《春秋集義》十二卷、《讀書管見》、《顧諟錄》。

周拱辰 公羊墨史 二卷 存

南京藏道光二十三年（1843）聖雨齋刻本

國圖、上海辭書出版社藏道光二十六年（1846）刻光緒元年（1875）檇李周氏補修周孟侯先生全書本

續修四庫全書影印道光二十六年（1846）刻光緒元年（1875）補修周孟侯先生全書本

◎卷上卷前題：古檇李周拱辰孟侯著，同邑陸時雍仲昭、張履祥考夫評點，七世孫傑／桂／榮／榦、八世孫士炳／士煒／士焗／士煦／士烔／士煌／士煊／士照／士耿／士熊／士炡／士燮／士瑛／士焯／士焌校刊。

◎目錄〔註90〕：

卷上：隱公：元年春王正月、夏五月鄭伯克段于鄢、三年秋武氏子來求賻、冬癸未葬宋穆公。四年秋翬帥師會宋公陳侯蔡人衛人伐鄭、五年春公觀魚于棠、九月考仲子之宮、初獻六羽、六年春鄭人來輸平、七年夏城中丘。桓公：二年春王正月戊申宋督弒其君與夷及其大夫孔父、夏四月取郜大鼎于宋、三年秋七月壬辰朔日有食之既、五年春正月甲戌己丑陳侯鮑卒、六年秋八月壬午大閱、七年春二月己亥焚咸丘、八年春正月己卯烝、十有一年九月宋人執鄭祭仲、十有四年夏五、秋八月壬申御廩災、十有八年春王正月公會齊侯于濼公夫人姜氏遂如齊。莊公：元年三月夫人孫于齊、冬王使榮叔來錫桓公命、齊師遷紀郱鄑郚、三年秋紀季以酅入于齊、四年夏紀侯大去其國、六月己丑齊侯葬紀伯姬、冬公及齊人狩于郜、八年夏師及齊師圍成成降于齊師、九年夏公伐齊納糾、八月庚申及齊師戰于乾時我師敗績、九月齊入取子糾殺之、十有二年春王三月紀叔姬歸于酅、秋八月甲午宋萬弒其君接及其大夫仇牧、十有三年冬公會齊侯盟于柯、十有七年春齊人執鄭瞻、夏齊人殲于遂、十有八年秋有蜮、二十年夏齊大災、二十有四年秋公至自齊八月丁丑夫人姜氏入、冬戎侵曹曹羈出奔陳、二十有七年秋公子友如陳葬原仲、二十有八年臧孫辰告糴于齊、二十有九年春新延廄、三十年秋七月齊人降鄣、冬齊人伐山戎。閔公：元年冬齊仲孫來、二年夏五月乙酉吉禘于莊公、秋八月辛丑公薨。僖公：元年秋七月戊辰夫人姜氏薨于夷齊人以歸、十有二月丁氏夫人之喪至自齊、二年夏五月辛巳葬我小君哀姜、虞師晉師滅夏陽、四年春王正月公會齊侯宋公陳侯衛侯鄭伯許男曹伯侵蔡蔡潰遂伐楚次于陘夏楚屈完來盟于師盟于召陵、齊人執陳袁濤塗、七年夏鄭殺其大夫申侯、八年春王正月公會王人齊侯宋公衛侯許男曹伯陳世子華盟于洮鄭伯乞盟、九年九月戊辰諸侯盟于葵丘、十年春晉里克弒其君卓子及其大夫荀息、夏晉殺其大夫里克、十有四年夏八月季姬及鄫子遇于防使鄫子來朝、八月辛卯沙鹿崩、十有五年九月己卯晦震夷伯之廟、十有一月壬戌晉侯及秦伯戰于韓獲晉侯、十有六年春王正月戊申朔霣石于宋五是月六鷁退飛過宋都、十有八年五月戊寅宋師及齊師戰于甗齊師敗績、十有九年夏六月己酉邾婁人執鄫子用之、二十年五月己巳西宮災、二十有一年冬楚人使宜申來獻捷、二十有二年冬十有一月己巳朔宋公及楚人戰于泓宋師敗績、二十有三年春齊侯伐宋圍緡、二十有八年春晉侯侵曹晉侯伐衛、夏四月己巳晉侯齊師宋師秦師及楚人戰于

城濮楚師敗績、冬晉人執衛侯歸之于京師、三十有一年春取濟西田、夏四月四卜郊不從乃免牲猶三望、冬杞伯姬來求婦、三十有三年夏四月辛巳晉人及姜戎敗秦于崤。

卷下：文公：二年二月丁丑作僖公主、冬公子遂如齊納幣、五年春王正月王使榮叔歸含且賵、六年冬晉殺其大夫陽處父晉狐射姑出奔狄、八年冬公孫敖如京師不至復丙戌奔莒、九年冬楚子使椒來聘、秦人來歸僖公成風之襚、十有二年秋秦伯使遂來聘、冬十有二月戊午晉人秦人戰于河曲、十有四年冬單伯如齊齊人執單伯齊人執子叔姬、十有五年夏齊人歸公孫敖之喪。宣公：元年夏晉放其大夫胥甲父于衛、六年春晉趙盾衛孫免侵陳、十有一年冬十月楚人殺陳夏徵舒丁亥楚子入陳納公孫寧儀行父于陳、十有二年春楚子圍鄭、夏六月乙卯荀林父帥師及楚子戰于邲晉師敗績、十有五年夏五月宋人及楚人平、六月癸卯晉師滅赤狄潞氏以潞子嬰兒歸、冬蝝生、十有八年冬歸父還自晉至檉遂奔齊。成公：二年秋七月齊侯使國佐如師己酉及國佐盟于袁婁、八年春晉侯使韓穿來言汶陽之田歸之于齊、十有二年春周公出奔晉、十有五年冬十有一月叔孫僑如會晉士燮齊高無咎宋華元衛孫林父鄭公子鰌邾婁人會吳于鍾離、十有六年六月甲午晦晉侯及楚子鄭伯戰于鄢陵楚子鄭師敗績、秋公會晉侯齊侯衛侯宋華元邾婁人于沙隨不見公公至自會、曹伯歸自京師、九月晉人執季孫行父舍之于招丘、十有七年十有一月公至自伐鄭壬申公孫嬰齊卒于貍軫。襄公：元年春仲孫蔑會晉欒黶宋華元術衛殖曹人莒人邾婁人滕人薛人圍宋彭城、二年冬仲孫蔑會晉荀罃齊崔杼宋華元衛孫林父曹仁邾婁人滕人薛人小邾婁人于戚遂城虎牢、三年六月戊寅叔孫豹及諸侯之夫夫及陳袁僑盟、五年夏叔孫豹鄫世子巫如晉、九年春宋火、十有一年春王正月作三軍、十有二年春王正月莒人伐我東鄙圍台季孫宿帥師救台遂入運、十有九年春取邾婁田自漷水、二十有五年十有二月吳子謁伐楚門于巢卒、二十有七年夏衛殺其大夫蘭喜衛侯之弟鱄出奔晉、二十有九年春王正月公在楚、夏吳子使札來聘、三十年秋七月叔弓如宋葬宋共姬、冬晉人齊人宋人衛人鄭人曹人莒人邾婁人滕人薛人杞人小邾婁會于澶淵宋災故。昭公：元年春叔孫豹會晉趙武楚公子圍齊國弱宋向戌衛石惡陳公子招蔡公孫歸生鄭軒虎許人曹仁于漷、夏秦伯之弟鍼出奔晉、四年秋七月楚子蔡侯陳侯許男頓子胡子沈子淮夷伐吳執齊慶封殺之、九年四月陳火、十有八年夏五月壬午宋衛陳鄭災、十有九年冬葬許悼公。二十有一年夏宋華亥向甯華定自陳入于宋南里以畔、二十有三年七月戊辰吳敗頓胡沈蔡陳許之師于雞父胡子髡

沈子楹滅獲陳夏齧、二十有五年秋齊侯嘻公于野井。定公：元年春王、三月晉人執宋仲幾于京師、四年冬十有一月庚午蔡侯以吳子及楚人戰于伯莒楚師敗績、八年冬盜竊寶玉大弓、十有三年冬晉趙鞅歸于晉。哀公：三年春齊國夏衛石曼姑帥師圍戚、四年夏晉人執戎曼子赤歸于楚、六年秋齊陽生入于齊齊陳乞弒其君舍、七年秋公伐邾婁八月己酉入邾婁以邾婁子益來、八年春王正月宋公八曹以曹伯陽歸、十有三年夏公會晉侯及吳子于黃池。

　　◎公羊墨史序：墨者何？墨守也，何邵公志也。何以史？史者《公羊》所短也，《左氏》史學，《公羊》經學，捄所短也。而若三科、九旨、七等，辨說鑾起，畔乎史也。《公羊》之經，長有不盡長者也；《公羊》之史，短有不盡短者也。故曰史也。學聖而僭，執理而迂，尚異而鑿，逞臆而誣，揚美而溢實，摘瑕而傷鍥，《公羊》不免也。夫說《春秋》之失，不失在淺而失在深。深者忘乎其為史也，史可信然後經可說也。《公羊》之義，如孔父正色立朝、宋襄傳位先正、仇牧不畏強禦，史之粹者也，經之翼也。如祭仲廢立行權、季姬遇防請己、叔術妻嫂稱賢，史之駁者也，經之蠹也。義不傳，事詳於經，而義未必當，故曰《公羊》短於史，蓋救短之難也。然則墨史有合乎者乎？曰有。祭仲為始忠，不終也；陽處父為晉殺，不密也；潞子為善而躬亾，不善也；紀叔姬歸酅為葬於歸，不失節也；宋襄非文王，戰也；沙隨執大夫，非公幼，不恥也；若屈完賤得臣，褒受盟，貶自敗。凡此者，皆合也，救也。他或約而擇之，旁而通之，恢而奇之，旋而幹之，出入利鈍，亦說史之常也。至若張三世、存三統，錯綜條例，抉剔異同，鉤索詳密，有所未逮，然亦淺之失而非失在深也，無害乎其為史也。胡母師法亂於莊、顏，《玉杯》《繁露》隱奧難繼，景伯緣隙，高密操戈，《公羊》家言，久焉響絕，苟有作者，曷可廢也！且邵公志也。作之者誰？明桐鄉明經周拱辰也；傳之者誰？其七世孫廣文桂也。道光乙巳，吳縣吳鍾駿序。

　　◎公羊墨史序：舍三傳以言《春秋》，後儒之失也。《春秋》，天子之事也。以孔子之聖不得用於定、哀之世，退而託史文以垂法百王。蓋其筆削之旨微矣，而幸傳於子夏之門，《公羊》《穀梁》是也，二家之說，同者十七八，即先師所授，間有違異，各尊所聞，亦皆有大義存焉，非是則無以知《春秋》。而唐宋以來，傳注多不屑師承前人求其義例，徒掇拾《左氏》事迹，臆決是非而曰經意當爾。筆墨馳騁，好辨而已，故其詞愈煩而義愈晦。嗟乎！自周室既衰，王者之迹熄，《春秋》作而亂賊始沮。其後諸侯爭富強、蔑道德，迄秦而六藝之

文熠焉。漢興七十餘載乃立學校之官，罷百家，推明孔氏，實自廣川董子始建明之。董子治《公羊》者也，言於武帝曰：「《春秋》謂一為元者，視大始而欲正本也。故為人君者，正心以正朝廷，正朝廷以正百官，正百官以正萬民，正萬民以正四方。四方正，遠近莫敢不壹於正，而亾有邪氣奸其間者。」孔子謂魯大夫曰：「政者正也，子帥以正，孰敢不正？」孟子曰：「一正君而國定矣。」董子之言獨孔孟也，今讀孟侯周先生之書，於成公會吳於鍾離，申傳言自近者始之意，謂必魯自治而後可以治天下，故始之，有貴其始也。先生之言猶董子也。宣公初稅畝，冬蝝生，傳曰：「幸之也。幸之者何？猶曰受之云爾。」先生申之曰：「幸之者，非幸其不為災也。若曰微此王心，其不悟乎？山崩兔舞以示天警，而夏商卒亾。桀紂之心不受也。」斯義也又同於董子之言：「災異者，天心之仁愛人君，而欲止其亂也。」而且推原至隱，以時君之心受不受為治亂之本。至哉言乎！是其明於天人相與之際，將上下勤恤，用保乂民，自貽哲命，撥亂世反之正，夫孰有先於此乎？先生生丁明季，高才不仕，鼎革後逃迹邱園，抱遺經以終老，以視董子，遇益窮矣。其治《公羊》，不為句解字析，有特見大義則書之，文體簡古，一同乎傳。凡一百四十事，為上下二卷，名曰《墨史》，殆取繩墨誠陳不可欺以曲直也。觀其察時勢而為進退，本人情以定褒貶，義正而言厲，真若有繩墨之陳也者。間釋文義，如傳言潻移，以為潻水灌邾田，隨日而移也。於《解詁》言隨水而移者，更標明一義。百金之魚，公張之不用罔罟，舊說而以張為射，則與臧僖伯之言合。他類此甚眾。近時治《公羊》者，孔氏《通義》、劉氏《條例》盛行於世，惜皆未及見先生書而參證之。蓋藏橐二百年，先生七世孫歸安學博桂始為刊行。學博從子士烱、士炳郵書大梁，乞為序。儀吉受而讀之，不啻如韓子遺殷侍御書所謂鄙心最急者，願與同學之士好之樂之。聖經賢傳，張而明之有日矣。乃若曹羈三諫其君，不聽而去，傳以為賢，先生責其不能格君，臨敵而去之，雖曰見幾，不忍乎哉？！齊人降郱，傳謂為桓公諱，先生曰：「紀亾二十八年矣，所謂頑民之義，桓悉取之。魯不能救，書曰齊人，惡其盡也。夫子欲存郱以存紀也。」其說皆與傳相違，此其故國遺氏之言也。蓋雖義殊於《公羊》，而道合於《春秋》。嗚呼！是又可以見先生之志也夫！道光丙午仲冬，里後學錢儀吉謹序。

◎跋：余七世祖孟侯公著作甚富，有《莊子影史》《離騷草木史》《聖雨齋詩文集》，久已刊刻，為世所推許。外有《公羊墨史》二卷，乃公晚年所著也。今課餘之暇輒開卷尋繹，雖未能得其要妙，而議論之精詳、文詞之古雅，自有

不可磨滅者在。因付梓人，以質世之治《公羊者》。道光二十有三年癸卯秋八月，七世孫桂謹跋于歸安學舍。

◎趙爾巽《清史稿》卷一百四十五志一百二十《藝文》一：《公羊墨史》二卷，周拱辰撰。

◎許瑤光修，吳仰賢等纂光緒四年《光緒嘉興府志》卷八十《經籍一》：周拱辰《公羊墨史》二卷（錢儀吉序略曰：其治《公羊》，有特見大義則書之，凡一百四十事，名曰《墨史》，取繩墨誠陳，不可欺以曲直也。案：是書道光間七世孫桂始刊行）。

◎上海古籍出版社2015年《續修四庫全書總目提要‧春秋類》「《公羊墨史》二卷」：是書有吳鍾駿、錢儀吉兩序。錢序稱是書名曰《墨史》者，殆取繩墨誠陳，不可欺以曲直之義。觀其察時勢而為進退，本人情以定褒貶，義正而言厲，真若有繩墨之陳云云。

周氏治《公羊》，不為句解字析，特見大義，於董仲舒明於天人相與之際、上下勤恤撥亂反正之旨，時有發明。如宣公初稅畝，十五年冬，蝝生。《公羊》曰：「幸之也。幸之者何？猶曰受之云爾。」周氏申之曰：「幸之者，非幸其不為災也，若曰微此王心其不悟乎，故曰幸之者，受之云爾。山崩兔舞以示天警，而夏商卒亡，桀紂之心不受也。」其意謂受災則知儆而自省，不罪歲而行仁政矣。又，成公會吳於鍾離，周氏申《公羊》「自近者始」之意，謂「用貴治賤，用賢治不肖，魯自治而後可以治天下」，則始之者，貴其始也。又，成公會晉侯於沙隨，《公羊》謂「公幼不恥」，周氏則以為「不恥，乃恥也」。雖取何休墨守之旨，然於《公羊》多有駁正，抑或實有合於《春秋》之旨者。此本據上海辭書出版社圖書館藏清道光二十六年刻光緒元年補修《周孟侯先生全書》本影印。（曾亦）

◎周拱辰，字孟侯。浙江檇李（今嘉興）人。順治三年（1646）歲貢生。與陸時雍善。明亡遁跡，屢徵不起。著有《公羊墨史》、《老子影史》、《莊子影史》（一名《南華真經影史》）、《離騷草木史》十卷、《離騷拾細》一卷、《天問別注》一卷、《問魚篇》、《聖雨齋詩文集》，多收入《周孟侯全書》。

周琪 春秋要義 佚

◎光緒《湖南通志》卷二百四十六《藝文志》二：《春秋要義》，安鄉周琪撰（《澧州志》）。

◎周珙，字象政。湖南安鄉人。著有《大易約編》、《春秋要義》。

周廣詢 三傳異同商 四卷 佚

◎尋霖、龔篤清編《湘人著述表》著錄。

◎周廣詢，字采之。湖南湘鄉人。幼孤，諸劉招諸家同學。學問不規規於制藝，殫精許、鄭，博通群經，尤邃於六書故訓，窮源竟委，多所訂正。著有《三傳異同商》四卷、《經字韻編重俗辯》一卷、《識字初編》四卷、《正字析原》五卷、《續小學考》十卷、《說文集腋》四卷、《古篆籀補注》一卷、《算術入門》五卷、《三才綜要》六卷，《天文綜要》一卷、《談天條辨》二卷、《周廣詢鄉試卷》、《補訂湘鄉節孝錄》十卷。

周廣業 讀相臺五經隨筆春秋 一卷 未見

◎孫殿起《販書偶記》卷三：《讀相臺五經隨筆》四卷，海寧周廣業撰。底稿本。卷一卷二缺，僅存《春秋》《禮記》各一卷。

◎王引之《讀相臺五經隨筆序》：讀《相臺五經隨筆》，海寧周耕崖孝廉所記也。其書博取前人之說，稽合異同，以資多識。蓋惠氏定宇之亞矣。顧氏炎武據《漢書》以為《彖象傳》附經于費直，戴吉士駁正之，曩嘗歎其精審。而是書所論實與戴氏不期而合。至其辨東晉古文《尚書》之譌，與閻、惠二徵君相為表裏，有功經學甚偉。余因孝廉之嗣，得見孝廉之書，用附數語于簡末，以志傾慕之誠云。嘉慶九年四月朔日，高郵王引之序。

◎馬瑞辰《讀相臺五經隨筆序》：讀《相臺五經隨筆》，海寧周耕崖先生所著也。先生博學多聞，著述最富。余先子曾手錄所著《孟子四考》以授，蓋嘗與先生訂交於都門矣。余不克見先生，得交先生之嗣竹泉，因受此書而讀之。其引翼奉傳厤中甲庚、性中仁義，證易先甲後甲、先庚後庚之義，與楊子《太玄》言庚斷甲、義斷仁也合。其論貢島夷皮服，當從鄭氏，古文作鳥夷，與《大戴記・五帝德》「東長鳥夷羽民」合。其引鄭氏以毛公為先師之說，證詩箋之義，足解博物志之疑。其引鄭氏注：「陔，夏」，注「陔之言戒」，與詩序「相戒以養」義合，足證束皙補亡之失。其引《史記・宋世家》「襄公時正考父作商頌」，足證鄭氏禮注商為宋詩之說。其餘博採舊聞，稽合同異，皆精確不移，不為鑿空之論。至其辨東晉古文《尚書傳》之譌，尤與閻、惠兩徵君相發明。而以作傳之孔安國為東晉孔愉之子字安國者，為前人所未道。昔毛西河作《易

小帖》，以《漢志》不載《子夏易傳》，《史／漢儒林傳》皆無子夏受易事，謂隋唐《志》所載《子夏傳》為杜子夏作。余按杜欽無受易事，因考漢《儒林傳》沛鄒彭祖字子夏，受易於五鹿充宗，疑子夏或出於彭祖。是亦與先生定安國為東晉人者，可同備一說也。先生所著有《意林校本》、《避名錄》、《過夏錄》、《目治偶鈔》凡十數卷，皆未得見而讀。此已足見先生淹博之學，其有功於經術者不少矣。嘉慶十二年四月二十六日，桐城馬瑞辰序。

◎嘉慶二十五年趙懷玉《循陔纂聞序》：君所著《孟子四考》已見賞於名公卿，久傳海內。其校注《馬氏意林》，亦於三十年前讀於鮑氏知不足齋。此外，未刻者尚有《讀相臺五經隨筆》、《讀易纂略》、《季漢官爵考》、《經史避名彙考》、《兩浙地志錄》、《寧志餘聞》、《動植小志》、《三餘摭錄》、《目治偶鈔》、《四部寓眼錄》及《文集》八卷、《詩集》二十六卷，可謂富矣。今就所見《循陔纂聞》聊綴數言，以志悅服。而在君之著述，則猶吉光片羽耳，不可即此以例其餘哉。

◎周廣業（1730～1798），字勤補，號耕厓，又號蓳園。浙江海寧（今海寧）人。年二十二受知于學使翠庭雷公，補博士弟子。又與同邑祝人齋、朱蒿庵兩先生講學纂禮，雅見推重。乾隆四十八年（1783）舉人，明年應春闈試，不第，留京佐沈嵩門校四庫書二年。朱珪聘主廣德復初書院。性耿介，不與俗諧，歸家著述以終。顏其書室曰種松書塾，取閉戶著書之意以自壽。與陳鱣、吳騫交最密。當時名流如盧文弨、王鳴盛皆與往復討論，以著述相質證。騫撰有《周耕厓孝廉傳》述其行事甚詳。著有《讀易雜記》不分卷、《周易纂注》、《孟子四考》、《讀相臺五經隨筆》二卷續筆一卷、《經史避名彙考》、《石經紀略》、《蓬廬文鈔》、《蓬廬詩文集》、《客皖記行》、《客皖錄》、《文昌通紀》、《季漢官爵考》、《關帝事蹟徵信編》、《六安直隸州志》、《廣德州志》、《兩浙地名錄》、《冬集紀程》、《寧志餘聞》、《東林三君子傳》、《季漢官爵考》、《目治偶鈔》四卷、《四部寓眼錄》二卷、《三餘摭錄》、《古文紀序》、《動植小志》、《唐馬總意林注》、《過夏雜錄》、《過夏續錄》、《時還讀我書錄》、《循陔纂聞》、《制義》等數十種。

周蕙田 春秋揭要 二卷 存

哈佛燕京圖書館、北大、湖北、山東藏乾隆五十三年（1789）自怡軒刻五經揭要本

國圖藏光緒二年（1876）刻五經揭要本

山東藏清惜陰軒刻五經揭要本

山東藏清梁溪浦氏刻五經揭要本

復旦藏清鈔五經揭要本

◎乾隆五十三年（1789）自怡軒刻五經揭要本扉頁鐫：乾隆壬子年春鐫，雲間許寶善穆堂氏閱定，翻刻必究，《春秋揭要》，玉峰周蕙田蓉裳氏輯錄、杜綱曹亭氏糾訂，自怡軒藏版。

◎春秋揭要凡例：

丙午歲刻《四書便蒙》問世，見者咸謂便于家塾，欲續刻五經，苦無善本，每耿耿于懷焉。今春周子蕙田以素所輯錄五經注說示余，簡而明、約而該，既便于讀者，復周于解，允為愜心。貴當《春秋》先有成帙，因與杜子綱糾訂付梓，其《易》《書》《詩》《禮》嗣出。所有《春秋揭要》凡例開後：

一、《春秋》紀列國之行事，而程子以為窮理之要者，蓋因其事以著其義也。左氏、公、穀、胡氏四傳互有得失，先儒論之詳矣。是編或錄左氏、或錄公穀、或錄胡氏，博稽約取，務求至當，不敢妄存臆見。

一、四傳之外，漢唐宋元諸儒傳說可采者不少，是編亦輯錄其要。

一、傳曰：「羣言淆亂，折諸聖」，《春秋》有辭婉志晦者，後儒聚訟紛紜，謹遵御纂定案，使微言大義朗然如日星焉。

一、是書為家塾刻本，傳說有必讀者注于本節之下，可緩讀者錄在上方，其可以出題之處皆用圈標出。

一、四傳及諸家注說各有全書，窮經者原宜盡讀，是書為初學計，義取至精，辭歸極約，故顏之曰《揭要》。所摘傳說標明某某，其有未標出者，以融會諸說，不得專指一家也，讀者鑒諸！

雲間許寶善識。

◎周蕙田，字蓉裳。江蘇崑山人。諸生。乾隆四十九年（1784）館於菉谿程氏，時與友人唱和。學使嘉善謝金圃埰葳試蘇太，拔取詩古第一。著有《五經揭要》二十一卷、《瑩幢唫草》一卷。

周蕙田 春秋三傳揭要 六卷 首一卷 存

哈佛燕京圖書館、吉林、常州、貴州、山西、江蘇省海安縣藏乾隆五十九年（1794）許寶善自怡軒刻本

◎乾隆五十九年（1794）自怡軒刻五經揭要本扉頁鐫：乾隆甲寅年春鐫，雲間許寶善穆堂氏閱定，翻刻必究，《春秋三傳揭要》，玉峰周蕙田蓉裳氏輯錄、杜綱曹亭氏叅訂，自怡軒藏版。

◎春秋三傳揭要總目：

卷首。卷一（起隱公元年止閔公二年）。卷二（起僖公元年止文公十有八年）。卷三（起宣公元年止成公十有八年）。卷四（起襄公元年止三十有一年）。卷五（起昭公元年止三十有二年）。卷六（起定公元年止哀公十有四年）。

按《五經揭要‧春秋註》舊用《胡傳》，今遵功令，刊入《左》《公》《穀》三傳，其有三傳主說不一者，謹錄御纂以折衷之。經文下《左傳》全載，《公》《穀》有義理岐出經先儒辨正者則並附先儒之說于後，務令初學一目了然。許寶善識。

周龍官 四書左國輯要 四卷 存

國圖藏乾隆二十三年（1758）山陽周氏刻本（二卷）

乾隆三十五年（1770）刻本（二卷）

乾隆三十九年（1774）兩衡堂刻本（題重訂四書左國輯要）

乾隆三十九年（1774）光霽堂刻本（題重訂四書左國輯要）

本立堂刻本

寶樹堂刻本

◎四書左國輯要序：予年十一受學於吾鄉顧持菴先生，授以《漢》《史》諸篇、《左傳》，為纂《四書》中人凡十篇。先生旋赴任內邱，未竣其選而歿。時以為摭拾故實而已，未知其文之妙也。少長，他師令讀全傳，並雜選唐宋名文，而此十篇者寖以高閣。迄今五十餘年，不復記憶矣。竊思孔子志在《春秋》，而論說著於魯《論》，一時君卿大夫行事特彰於《左傳》，是《左傳》以傳《春秋》，即以傳《四書》，而《國語》又傳《傳》者也。微《左氏》，則《春秋》之褒誅無由詳考其實，而見之於《四書》者，千百世亦無由想見其為人，則《四書》之論說隱而《春秋》亦幾隱矣。故《左氏》之所繫者，不徒以其文也。世之讀《左氏》者窮年諷誦，鮮得其貫通。錯舉一人且有稱此而遺彼者，而鈍者又苦其帙之繁，咋舌而不敢展視。雖以《四書》所熟習之人詢其事蹟，有茫然莫識其端委者矣。是止知《左傳》之翼經，而不知其與《四書》相為發明者也。歲戊寅，與越華諸子相晨夕見，所讀多坊刻《左》選，問以《四書》中人，

罕能道其詳焉。因憶昔者吾師之訓為要而深中學人之病也。於是緒閱全傳，析其人而條紀之，生卒顛末釐然具在，覺《左氏》凡寫一人，雖散出數十年之內，錯見列國之中，而性情心術聲音笑貌始終如一，其前後起應脈絡貫注如一筆書，而密意相承，隱躍於行墨之表。其所以啟史、班之秘鑰者，豈其微哉！因覆按之《四書》，覺聖人所言，或該生平以為斷，或取一節以著長，或外其行事以闡微，或借其他端以垂訓，或特言而予奪見，或並形而優絀分，誦讀之下，其人如生。而後知《春秋》之外有魯《論》，猶《左傳》之外有《國語》，所以昭示來茲者為無遺也。爰廣幼所讀，增得十九人。蓋以《國語》三篇共三十有二篇，未知於吾師之意云何？！惜乎其無從質正矣。學者肄業及之，不獨行文之道得，而知人論世之學可由此會焉。每輯一篇，付之梓，以省繕書之勞，非敢以問世也。幸諸子服習之下，引伸觸類，以得乎微言大義之所在，毋似予之愛博荒落，老而追悔少時心戚戚有餘恫也。梓成，為識其意以弁於首。時乾隆戊寅孟冬，山陽周龍官翼皇氏書。

　　◎四書左國輯要序：國家以經義取士，首重《四書》。海內之士靡不究心其中矣。顧《四書》理無不該，其言皆信而有徵，非博通經史，不足以發其蘊奧。而經史浩繁，鈍者不能遍觀盡識，於是有《倄考》《翼考》《人物考》諸書以便夫不學之士。非無小補，然皆錯引傳記，無所折衷，其事或首尾之不全，其文或割裂而難讀，是其為書僅可供一時抄胥之用，未能使好學之士熟讀深思而得其故也。山陽周蓼圃先生平居取善誘人，深憫夫不學者之空疎而無據也，又憫乎抄胥者之勦說而無根也，以為孔子志在《春秋》，而以微辭奧旨親授邱明，不讀邱明之書，無由知《春秋》之義；不知《春秋》之義，無由見聖人之志；其志不見，其道不明，而欲以通四子書也，難矣。乃取《左傳》《國語》二書，擇其有關於《四書》者，纂而輯之，顏曰《四書左國輯要》，付之剞劂，嘉惠來學。其書倣史氏世家、列傳之例，每敘一篇，以一君大夫領之。其中天地之性、萬物之情、禍福之門、古今之變，內而身心外而家國，大而兵刑禮樂小而動作威儀，所為因其流而溯其源、見其微而知其著，無不畢具。其事則本末之不遺，其文則條貫而可誦。且又博採舊聞，參以己見，一評一註，期無悖聖人之旨，使學者於此熟讀深思而得其故，六經諸史俱從可會其統宗，夫何患於《四書》之難窮也哉！試以視《倄攷》諸書，相去何如也！東鄉夏皋率耕氏撰。

　　◎例言：

　　一、是輯為資初學行文之用，既臚其人之事實，亦以擷《左氏》之菁華，

必其事其文成一篇幅，或聯貫可諷誦，方為備載。若止姓名一見，及寥寥數語，無可專教者，則附見他人之下。如華周、杞梁載陳文子內，以齊伐晉連類敘入是也。

一、人以春秋時君大夫為主，其不經聖人論斷，及兩孟所見者，概不采錄。《四書》所有而不見於《左》《國》者亦不旁及，以是集非人物考類也。

一、文以《左氏》為主，聖人評論皆發明于《左傳》，《國語》為外傳、《語》內傳，相為表裏，故《左氏》所未詳者，間錄《國語》以補之。《國策》諸書，非出左氏之手，攔入則雜矣。晏子載《史記》一條為得「善與人交」之意，晉文載《檀弓》一則因有「仁親為實」之言，其他槩不濫及。

一、齊桓晉文秦穆乃《論》《孟》中所最著者，非因五霸詳也。五霸之名不一，註中有引兩說，即顏師古一人之說亦無定，總之，宋襄、楚莊制義中無庸鋪敘，故不敢錄。

一、左氏依經分傳，故有一人之事與言散見數十年之內，今欲彙一人之始終，必首尾相貫為一，止加詳某公某年以便讀者稽考，不復循經傳之義類也。

一、《左傳》載一人，或連接敘說，或錯綜互見。有他事帶敘而其人益明者，有事不與本人相涉而為其人之張本者，有因其人序及他事而相形益著者，全載則病其繁，盡刪則文不貫，其中量為節錄，間采經文以為聯絡，非敢斷鶴續鳧，讀者自有原文可覽，茲集非以要其全也。

一、序次先君後臣，分為上下二卷。周室東遷雖晉鄭焉依，然二百四十二年虛位，實桓公翌戴之功啟之，故列國之君以齊桓為首；桓之霸，仲實成之，故臣即以管仲為首，其餘總以先後為次，書名書字書謚皆因《四書》。仲係於齊、子產係於鄭，乃春秋前後兩大人物。齊崔杼之亂，明崔氏之無齊君，亦本《春秋》之義也。

一、評語采輯諸家，取其有關發明者，以資初學識力。《胡傳》《博議》等節錄其要，便於省覽。論文佳評，概不采錄旁註，悉本杜林，間附鄙見，俱為標明。其諸家旁評，不能多錄，間有錄者，係以某云，不敢混也。

一、幼時師授讀十篇，文取其精，事挈其要，如秦起殽之役及任用孟明諸段，題曰《秦誓原起》，子產敘當國後為政數大篇題曰《子產相鄭》，今恐未備，故凡一人之事必悉載之，紀其顛末，尋其脈絡，所刪去不關要領十止一二，易以標題，亦借以使學者多讀左氏文，非敢有背師訓。惜吾師評點原本未未攜行篋，今不復記憶，悵悵焉如有所失也。

一、隨讀隨輯，即以付梓，旁註未及細採，且案頭書籍不備，未暇廣搜，故其中挂漏滋多，引而伸之，是在善學。

◎目次：

卷之一：齊桓公本末（附公子糾、召忽、易牙）、晉文公本末（附舅犯）、秦穆公霸西戎（附百里奚）、魯昭公本末（附四分公室）。

卷之二：齊景公本末、衛靈公莊公出公本末（附南子、王孫賈、弥子瑕、史魚、公叔文子、宋朝、趙簡子）。魯定公本末（附季桓子、陽虎、公山弗擾即不狃）、魯哀公本末（附孟武伯、孟之反、子服景伯、南宮适即南宮敬叔、叔孫武叔、季康子）、句踐事吳。

卷之三：齊管仲（《國語》）、臧文仲、展禽、季文子、孟獻子（附孟莊子、孟懿子）、晏平仲、師曠、臧武仲、甯武子、令尹子文、陳文子（附華周杞梁之妻）、齊崔杼之亂、祝鮀、宮之奇諫假道。

卷之四：鄭子產（附裨諶、行人子羽）、世叔、蘧伯玉、王良（《國語》作郵無正）、陳恆、孔文子、子西、葉公、桓魋、王孫圉論楚寶（《國語》）。

垣自束髮受書，於《左氏內外傳》繙閱研究，歷有年所。而原委本末終未了然心口間。癸酉來越，丁丑冬受業蓼圃夫子，循循善誘，惟古是訓。授以《四書左國輯要》，為文三十二篇，約《四書》之人名，倣《史記》之體例，各成結搆。其評註博採舊說，參以己見，居然輯要文章而不失《左》《國》面目。一人一事無不洞貫始終。鳧脛不可長，鶴脛不可短，未免屈古法以就我法。夫子秘不示人，垣等以是編條例分明，貫串精該，實為初學指南，再三請梓以供同好。讀是書者，即此可該《春秋》之初終，覽行文之體要，而夫子之勤勤啟迪已見一斑。至有不獲例入者，嗣有續編，以補完書。戊寅冬十一月上澣，受業門人會籍陶維垣謹識。

◎孫殿起《販書偶記》卷三：《四書左國輯要》二卷，山陽周龍官撰。乾隆戊寅精刊。乾隆三十五年百尺樓精刊。乾隆甲午兩衡堂刊重訂四卷本。

◎孫雲錦光緒《淮安府志》卷三十八《藝文》：周龍官《四書左國輯要》。

◎周龍官，字翼皇，號蓼圃。江南淮安府山陽縣（今江蘇淮安市楚州區）人。康熙五十六年（1717）舉人、雍正二年（1724）進士。散館授檢討。任翰林院編修，上書房行走，宗人府總教習。乾隆元年（1736）充廣東鄉試正考官。性篤孝，工文章，長於書法。年八十四卒。著有《四書左國輯要》二卷，與纂乾隆《山陽縣志》二十二卷首一卷。

周夢齡 春秋胡傳審鵠會要 四卷 存

湖北藏乾隆三十年（1765）英德堂刻本（題春秋審鵠）

北大藏乾隆三十六年（1771）志遠堂刻本

北大藏清末志遠堂刻本

◎英德堂刻本扉頁題：乾隆己酉年新鐫。漳浦林于九先生例略。春秋審鵠。三禮孝經性理、五經標題文選、詩賦分類題解嗣出。英德堂藏板。

◎目次：漳浦林錫齡于九例略，楚陂周夢齡蓬莊纂輯，弟毓齡問袁參，男士麒、姪子麒等校。卷一隱公、桓公、莊公。卷二閔公、僖公、文公。卷三宣公、成公、襄公。卷四昭公、定公、哀公。

◎序：孔子作《春秋》，據魯史舊文而筆削之，大義微文，炳如日星，萬世之法戒備矣。顧本文世不多見，馬端臨謂自漢以來所編古經皆自三傳取出，即今所傳之正經是也。宋胡文定公安國撼三傳紛紜之說而錄其似，彙諸家後出之論而采其長，雖未能盡得聖人之意，而原其書，為一時進御之言，意存納約，故不免激焉而偏、嶤焉而深，即朱子亦嘗有言曰：「《春秋》有極難體會處，且存胡氏本子」，則《胡傳》之於《春秋》，蓋十得六七也。方今文教興隆，聖天子崇尚實學，鄉會二場皆以經義試士，多士沾被，爭自濯磨，猗歟盛哉！楚陂周生夢齡，工於詩文，沉潛力學，時余掌教江漢書院，以所輯《春秋》全經《審鵠》就正，蓋取便應試之用。閱之，喜其約而能該，折衷精當，誠舉業之正鵠也。夫士不通經不足以致用也，況麟經程子以為窮理之要。茲集全經悉備，一遵功令，原本胡氏。其胡傳未及者，必恪奉我朝《彙纂》集說為定，不敢妄立意見。顏曰《審鵠》，蓋因林氏之缺而仿其例云。是編行，為入場者所必讀。他日出其所學，以仰副作人之雅化，則余於生有厚望焉。乾隆庚寅桂月上浣，賜進士出身前日講官起居注詹士府少詹士兼翰林院侍講學士通家生桐城張曾敞檟亭氏拜題。

◎序：凡作《春秋》文，要有議論，可整可散，有談理題（如秋七月之類是也），有敘事題（如伐鄭、盟戲之類），有含下題（如會曹之類），有承上題（如執良霄之類），有原敘（題之原由，非題所重），有正敘（本題所重），有帶敘（餘意，非題所重），或反振以展其勢（如齊伐衛，《胡傳》為衛計云云之類）或陪襯以助其波（如救邢，《胡傳》引諸救云云之類），或概說以盡其蘊（如石門概說聖人志大公之類）。敘事古落，發議條達，解經倣四傳，而以唐宋大家古文筆氣行之，斯善矣。周蓬莊識。

　　◎上海古籍出版社 2015 年《續修四庫全書總目提要·春秋類》「《春秋三傳通經合纂》十二卷」：是書以十二公各為一卷，凡十二卷，又以《論略》、《圖考》列於編首，不入卷次。其書合三傳為一編，分上、下二格，統作下格，而夢齡昆仲增補上格也。下格以經文為主，然後以《左傳》列首，以《公》、《穀》二傳附其後。其有經無傳者，但錄經文，不敢遺漏；至於無經之傳，亦附於經文之前。惟事繫附錄，與經不屬，及《公》、《穀》傳內或誤或復者，則間從省焉，又擇杜預、何休、范寧注於經、傳有發明者附於後，以便於讀者。上格則掇拾先儒之說，以發明義例，推究文法，注解字句，詮釋經義等，以廣讀者見聞。是書前有萬曆十六年（1588）郝敬序，言是書「以傳考經之事跡，以經別傳之真偽，崇信闕疑，而不穿鑿以附會，斯經義可通焉」，頗合統之原意。惟統之下格徵引所及，僅限於杜、何、范諸家，未足以暢明經義。周氏昆仲因取漢徐邈，唐孔穎達、楊士勳、啖助、趙匡、陸淳，宋孫復、石介、劉敞、杜諤、孫覺、程頤、蘇軾、蘇轍、陸佃、葉夢得、許翰、王葆、高閌、程迥、陳傅良、朱熹、呂祖謙、薛季宣、張洽、黃仲炎、趙鵬飛、黃震、家鉉翁、元吳澄、程端學、李廉，明汪克寬、黃瀚、湛若水、季本、王樵、王錫爵、卓爾康、陳際泰諸說及各家評語增補之。今考其書，全錄三傳舊文，而於其異同是非，則考證寥寥，蓋猶不脫明抄撮之學。惟其徵引諸家之說，時有精義，亦可資參考。是編前有《論略》若干則，題嘉靖十一年（1532）九月敦厚堂主人學之輯，其下有乾隆四十五年（1780）周氏昆仲跋語，知其書蓋嘉靖十一年周統流寓荊南時所作。至清乾隆四十五年，周氏昆仲始增補之以付梓人。此本據湖北省圖書館藏敦厚堂家課藏本影印。（高瑞傑）

　　◎周夢齡，字蓬莊。楚陂人。周統四世孫。沉潛力學，工於詩文。著有《春秋審鶡》（一名《春秋胡傳審鶡會要》）四卷，與周毓齡合著《增輯春秋三傳通經合纂》十二卷。

周夢齡 周毓齡 增輯春秋三傳通經合纂 十二卷 存

　　湖北、紹興藏清刻本
　　續修四庫全書影印湖北藏清刻本
　　◎明周統〔註91〕原撰。
　　◎目錄：卷一隱公。卷二桓公。卷三莊公。卷四閔公。卷五僖公（上下）。

〔註91〕字學之，自號敦厚堂主人。江西盧陵（今吉安）人。成化十三年（1477）舉人。

卷六文公。卷七宣公。卷八成公。卷九襄公（上下）。卷十昭公（上下）。卷十一定公。卷十二哀公。

◎論畧：

《春秋》經文，三傳各異。朱子臨漳郡刻止用《左氏》，而謂《公》《穀》二經所以異者，類多人名地名，而非大意所繫，故不能悉具。馬端臨謂夫子作《春秋》，其本文世所不見，自漢以來所編古經，俱自三傳中取出，有事同而字異者，有事字俱異者，有元未書其事而以意增入者，然擇其差可信者而言之，則《左氏》為優。蓋《公》《穀》直以其所作傳文擦入正經，不曾別出，而左氏則經自經而傳自傳。今以《左傳》列首，而《公》《穀》附其後。

荀氏崧曰：《左傳》多膏腴美辭，張本繼末，以發明經意，信多奇律。《公羊》辭義清俊，斷決明審。《穀梁》文清義約，或《左氏》《公羊》所不載，亦足訂正，故三傳並行。

學經以傳為案，則當閱《左氏》。玩詞以義為主，則當習《公》《穀》。而康侯所解乃以義理穿鑿。朱子云：「尋常亦不滿於胡說，且如解經，不使道理明白，卻說其中多使故事，大與時文荅策相似。」茲集專錄三傳，校其異同。至《胡氏傳》惟擇其正當不偏者列之註釋。

朱子云：《左氏》是史學，《公》《穀》是經學。

三傳須分別讀之，如《左氏》載惠公元妃繼室及仲子之歸於魯，則知隱公兄弟嫡庶之辨、攝位之實。若來贈仲子，以為預凶事，則失之誣矣。《公羊》如王正月以為大一統，是明於例也。至母以子貴云云，則自亂其例矣。《穀梁》如段弗謂弟、弗謂公子，見鄭莊之處心積慮在於殺弟，是精於義也。餘如以大夫曰卒為正之類，則不免於鑿矣。

三傳有不可偏執者，如一仲子也，《公》謂惠公妾，《穀》謂惠公母；一子氏也，《公》謂隱公母，《穀》謂隱公妾；一尹氏也，《左》謂夫人，《公》謂世卿。又如僖三年正月不雨，《左》謂不為災，《公》謂記異，《穀》謂勤雨，其不同如此。

宋呂樸鄉論《春秋》家穿鑿之患有二：一以日月為襃貶，一以名稱爵號為襃貶。蓋日月史有詳畧，閔、僖以前為時遠，冊多脫漏；文、宣以後為時近，事可據實，又赴告亦有詳畧，皆難拘為定例也。至於名稱爵號，各隨事之大小詳畧而書之，如謂書爵為襃，彼同一楚子伐鄭，在宣四年則謂書爵以予之，在宣九年乃謂書爵見其暴陵中華，一襃一貶，何又相懸也。如謂書人

為貶，彼《春秋》惟曹滕薛許之大夫始終書人，以不繫乎大夫也，若云貶之，然則齊晉諸國大夫盡皆褒之乎？況劣如欒黶、高厚之徒，以名見者，亦可謂之有褒無貶乎？

左氏或以為邱明，朱子謂：「如聖人所稱煞是正直底人，如《左傳》之文自有縱橫意思」，是左氏非即夫子所稱也。《史記》「左邱失明，厥有《國語》」，或謂左邱其姓，朱子云《左傳》即是左姓人作，乃楚左史倚相後，故載楚事極詳。又如秦始有臘祭，而《左氏》云：「虞不蠟矣」，是秦時文字分明。《公／穀傳》大概相同，所以林黃中說只是一個人，只是看他文字，疑若非一手者。

漢武帝立五經博士，《春秋》惟有《公羊》；孝、宣善《穀梁》說，置《穀梁》博士；平帝始立《左氏》，後遂盛行。《左氏注》舊用杜氏預，《公羊注》舊用何氏修，《穀梁注》舊用范氏寧，今擇其與經傳有發明者列傳文下，以為讀者之一助。

嘉靖壬辰九日，敦厚堂主人學之輯。

◎跋：先四世祖學之公《三傳合編》之輯，一以經文為主。其經所有而傳或無者，經固不敢遺漏；其經本無正傳，或有如《左傳》首載驪公元妃云云之類，乃先經以始事者，亦逐一拈明。祇事係附錄，與經不屬，及《公》《穀》傳內或誤或複者，間從省焉。板行已久，顧原本引注止係杜、何、范、胡，而此外先儒如漢徐邈、唐孔穎達（仲達）／楊士勳／啖助（叔佐）／趙匡（伯循）／陸淳（伯沖），宋孫復（明復）／石介（守道）／劉敞（原父）／杜諤／孫覺（莘老）／程子（正叔）／蘇軾（東坡）／蘇轍（子由）／陸佃（農師）／葉夢得（石林）／許翰（崧老）／王葆（彥光）／高閌（抑崇）／程迴（可久）／陳傅良（止齋）／朱子（元晦）／呂祖謙（東萊）／薛季宣（士龍）／張洽（元德）／黃仲炎（若晦）／趙鵬飛（企明）／黃震（東發）／家鉉翁（則堂），元吳澂（草廬）／程端學（時叔）／李廉（介夫），明汪克寬（德輔）／黃翰（汝甲）／湛若水（甘泉）／季本（彭山）／王樵（方麓）／王錫爵（荊石）／卓爾康（去病）／陳際泰（大士）諸說精論，正復不少。又俞寧世、儲同人諸公，批評多妙，今俱增入，欲便觀覽，祇列某氏。間附鄙意，別加「按」字，藉以就正大方云爾。時乾隆庚子春二月上浣之吉，學之裔孫夢／毓齡謹跋。

◎上海古籍出版社 2015 年《續修四庫全書總目提要・春秋類》「《春秋三傳通經合纂》十二卷」：是書以十二公各為一卷，凡十二卷，又以《論略》、《圖考》列於編首，不入卷次。其書合三傳為一編，分上、下二格，統作下格，而

夢齡昆仲增補上格也。下格以經文為主，然後以《左傳》列首，以《公》、《穀》二傳附其後。其有經無傳者，但錄經文，不敢遺漏；至於無經之傳，亦附於經文之前。惟事繫附錄，與經不屬，及《公》、《穀》傳內或誤或復者，則間從省焉，又擇杜預、何休、范寧注於經、傳有發明者附於後，以便於讀者。上格則掇拾先儒之說，以發明義例，推究文法，注解字句，詮釋經義等，以廣讀者見聞。是書前有萬曆十六年（1588）郝敬序，言是書「以傳考經之事跡，以經別傳之真偽，崇信闕疑，而不穿鑿以附會，斯經義可通焉」，頗合統之原意。惟統之下格徵引所及，僅限於杜、何、范諸家，未足以暢明經義。周氏昆仲因取漢徐邈，唐孔穎達、楊士勳、啖助、趙匡、陸淳，宋孫復、石介、劉敞、杜諤、孫覺、程頤、蘇軾、蘇轍、陸佃、葉夢得、許翰、王葆、高閌、程迥、陳傅良、朱熹、呂祖謙、薛季宣、張洽、黃仲炎、趙鵬飛、黃震、家鉉翁，元吳澄、程端學、李廉，明汪克寬、黃瀚、湛若水、季本、王樵、王錫爵、卓爾康、陳際泰諸說及各家評語增補之。今考其書，全錄三傳舊文，而於其異同是非，則考證寥寥，蓋猶不脫明抄撮之學。惟其徵引諸家之說，時有精義，亦可資參考。是編前有《論略》若干則，題嘉靖十一年（1532）九月敦厚堂主人學之輯，其下有乾隆四十五年（1780）周氏昆仲跋語，知其書蓋嘉靖十一年周統流寓荊南時所作。至清乾隆四十五年，周氏昆仲始增補之以付梓人。此本據湖北省圖書館藏敦厚堂家課藏本影印。（高瑞傑）

　　◎周毓齡，字問袁。楚陂人。周統四世孫。與周夢齡合著《增輯春秋三傳通經合纂》十二卷。

周模楷 春秋詳解 十二卷 佚

　　◎喻長霖民國《台州府志》卷六十五《藝文略》二《經籍考》二《經部》二《春秋類》：《春秋詳解》十二卷，國朝周模楷撰。模楷黃巖人，事蹟附見《儒林傳》。是書輯三傳及唐宋以來諸儒之說，而折衷其是非，語多諦當，無繚繞苛刻之談。見《光緒黃巖志》，今未見。

　　◎喻長霖民國《台州府志》卷一百零五《人物傳》六《儒林》二：同縣周楷模，原名南，字良正，號東山，道光間歲貢生。博通經學，專門名家，著有《春秋詳解》、《四書塾說》（《光緒縣志》）。

　　◎楊晨《台州經籍略‧補錄‧經部》：周氏模楷《春秋詳解》《四書塾說》。

　　◎楊晨《台州經籍略‧補錄‧經部》：周氏南《春秋詳解》。

◎吳茂雲、鄭偉榮編著《台州古籍存佚錄》卷四《經部五‧春秋類》：《春秋詳解》十二卷，清黃巖周模楷撰，書未見。

◎周模楷，原名南，字良正，號東山。台州黃巖人。道光中貢生。著有《春秋詳解》十二卷、《四書塾說》、《經義綱領》。

周人麒 左傳輯評 存

天津藏清抄本

◎周人麒（1705～1784），字次游，號晴嶽，別號衣亭。直隸天津（今天津）人。生而端方，少年老成，年十二銳然以勤學自勵。少受業於洪天錫。與兄人龍、人驥有「三周」之譽。乾隆三年（1748）舉人、四年（1749）進士。殿試拔置詞垣，充《大清一統志》纂修官，後授翰林院檢討。中年病歸，臥屙泥沽村，唯閉戶教學著書。晚主講順德龍岡書院。著有《周衣亭譚易》不分卷、《尚書簡明錄》、《毛詩簡明錄》、《禮記纂言》、《左傳輯評》、《孟子讀法附記》十四卷、《四書大全拾遺》、《史記約錄評解》、《昭明文選約錄》、《檢定唐宋文錄解》、《唐詩類疏》、《保積堂館課詩賦》、《保積堂四書制藝》。

周睿 春秋說疑 佚

◎袁棟《書隱叢說》卷七《續左傳類對賦》：周誠哉（慎）與余為總角交，力學寡營，洞悉古今詩文甚富。所著《續左傳類對賦》一卷，脈理魚貫，篇什蟬聯，較難于徐秘書所編。蓋徐文破碎，宜於散記；周文條理，宜於長誦耳。宋有毛友《左傳類對賦》六卷，今有梁溪王武沂繩曾《春秋經傳類聯》一卷，周又著《春秋說疑》若干卷。

◎周睿，字誠哉。吳江（今江蘇蘇州吳江區）人。工制義。門下士頗有掇科名者，周獨終老諸生。著有《春秋說疑》、《續左傳類對賦》一卷。

周睿 續左傳類對賦 不分卷 存

湖北藏雍正十二年（1734）刻本

國圖、江蘇師範大學藏乾隆二年（1737）綠潤堂刻本

◎袁棟《書隱叢說》卷七《續左傳類對賦》：周誠哉（慎）與余為總角交，力學寡營，洞悉古今詩文甚富。所著《續左傳類對賦》一卷，脈理魚貫，篇什蟬聯，較難于徐秘書所編。蓋徐文破碎，宜於散記；周文條理，宜於長誦耳。

宋有毛友《左傳類對賦》六卷，今有梁溪王武沂繩曾《春秋經傳類聯》一卷，周又著《春秋說疑》若干卷。

周士堂 春秋述志錄 佚

◎光緒九年（1883）博潤《松江府續志》卷三十七《藝文志·經部補遺》：《春秋述志錄》（國朝周士堂著）。

◎光緒《重修奉賢縣志》卷十七《藝文志》：《春秋述志錄》（國朝周士堂著）。

◎周士堂，字樗園。松江府奉賢縣（今上海奉賢區）人。諸生。孝養父母，急難好義，三黨貧窮者賴以存。著有《春秋述志錄》、《樗園詩草》。

周士暹 春秋鍵鑰 佚

◎嘉慶《績溪縣志》卷十《文苑》：著有《春秋鍵鑰》《墨莊集》《本草詳要》《醫案俞穴》諸書，纂修《續縣志》。

◎嘉慶《績溪縣志》卷十一《書目》：《春秋鍵鑰》、《墨莊集》四卷（俱士暹）。

◎道光《徽州府志》卷十二之六《人物志·隱逸》：尤精《春秋》，四方從講者眾。著有《春秋鍵鑰》《墨莊集》《本草詳要》《醫案俞穴》諸書，纂修《續縣志》。

◎周士暹，字鏡玉。安徽績溪市西人。明末選貢。隱於岐黃。與同郡金希相契，志操高潔。精《春秋》。著有《春秋鍵鑰》、《墨莊集》四卷、《本草詳要》、《杏圃醫案》、《醫案俞穴》諸書，與纂《續縣志》。

周受禧 春秋左傳風俗義例 一卷 存

湖南藏清稿本

◎周受禧，湖南人。著有《春秋左傳風俗義例》一卷、《荊楚方言》二卷、《茶鏡》二卷、《曲牌分韻》一卷。

周思宣 春秋釋地考證 佚

◎孫先英、周欣《廣西儒學文獻敘錄》第一篇《廣西經學文獻敘錄·春秋類·春秋釋地考證》：卷次不詳。佚。見於（光緒）《臨桂縣志》，《廣西省述作目錄》載「絕本」。

◎周思宣，字立生，又位節卿，號嵩臣、萱陔。廣西臨桂人。嘉慶優貢。以教書授徒為生。敦崇實學，及門多砥行勵節之士。著有《禹貢地理考略》《蕳芘堂說經質疑》《春秋釋地考證》《小學梯航》《諸子會通》《周秦五子輯要》《唐宋七子粹語》《學案姓氏小傳》《侍養要義》《讀史叢論》《堂北負暄錄》《率性廬文集》《率性廬詩存》等。

周廷華 左傳條疏 十六卷 存

內蒙古藏雍正十二年（1734）光德堂刻本

◎道光《桐城續修縣志》卷十六《人物志‧文苑》：著有《左傳條疏》《詩經正義》行世。

◎周廷華，字西采。安徽桐城人。郡增生。品格端方，學識純粹，嘗就讀於格致書院。著有《詩經正義》《左傳條疏》。

周維械 春秋補傳 二卷 存

浙江藏乾隆十六年（1751）余兆灝抄本

◎周維械，字因巖。浙江慈溪人。著有《春秋補傳》二卷、《天放集》、《冰玉集》。與纂雍正四年《慈溪縣志》。

周耀藻 春秋世系表 不分卷 存

國圖藏咸豐九年（1859）楚南周耀藻紅格稿本

續修四庫全書影印國圖藏稿本

◎凡例：

一、是編專以經傳為主，其名號職官有別見《國語》《史記》及注疏諸書者隨闋附入。至列國人事有《春秋》未載而見于各書者，如晉優施、齊甯戚、越范蠡見諸《國語》，晉佛肸、衛棘子成、魯林放／孺悲／公冶長／漆雕開／卞莊子見諸《論語》，衛顏讎由、曹曹交見諸《孟子》，魯周豐、公儀仲子見諸《檀弓》，亦必附後，低一格以俻參稽。至《南華》多寓意，楚《檮杌》莊王時有令尹士慶、虞邱子，晉《史乘》文公時從亡者之陶叔狐、西河守之虞子羔，姑從蓋闕焉。

一、是編世系原本杜氏《族譜》及《唐書‧世系表》。癸丑從王生夢麟處借讀祥符常茂徠秋崖增訂、吳陵太史陳厚耀曙峰舊譜，丁巳從家荇農太史處借讀錫山顧棟高復初《春秋大事表》，己未在房山從友人周鑑泉處借讀乃祖溧陽

周柄中理衷《四書典故辨正》、桐城姚鼐姬傳《惜抱軒左傳補注》，均大資裨益。至各家著述如方氏《通雅》云「介之推姓王名允」、《呂氏春秋》注云「祁奚字黃羊」、孔疏云「易牙名亞」、《說苑》云「解揚字子虎」之類，亦必摘取纂入。其有辨論鑿鑿者，不憚特為標出，示不敢掠美也。後復從河間寇瑞周學博處借讀欽定《春秋傳說彙纂》，庶幾得所依歸焉。間附拙見，則以按字空格別之。

　　一、列國世系莫詳于《史記》，然間有不可通者，如《國語注》括魯武公長子伯御也，《史》則以伯御為括之子；《晉語注》趙衰趙夙季弟也，《史》則以衰為夙之孫，然猶曰與註不合耳。夏后少康奔虞，虞思妻之以二姚，是虞思猶姓姚，至胡公乃賜姓媯耳，《史》則云胡公之前已姓媯。桓六書蔡人殺陳陀，莊二十二傳云故蔡人殺五父，而立之者厲公也，是五父即佗、厲公即桓之子躍也，而《世家》謂蔡人為佗殺五父而立佗，是為厲公，厲公立七年躍林、杵臼三人共弒厲公而立躍，是為利公，利公立五月卒。夫桓公以桓五卒，五父佗以桓六殺，傳有明徵，無所謂立七年也。厲公以桓六立、桓十二卒，莊公林立，無所謂立五月之利公也。僖二十三書杞子卒，傳謂杞成公；襄六書杞伯姬容卒，傳謂杞桓公。計桓公在位已七十年矣，《史》則脫成公一代，且誤以七十年為十七年。大醇小疵，不必為龍門諱也。

　　一、陳譜考据綦詳，細核之亦多有未安。如豎牛本穆子之豎，當列于雜姓氏也，而系諸穆子之子。桓十六注王子克，莊王弟子儀也，而分子克、子儀為二人。于貢，衛人也，而分繫于魯衛。僖十七注易牙名巫，雍人；襄二十二注御叔，魯御邑大夫，皆當列諸雜姓氏也，而一繫諸雍氏，一繫諸御氏。邲之戰，沈尹將中軍，時為沈尹者，公子貞也，而繫沈尹于沈氏。《晉世家》以捷為襄公少子，而繫捷于靈公下。閔二子伯為右，襄十四于伯與孫子盟，相去百有餘年。是衛貞兩子伯也，而以為一人。莊十七年齊人執鄭詹孫氏。復云：「詹不氏，未命」，蘇氏轍云：「詹不氏，未賜族」，張氏洽云：「詹不氏，與柔溺同」，似此則不當列于鄭氏。叔時為楚申公，見《國語注》；叔時老在申，見成十六注，似此則不當列于申叔氏。

　　一、凡《春秋》單書尹氏，自應即王朝之師尹。如《詩・南山》之師尹、《常武》之尹氏一例，即杜氏亦但于隱五注云：「周氏族大夫」，于僖二十八注云：「王卿士」，于文十四注云：「周卿士」，非定指為尹武公之祖也。舊譜以尹氏概列為尹氏，恐未合。

一、《左氏傳》亦有因一字之訛遂誤後人者。如魯有單伯，与鄭之祭仲、陳之女叔為春秋三命大夫。陳譜以單伯系于王臣單氏，論者謂《左氏》惑於成襄昭之書單子，故以為王臣。間嘗細抉貽誤之由，意必自莊十四傳，謂莊十四經書書齊人陳人曹人伐宋，夏單伯會伐宋，傳云諸侯伐宋，齊請師于周，夏單伯會之。俗本誤魯為周，故啟後人聚訟。若改周為魯，則渙然冰釋矣。且考王臣單氏，自襄公至平公，八世之中，無稱伯者。《通考》謂單為伯爵，特因此誤為左迴護而附會其說，未可知也。蓋單伯在昔亦如費庈父之為費伯、高渠彌之為高伯、鄭聃氏之聃伯、楚許氏之許伯耳，豈盡以爵耶！或謂請師于周為齊人之事王、單伯會師為魯奉天子之命，是一說也。

一、《春秋》地名另有專書，故不復贅。

一、列國都邑遷徙無常，古今稱名各異，故特諸列國下而以城門之可考者附焉。

一、列國職官，顧氏表較為詳核，然尚有与傳不合者。如公子遂即仲遂也，而其敘魯執政則云自僖十七至文七為公子遂，自文八至宣八為仲遂，誤分為二人。

一、春秋年表雖各書具在，不憚重編冠首，並附諸小國存滅以俻稽查。

一、列國世系先王朝，尊王也。次魯，本《春秋》託始意也。先君後臣，辨尊卑也。先親後疏，重同姓也。先大後小，分強弱也。先夏後夷，別中外也。附以列女，而倫義始全。

一、諸卿大夫聘問盟會征伐已分繫諸人下，而諸侯必須另列各表，庶閱者一覽便知。至夷蠻戎狄，亦各分隸四裔者，示外夷也。

一、是編原始于咸豐壬子，所閱書不下數十種，已四易稿矣，尚以未博為憾。俟遇有祕本，再當摘採補入，以歸完善。

咸豐九年太歲在己未孟秋月，楚南周耀藻松廬甫述於埽虹館。

◎上海古籍出版社 2015 年《續修四庫全書總目提要・春秋類》「《春秋世系表》不分卷」：周耀藻，生平事跡不詳，《凡例》落款為「楚南周耀藻松廬」。據其編首凡例所云，耀藻於咸豐二年（1852）始編是書，至九年告竣。其間四易其稿，猶有未慊，故未嘗付剞劂。今見為原稿不分卷，都凡六冊，共計四十九篇。依其內容或可分為八種：其一為春秋紀年表；其二為周王朝及魯、晉、衛、鄭、蔡、曹、齊、宋、楚、秦、陳、吳、越、莒、杞、滕、薛、許、邾十九諸侯世系表，下又細分為王子、公子、臣、雜姓氏；其三為《春秋》雜姓氏、

《春秋》小國爵姓、《春秋》小國諸臣名氏，其記《春秋》小國爵姓者，又分爵姓具者四十四國、有爵無姓者八國、有姓無爵者三十九國、爵姓俱亡者二十國四種；其四為《春秋》附庸九國、春秋四裔；其五為《春秋》所引虞、夏、商時二十四國；其六為《春秋》諸侯朝聘、《春秋》諸侯會盟、《春秋》諸侯征伐，以其事跡相近者比例為說；其七為《春秋》列國職官；其八為《春秋》列女。全編依諸國類次，以類比麤，體例參效杜氏《族譜》及《唐書》世系表，旁行斜上之例。耀藻曾讀顧棟高《春秋大事表》及陳厚耀《春秋世族譜》，有心合其精要，完其不備。鄭樵云：「譜載繫，所以洞察古今。」按《春秋》之世，自王以迄諸侯大夫，得姓受氏各有源流，其人之見於經傳者，亦不可殫數。是編以經傳為主，旁採《國語》、《史記》諸書，自云凡有辨之處必摘取纂入，考究異同，砭正疏舛。然其篇目過繁，割裂分配，難免有失。此本據國家圖書館分館藏清咸豐抄本影印。（徐峰）

◎周耀藻，號松廔。楚南人。咸豐時在世。著有《春秋世系表》不分卷。

周瑛 春秋要義 佚

◎尋霖、龔篤清編《湘人著述表》著錄。

◎周瑛，湖南安鄉人。著有《大易約編》、《春秋要義》。

周用錫 公穀正義 二卷 佚

◎光緒《平湖縣志》卷二十三《經籍》：《公穀正義》二卷（周用錫。府于《志》）。

◎許瑤光修，吳仰賢等纂光緒四年《光緒嘉興府志》卷八十《經籍一》：周用錫《公穀正義》二卷（于《志》）。

◎周用錫（？～1817），字晉園。平湖（今浙江平湖）人。乾隆六十年（1795）副貢。歷任兩淮板浦、豐利鹽場大使。著有《尚書證義》二十八卷、《公穀正義》二卷。

周曰年 章深 春秋君臣世系圖考 一卷 存

南京存乾隆五十八年（1793）刻本

北大藏嘉慶十五年（1810）蕭山周氏聽雪樓刻本

◎雷夢水《販書偶記續編》卷二《經部·春秋總義類》：《春秋君臣世系圖考》一卷（清蕭山周曰年、會稽章深同編輯。乾隆五十八年精刊）。

◎周曰年，蕭山（今浙江蕭山）人。章深，會稽（今浙江紹興）人。合著《春秋君臣世系圖考》一卷。

周照 春秋集讀 十五卷 存

陝西藏抄本

◎周照，著有《春秋集讀》十五卷。

周正思 增補春秋經傳左繡滙參 三十卷 首一卷 存

山西、陝西、天津、寶雞藏乾隆十四年（1749）嵩山書屋刻本

乾隆三十九年（1774）芸經堂刻本

線裝書局 2020 年何俊主編左傳評注文獻輯刊影印乾隆三十九年（1774）刻本

◎兩節版，上節《左繡》，下節《春秋左傳杜林滙糸》。

◎目錄：首卷：杜氏原序，讀左巵言〔註92〕，春秋時事說（附春秋三變說、列國盛衰說、魯十二公說、周十四王說）。卷第一隱公元年之十一年。卷第二桓公元年之十八年。卷第三莊公元年之三十二年。卷第四閔公元年二年。卷第五僖公元年之十五年。卷第六僖公十六年之二十六年。卷第七僖公二十七年之三十三年。卷第八文公元年之十年。卷第九文公十一年之十八年。卷第十宣公元年之十一年。卷第十一宣公十二年之十八年。卷第十二成公元年之十年。卷第十三成公十一年之十八年。卷第十四襄公元年之九年。卷第十五襄公十年之十五年。卷第十六襄公十六年之二十二年。卷第十七襄公二十三年之二十五年。卷第十八襄公二十六年之二十八年。卷第十九襄公二十九年之三十一年。卷第二十昭公元年之三年。卷第二十一昭公四年之七年。卷第二十二昭公八年之十二年。卷第二十三昭公十三年之十七年。卷第二十四昭公十八年之二十二年。卷第二十五昭公二十三年之二十六年。卷第二十六昭公二十七年之三十二年。卷第二十七定公元年之七年。卷第二十八定公八年之十五年。卷第二十九哀公元年之十三年。卷第三十哀公十四年之二十七年。

◎敘：《左氏》為文章鼻祖，注之者無慮數十百家，概多杜林合編，余嘗讀之，而未愜於心也。後得錢塘馮氏天閑與定海陸氏大瀛《左繡》一冊，嘆為從來善本。蓋其本注悉遵杜氏《經傳集解》，於林注則芟蕪駁謬，略存其明切

〔註92〕與《左繡》原《讀左巵言》稍異。

者，俾人讀之心目朗然。且沛論《左氏》文律，實能窺見當日神工鬼斧，抉摘以貽後學，洵藝林枕秘也。取後又得華亭姚氏平山杜注之刻，其全載杜注與《左繡》同，間有杜氏未純備者，兼錄唐宋儒先及近代諸名人之說，以寓折衷至是之意。又於杜注地名與今不合悉為證明。以視《左繡》，真可聯為拱璧矣，獨恨別為二集，購求維艱，未免得此失彼。余向嘗取姚氏書，參以杜注，併諸家解說，名曰《杜林滙參》，而於《左繡》之評論，則略而未詳。茲復竊取二集而纂次之，使合為一，改題為《增補左繡滙參》，庶《左氏》文章兼二集而更成大觀，得之者如五音繁會、八珍羅列，其悅心飫志當不知何如也，即余亦更愜生平之所未愜爾。乾隆戊辰陽月，三山周正思撰。

◎敘：《左傳》附《春秋》列於十三經，事則括二百四十餘年，文則雄奇奧衍極巧窮工，為千百世文章俎豆。評注之家難更僕數，率以杜武庫為宗。錢塘馮氏《左繡》，發從前所未發，使人別見斬新日月，其為斯文之寶也幾何矣。華亭姚氏復有《左傳杜注》之刻，參酌諸家，歸於清粹，使人於荊榛荒穢中得遇疏梅修竹，其為斯文之寶也又幾何矣。二書竝行，固推學林競爽。近得吾閩周謙亭先生《左傳滙粲》，乃融貫馮、姚兩家而合刻之，評論圈點取諸《左繡》，注疏解釋取諸姚刻。凡杜注之所未備者、林注之所宜增者，以及儒先諸注之所宜補輯，與圖之所宜詳注者，無不旁搜博採，統會一集。古者以貨貝合而為朋，茲編既合斯文之寶，遇之者又奚翅錫以百朋耶！余嘗謂《左傳》不特為《春秋》事案，兼多為孔孟四子書事案，且其文法無美不列，應制家不寢饋《左傳》，是欲登員嶠、方壺而自棄其寶筏也。況茲編之可寶，視他刻不止倍蓗什伯。珊瑚數尺，鐵網爭羅，火齊滿前，賈胡知貴，手是編者毋亦有把玩不置，懷古之情益深也歟！乾隆己巳歲季夏，雲石黃守儔書於嵩山漱經堂。

◎例言：

一、《春秋左傳集注》，向推杜、林為善本，林非杜匹也。本註悉遵杜氏《集解》，一字不遺。林註則存其切要者，與杜互相發明，而另刊姓以別之。

一、杜解高古詳明，洵稱左氏功臣。間有未純處，儵錄漢唐宋元明以逮本朝諸儒先之說，非徒採摭成論，總期折衷前賢也。其加「按」字署為粲訂，則得自錢塘馮氏、華亭姚氏居多，不敢掠美，統志以覘大凡。

一、本註單訓義例，不論文法。鄙意則專論文法，然無混入本註之理，故另列上方，所以尊杜也。或以高頭講說為嫌，弗遑恤矣。

一、讀傳必先讀經，經有專家，不下數十百種，未易殫述。今以程朱為準，《公》《穀》《胡》《張》四傳外，有足相糸者，畧載經文之下。

一、《左傳》詳釋義例，可窺經旨蘊曲；精論作法，即為文字津梁。兩者各從其類，實相需而成也。分列上下，可稱雙璧。

一、《左傳》舊與聖經各卷，杜氏合而釋之，原應通長寫去，但中有連經合傳、依經分傳，各成篇法，仍從杜氏分節為主。

一、地名沿革分合非一，杜注與今不合，照姚本證明即今某處，庶方輿瞭如指掌。

一、《杜林合注》分卷五十，非其舊也。今依《漢書・藝文志》古本三十卷為正。

一、傳文段落提應線索關鍵處旁加圈點，倍覺豁目，故或 ∟ 或 △ 或 ◎ 或 ooo 或 ﹑﹑﹑，不拘一律，各就本篇行之。至字義音釋，則于希見者及別有讀法世所傳訛者增入，餘則從畧而已。

◎周正思，原名正峰，號謙亭。合縣（今福州）人。周紹龍〔註93〕子。雍正八年（1730）進士，授編修，典試河南。行、楷有父風。著有《增補春秋經傳左繡滙參》三十卷首一卷。又纂修《九江濂溪周氏家譜》不分卷。

周自得 春秋辨疑校勘記 一卷 存

福建重刻、廣東重刻武英殿聚珍版書本

周宗坊 春秋題解類編 四卷 首一卷 存

上海、寧波藏光緒二年（1876）亦處堂刻袖珍本
◎周宗坊，浙江寧波人。著有《春秋題解類編》四卷首一卷。

周樽 春秋公羊傳讀本 十一卷 存

上海、湖北、山東藏乾隆五十八年（1793）留餘堂刻十一經旁訓讀本本
重慶、重慶市黔江區藏咸豐三年（1853）刻本（存卷一至四）
◎一名《春秋公羊傳旁訓讀本》。
◎周樽，字壽南，號眉亭、尊楣。雲南昆明人。乾隆二十四年（1759）舉人。由知縣歷官安徽布政使。為政清廉，所至修建書院，培養士風。增刻《十

〔註93〕字允乾，號瑞峰。雍正元年進士。官至順天府丞，卒於官。書法精妙，出入歐、蘇，有硯癖。

一經旁訓》，士林稱之。輯著有《十一經讀本》六十四卷、《蘭山課業》、《蘭山課業經訓約編》、《風騷補編》、《同善院志》。

周樽 春秋穀梁傳讀本 四卷 存

陝西、湖北、山東藏乾隆五十八年（1793）留餘堂刻十一經旁訓讀本本

重慶藏咸豐三年（1853）竹橋齋刻本

周樽 春秋左傳讀本 十八卷 存

湖北藏乾隆五十八年（1793）留餘堂刻十一經旁訓讀本本（附春秋提要一卷）

重慶、重慶市黔江區藏咸豐三年（1853）刻本

朱大韶 春秋傳禮徵 十卷 存

民國張氏刻適園叢書本

臺北藝文印書館原刻景印本

續修四庫全書影印民國張氏刻適園叢書本

上海古籍出版社 2015 年清代春秋學匯刊點校本

◎或著錄五十卷。

◎張鈞衡跋：《春秋禮徵》十卷，朱大韶虞卿撰。虞卿字仲鈞，華亭人。嘉慶己卯舉人，選懷遠教諭，以憂歸，紳士留主真儒書院。再補江寧縣教諭，卒年五十。治經宗高郵王氏，以形聲、訓詁、引申、假借通古人所闕。尤熟精《三禮》，凡大小典禮古今傳訛者，為之反覆辨證，不苟同，不苟異，務要於至碻。此書取《春秋》之言禮者，合三傳經史通典及先儒之說融會而貫通之。朱蘭坡學士推君邃於《三禮》，前刻《實求是齋經義》已收《惠公仲子說》《不譏世卿說》《不諱狩於河陽說》《躋僖公說》《仲嬰齊說》《不書閏月說》《初稅畝說》《短喪說》八篇，爬梳古義，見重禮家。今搜得全藁，亟刊行之以饜學者。歲在旃蒙單閼小春，吳興張鈞衡跋。

◎光緒《松江府續志》卷二十四《古今人傳》：幼師陸明睿，講授羣經即解大義。及長，專力經學，服膺高郵王氏父子，詁經以假借、通轉為宗，又廣證古籍，研析之精，當世匹儔。尤邃《三禮》，著《春秋傳禮徵》諸書，義據通深。

◎光緒《松江府續志》卷四十《拾遺志》：鄉賢當祀之人，青浦王給諫原論之詳矣。我郡順治朝如沈荃以直諫著，吳騏、王光承、王澐以氣節著；康熙朝如王原、黃之雋以文學著，焦袁熹以經學著，張昺以性理著；雍正朝如曹一士以直諫著，沈大成以經學著；乾隆朝如王昶以文學著，曹錫寶以直諫著，王永祺、倪思寬、陸明睿以經學著，皆當從祀。若降格以求，如盧元昌、周篆、唐士恂、陳崿之文學，周宗濂、楊履基、姚臣福之性理，胡寶瑔之政績，王楨之義行，亦可廁賢宗之列也。今惟黃之雋、王昶已祀，餘皆未及。近時李林松、朱大韶、顧觀光皆我郡所推，而大韶經學尤湛深云（參章煥《友石居讀書記》）。

◎張文虎《朱虞卿學博家傳》：治經宗高郵王氏，以形聲、訓詁、引申、假借通古人所闕。尤孰精《三禮》，凡大小典禮古今傳譌者，為之反覆辨證，不苟同不苟異，務要於至塙。名其所居曰實事求是之齋，知公者以為克副其偁。撰述既絲，費重，詎能謀剞劂者。粵寇竄松，播遷散佚。比肅清後彙所存，僅得題《經說》者，《周易》一卷、《尚書》二卷、《毛詩》一卷、《禮記》二卷、《春秋左氏傳》三卷；題《講義》者，《尚書》二卷、《毛詩》一卷、《禮記》二卷、《春秋禮徵》十卷、《經字釋春秋左氏傳》一卷，皆多塗抹改竄，或重複錯見，殘脫斷爛。惟題《經義》者八卷最為完善，似經寫定，蓋總攬精華而歸一編，凡辨證典禮者均萃焉。其第五卷猶有別出，大同小異。今夫著書立說，豈無疑義，非一時所能定，必積以歲月，廣徵往著，旁質通人，或累易稿而後得乎心之所安。職是故也，而成書之後，賷志沒地，不幸遇刀兵水火之厄，或存或亡，或雖存而殘闕，出以問世，冥然無所惜，以為無當於利祿。哀哉！公沒後四十年，星衡以公遺書示南匯張文虎。文虎寫其辨證典禮者四十五篇。會長沙李觀察興銳求刊有用書，因請授之梓。而其餘仍藏於家。

◎光緒《婁縣續志》卷十七《人物志》下：奉親之暇，一意解經，尤究心《三禮》。時涇縣朱珔以經師主紫陽書院，大源以所作往質，珔大服，為文敘之，勸付手民。道光庚子，郡守徐青照與大韶同年，見所作，願捐俸助刻，旋調江寧，不果。道光甲辰選授江寧教諭，以親老不赴，旋卒。所著書藏於家，其稿皆大韶手自刪訂，友人姚楗校定焉。書目見《藝文志》。

◎光緒九年（1883）博潤《松江府續志》卷三十七《藝文志‧經部》：《春秋禮徵》五十卷（國朝朱大韶著）。

◎上海古籍出版社 2015 年《續修四庫全書總目提要・春秋類》「《春秋傳禮徵》十卷」：是書凡十卷，取《春秋》之言禮者，合三傳、經史、《通典》及先儒之說，融會貫通，兼舉杜注之誤。朱氏考核甚為詳備，如隱公元年「歸惠公仲子之賵」，朱氏徵曰，仲子者三傳不同，以禮，賵人之母可，賵人之妾不可，故《穀梁傳》以仲子為惠公母，律以僖公成風為是，然其說協諸義，而未協喪服。再如「不譏世卿說」、「不諱狩于河陽說」、「躋僖公說」、「仲嬰齊說」、「不書閏月說」、「初稅畝說」、「短喪說」各篇，爬梳古義，見重禮家，得諸說之得失，義據通深。此本據民國間張氏刻《適園叢書》本影印。（潘華穎）

◎朱大韶（1791～1844），字仲鈞，號虞卿。松江府婁縣（今上海松江）人。嘉慶二十四年（1819）解元，族人朱為弼延課其子。兩試禮部，滿薦仍遺，乃棄制舉業，研究經訓。道光六年（1826）大挑銓懷遠教諭，仕半載，以繼母喪歸。懷遠紳士請主真儒書院，整飭規條，務敦實學，濠泗間化焉。年未五十而鬚髮盡白，慨然決意以箸書終老。時績溪胡培翬、涇上朱玠皆以經學鳴東南，主雲間、紫陽講席，相與往還論議，然各自以為弗如。二十四年（1844）銓補江寧教諭，未抵任以病卒。治經宗高郵王氏，以形聲訓詁、引申假借通古人諸作，尤精熟三禮。著有《經字釋周易》一卷、《至靜而德方解》一卷、《周易》一卷、《尚書字詁》二卷、《韓詩存》、《三家詩拾遺》、《春秋禮徵》五十卷、《經字異同集證》四卷、《經典衍文脫文經字倒誤》一卷、《國語賈注輯》、《堯典中星考》、《月令中星考》、《實事求是之齋古文》。

朱東潤　公羊探故　存

學原第 1 卷第 10 期本

◎朱東潤（1896～1988），原名世溱，字東潤，後以字行。江蘇泰興人。1914 年留學英國倫敦西南學院。1916 年初回國。1917 年秋後，先後任教廣西省立第二中學、南通師範學校、武漢大學、中央大學、江南大學、齊魯大學、滬江大學、復旦大學。著有《詩三百篇探故》、《左傳選》、《中國歷代文學作品選》、《中國文學批評史大綱》、《中國文學批評論集》、《史記考索》、《杜甫敘論》、《梅堯臣傳》、《陸游研究》、《陸游選集》、《陸游傳》、《張居正大傳》、《中國文學論集》、《陳子龍及其時代》、《通用大學語文》、《李方舟傳》、《梅堯臣集編年校注》等。

朱廣川 春秋三傳異同考 佚

◎許瑤光修，吳仰賢等纂光緒四年《光緒嘉興府志》卷五十一《列傳二‧文苑‧嘉興縣》：著有《周易繹義》《毛詩廣訓》《春秋三傳異同考》《孫吳子輯註》《樂章律呂編》《禹貢輿圖志》《政和堂詩文集》。子嘉金，恩貢生。著有《韻學闡奧》《矓仙吟館詩詞稿》（朱緒曾撰《文集序》）。

◎許瑤光修，吳仰賢等纂光緒四年《光緒嘉興府志》卷八十《經籍一》：朱廣川《春秋三傳異同考》。

◎朱廣川，原名淞，字松溪。嘉興府嘉興縣（今浙江嘉興南湖區）人。乾隆五十四年（1789）舉人。大挑知縣，署福建甌寧縣、邵武府同知，有循聲。親老，改就儒官，秉鐸菰城、姚江，培養人才，訓弟子立條，論其治經也，寢饋其中。行年八十，猶丹黃校勘，至三四易藁。著有《周易繹義》《毛詩廣訓》《春秋三傳異同考》《孫吳子輯註》《樂章律呂編》《禹貢輿圖志》《政和堂詩文集》。子嘉金，恩貢生，著有《韻學闡奧》《矓仙吟館詩詞稿》。

朱瀚 春秋四傳纂要 佚

◎光緒《寶山縣志》卷之十《人物志‧德義》：嘗評《左》、《史》，箋《老》《莊》《騷》及唐宋文。

◎光緒重修《寶山縣志稿‧人物志》三《游寓》：嘗評《左》、《史》，箋《老》、《莊》、《騷》及唐宋文。

◎王大同等主修，李林松主纂嘉慶《上海縣志》卷十四《志人物‧文苑》：國朝有朱瀚，字霍臨。諸生。屢試不售，遂肆力於古，淹貫經史。善詩詞，嘗評《左》《史》，箋《老》《莊》《騷》及唐宋文。僑居嘉定之江橋，授徒槎上，出其門者多以古學知名（見《嘉定縣志》）。

◎光緒《嘉定縣志》卷二十四《藝文志》一《經部》：《春秋四傳纂要》，流寓朱瀚著。

◎朱瀚，字霍臨。上海人，僑居大場，後遷嘉定（今上海嘉定區）江橋。諸生。屢試不售，遂肆力於古，淹貫經史。工詩詞。為張雲章師。著有《周易玩辭》十二卷、《觀象》二卷、《六十四卦觀象》一卷、《毛詩箋注》二卷、《春秋四傳纂要》、《左史發明》四卷、《四書發明》四卷、《中庸懸談》、《性理發明》二卷、《杜律解意》四卷《辨贗》一卷《闕疑》二卷、《寒香詩集》五十二卷、《寒香文集》四卷、《語錄》四卷、《道德經注》一卷、《頌古》一卷、《雜語》一卷。

朱瀚 左史發明 四卷 佚

◎光緒《嘉定縣志》卷二十五《藝文志》二《史部》:《左史發明》四卷,流寓朱瀚著。

朱鶴齡 讀左日鈔 十二卷 補鈔二卷 存

國圖、北大、上海、復旦、天津、湖北、平湖藏康熙二十年(1681)朱鶴齡刻本

上海藏乾隆六年(1741)刻本

四庫本

線裝書局 2020 年何俊主編左傳評注文獻輯刊影印康熙二十年(1681)朱鶴齡刻本

◎卷一首題吳江朱鶴齡長孺輯,餘姚黃宗羲太沖、崑山顧炎武寧人訂。卷二首題吳江朱鶴齡長孺輯,長洲汪琬苕文、崑山徐乾學原一訂。卷三首題吳江朱鶴齡長孺輯,安陽許三禮典三、崑山徐秉義彥和訂。卷四首題吳江朱鶴齡長孺輯,嘉興朱彝尊錫鬯、長洲宋實穎既庭訂。卷五首題吳江朱鶴齡長孺輯,寧都魏禧凝叔、無錫錢肅潤礎訂。卷六首題吳江朱鶴齡長孺輯,華陰王宏撰無異、休寧汪文楨周士訂。卷七首題吳江朱鶴齡長孺輯,富平李因篤子德、海鹽彭孫遹駿孫訂。卷八首題吳江朱鶴齡長孺輯,蕭山毛奇齡大可、休寧汪森晉賢訂。卷九首題吳江朱鶴齡長孺輯,仁和吳任臣志伊、吳縣錢中諧宮聲訂。卷十首題吳江朱鶴齡長孺輯,南昌彭士望躬菴、鄞縣萬斯同季野訂。卷十一首題吳江朱鶴齡長孺輯,江都宗元鼎定九訂。卷十二首題吳江朱鶴齡長孺輯,同邑顧有孝茂倫訂。

◎序〔註94〕:《春秋三傳》並立,《公》《穀》乃經師之學,《左氏》獨詳於史事。蓋古者史世其官,左氏必世為魯史,如晉之董狐、齊之南史、楚之倚相,能尊信聖經而為之作傳,又廣求列國諸史乘,管仲、晏嬰、子產、叔向諸名卿佐之行事無不詳,以及卜筮、夢占、小說、雜家之官無不采,大事策書,小事簡牘,閎稽逸覽,綜貫秩然,故其文章最為典則華贍。而後之儒者,或病其誣,或病其浮誇,或病其立論多違理傷教,則何也?夫子感獲麟而作《春秋》,去夢楹不三載,其指趣未及顯以示人。左氏之遊聖門也晚,又未必與遊、夏之徒上下其議論,則其踳駁而不醇者固宜有之。且左氏所稱書、

─────────────

〔註94〕又見於朱鶴齡《愚庵小集》卷七。

不書、先書、故書之類，皆本之舊典，為史家成法。聖經則不可以史法拘，或事同而義異，或事異而義同，夫子蓋有特筆存焉。自不修《春秋》既亡，不知何者為筆，何者為削，各信胸臆，穿鑿繁興，至于紹興之講進，而說之淆雜極矣。雖然，筆削所據，惟事與文，《左氏》即間有舛訛，而臚陳二百四十二年史事則十得八九。杜元凱推校經傳，亦極精詳。學者誠淹通此書，研究事情，因以推求書法，一切刻深碎瑣之見勿橫據于胸中，而以義理折衷之，安在筆削之精意不可尋繹而得乎？今左氏之書家傳戶習，特其筆法簡古，文之艱澀者、義之隱伏者往往費人推索。元凱注既多未備，而孔穎達疏復卷帙繁重，學士家罕闚其書。東山趙子常特申不書之旨，輯為《補注》，多與經義相證發。余珍秘有年，復廣演而博通之，疏瀹幽滯，辨正訛舛，自孔疏而下，弋獲於劉原父、呂東萊、陳止齋、王伯厚、陸貞山、邵國賢、何士凱者居多。又論斷《春秋》人物，引繩切墨〔註95〕，使學者知古今人材之盛莫過於《春秋》，兵法之精亦莫過於《春秋》，應變出奇，益人神智，讀史者當有取焉。至於《左氏》全文，明曉易見者，則概不之及。自愧譾陋，此不過備遺忘、資討論而已。若欲從事聖經成一家之學，必如黃楚望所云「先以經證經，次引他經證，又次以經證傳，又次以傳證經，更復出入群書，展轉相證」，此非余力所能任也。姑存其說，以俟世之述作君子。康熙戊午仲春吉旦，松陵朱鶴齡序。

◎讀左日鈔凡例：

《左傳》之文，先經以始事，後經以終義，蓋純以史事解經者也。其解之得失，余《春秋集說》已詳辨之，此書只略舉其樂爾。

《左氏》論人論事時有悖于聖人者，啖叔佐（助）、趙伯遁（匡）、劉原父（敞）、葉石林（夢得）、趙子常（汸）、陸貞山（粲）、王方麓（樵）諸家辨之頗悉，今多采用。學者毋耽其文之博麗而昧其義之踦駁，斯為善讀《左》者矣。

會盟戰伐及月日人名地名之類，有經文不書而傳特詳之者，此正可推求筆削之旨。陳止齋（傅良）〔註96〕、趙子常專從不書取義，最得微旨，今備錄其說，為解經翼輔。

〔註95〕朱鶴齡《愚庵小集》卷七「又論斷《春秋》人物，引繩切墨」作「又取《春秋》人物，引繩墨而論斷之」。
〔註96〕《四庫全書》本「止齋（傅良）」作「正齋（傅良）」，誤。

杜氏（預）注得孔氏（穎達）疏而明，然鄭玄、賈逵、服虔、王肅、劉炫諸儒之說亦不可盡廢。今博引而加以折衷，其注疏解經之失，已辨于《集說》者此不重及。

林堯叟注繁蕪無足取，坊刻竟與杜注並行，且兩注混淆無別，殊可恨。今盡汰之，其有當者間存一二。

《春秋》人物高下，古今諸儒論之悉矣。又海虞陳氏輯《左氏》兵法為一書甚備。余廣搜諸說，附以愚得，少資學者見聞。亭林顧先生去秋自華陰寄余《左傳注》數十則，析疑正舛，皆前人未發。時此書已刻逾半，不及纂入。間取三傳、三禮注疏閱之，尚多可錄者。因復綴緝，與亭林所貽彙成二卷，附之簡末。他日有好古君子刻《左傳》全注，以余書參和入之，是所望也。辛酉七月朔，愚菴朱鶴齡書。

◎提要：是書采諸家之說以補正杜預《春秋經傳集解》之闕訛。於趙汸、陸粲、傅遜、邵寶、王樵五家之書所取為多。大抵集舊解者十之七，出己意者十之三，故以「鈔」名。所補二卷多用顧炎武說，炎武《杜解補正》三卷具有完帙，此所采未及什一。其凡例稱：「庚申之秋，炎武自華陰寄《左傳注》數十則。」蓋是時《杜解補正》尚未成也。鶴齡斥林堯叟《音義》之陋，所取僅三四條，持論極允。至孔穎達《正義》家弦戶誦久列學官，斷無讀注而不見疏者，乃連篇采掇，殊屬贅疣。至襄公九年傳「閏月當作門五日」，本為杜注，乃引以補杜，尤為第上第矣。他如於定公八年傳謂：「公山不狃之意在於張公室，陽虎之意不在公室，但欲假公室以制三桓，為利而已。」定公十二年傳則云：「公山不狃、叔孫輒之徒據費以畔，說者謂叛季非叛魯，其說非也。彼稔見三家不臣之跡，尤而效之，藉口於張公室耳」云云，是一事而臧否頓殊。又如莊公二十二年傳引《史記正義》以未羊巽女為姜姓之訓，於昭九年傳又續引汪琬之說駁張守節失《左氏》之指，是一義而去取迥異，皆未免於小疵。然其中如引闘辛以駁伍員之復仇，天經地義，為千古儒者所未發。引定公五年、文公十七年二傳證公壻池非晉侯之壻、引《檀弓》越人吊衛將軍文子事證秦人歸僖公成風之襚、引《漢書・王嘉傳》證屈蕩「尸之」當作「戶之」之類，亦具有考證。雖瑕瑜並陳，不及顧炎武、惠棟諸家之密，而薈粹眾長斷以新義，於讀《左傳》者要亦不為無補焉。

◎趙爾巽《清史稿》列傳卷二百六十七《儒林》一：初為文章之學，及與顧炎武友，炎武以本原相勖，乃湛思覃力於經注疏及儒先理學。以《易》理至

宋儒已明，然《左傳》、《國語》所載占法皆言象也，《本義》精矣而多未備，撰《易廣義略》四卷。以蔡氏釋《書》未精，斟酌於漢學、宋學之間，撰《尚書埤傳》十七卷。以朱子掊擊《詩小序》太過，與同縣陳啟源參考諸家說，兼用啟源說，疏通序義，撰《詩經通義》二十卷。以胡氏傳《春秋》多偏見鑿說，乃合唐宋以來諸儒之解，撰《春秋集說》二十二卷。又以杜氏注《左傳》未盡合，俗儒又以林氏注紊之，詳證參考，撰《讀左日鈔》十四卷。又有《禹貢長箋》十二卷作於胡渭《禹貢錐指》之前，雖不及渭書，而備論古今利害，旁引曲證，亦多創獲。

◎《皇朝文獻通考》卷二百十五《經籍考》五：鶴齡自序曰：《春秋三傳》並立，《左氏》獨詳於史事，必世為魯史，能尊信聖經而為之作傳，其蹖駁而不純者固宜有之，而臚陳二百四十二年史事則十得八九。特其筆法簡古，往往費人推索。元凱注既多未備，而孔穎達疏又卷帙繁重，東山趙子常特申不書之旨，輯為《補注》，多與經義相證發。予復廣演而博通之，自孔疏而下，弋獲於劉原父、呂東萊、陳止齋、王伯厚、陸貞山、邵國賢、何士凱者居多。又取《春秋》人物，引繩切墨而論斷之，使學者知古今人材之盛莫過於《春秋》、兵法之精莫過於《春秋》，應變出奇，益人神智，讀史者當有取焉。

◎《浙江採集遺書總錄‧乙集‧經部‧春秋類》：《讀左日抄》十二卷又補二卷（刊本），右國朝朱鶴齡輯。因趙子常之《補注》復廣演之。自序謂以備遺忘，非能從事聖經成一家之學，蓋寓謙云。

◎趙爾巽《清史稿》卷一百四十五志一百二十《藝文》一：《讀左日鈔》十二卷，《補錄》二卷，朱鶴齡撰。

◎朱鶴齡（1601～1683），字長孺，號愚菴。吳江（今江蘇蘇州吳江區）人。明諸生。鼎革後屏居著述，晨夕一編，行不識途路，坐不知寒暑。與朱彝尊、萬斯同、徐乾學、錢謙益、吳偉業、毛奇齡等多所交往。著有《易廣議略》、《尚書埤傳》、《左氏春秋集說》十卷、《讀左日鈔》十四卷、《愚庵詩文集》、《愚庵小集》、《愚庵雜著》、《松陵文集》、《寒山集》、《杜工部集輯注》、《李義山詩集注》，又與同邑陳啟源合撰《詩經通義》。

朱鶴齡 左氏春秋集說 十卷 存

　　北大、上海、中科院藏道光二十九年（1849）強恕堂刻本

　　續修四庫全書影印道光二十九年（1849）強恕堂刻本

◎卷前《讀法》，錄唐順之《讀春秋》一篇。

◎朱鶴齡《左氏春秋集說序》〔註97〕：《記》曰：「屬辭比事而不亂，深於《春秋》者也。」今之說《春秋》何其亂與？則凡例之說為之也。自《左氏》立例，《公》、《穀》二氏又有例，啖、趙以下亦皆有例，言人人殊，學者將安所適從！如「稱爵者，褒也」，而會孟何以書楚子，則非盡褒也！「稱人名，貶也。或將卑師少也」，而僖公之前何以君、大夫、將皆稱人，則非盡貶與將卑師少也。「稱字者，貴之也」，而邾儀父、許叔、蕭叔有何可貴乎？「殺大夫稱名者，罪之也」，而陳淺冶、蔡公子爕有何可罪乎？「諸侯失國，名」，而夔子、萊子不名。「滅同姓，名」，而楚滅夔、齊滅蔡，不名。則其說窮矣。「不書公子，為削其屬也」，而弒君如楚商臣、齊商人，反稱公子，則其說又窮矣。「卿卒，必記日、月」、「公至，必告於廟」、「益師不日，薄之也」，而成公以後皆書日。「桓會不致，安之也」，而公行大半不書至，則其說又窮矣。不得已，有變例之說。夫所貴乎例者，正取其一成而不可易。若前後遊移，彼此乖午，何以示萬世之繩準？嗚呼！夫子作《春秋》，上明天道，下正人事，變化從心，安得有例？例特史家之說耳。自隱、桓至定、哀二百四十二年間，載筆者既非一人，則或詳或略不免異辭，所見所聞難於一概。就史法言之尚無成之例，而乃欲執後人之例以按經，又欲屈聖人之經以從例，其可乎哉？然則如之何？亦曰求之《春秋》之所以作而已矣。夫子曰：「吾志在《春秋》」，又曰：「其義則丘竊取之。」何謂志？尊天子，內中國，討亂臣賊子，尊王賤霸是也。何謂義？「善者吾進之、予之，惡者吾退之、奪之。彼善此者，吾猶進之、予之；純乎惡者，吾亟退之、奪之」是也。志以義明，義以時立。春秋之始，諸侯驟強，則絀諸侯以扶天子；春秋之中，大夫專政，則絀大夫以扶諸侯；春秋之季，陪臣亂國，則又絀陪臣以扶大夫。而前之治楚，後之治吳、越，往往示其意於獎桓、文愛宗國，爵齊、晉、宋、衛諸君之中。若此者，凡以尊天子也，明王道也。一筆一削，蓋皆隨世變而為之權，世變異則書法亦異，而豈有變例、正例之可求哉！後之說者，乃曰聖人有貶無褒，或又曰聖人初無褒貶。夫有貶無褒，則《春秋》為司空城旦之書，聖人宅心不應如是刻核；若無褒無貶，則全錄舊史，是非不明，何以有「知我罪我」之言，而能使亂臣賊子懼耶？吾故專以聖人之志與義為斷，不能得乎聖人之志與義，則隨事生說，辯愈繁而不可立教。能得乎聖人之志與義，則凡例諸

〔註97〕此序又見於朱鶴齡《愚庵小集》卷七、乾隆《吳江縣志》卷五十五《撰述》十。

說，何嘗不可與聖經之微文奧旨相為發明？而近世儒者著論，乃欲盡舉諸例而廢之，其亦固而不可通也已。余為此書，主以《左氏傳》，取杜註、孔疏及公、穀、啖、趙數十家之論，聚而觀之。參互權衡，藁凡數易，疢疾寒暑，腕不停書。雖未知於聖人之志與義若何，而古今諸儒支離膠固之說刊剟無餘，少以資學者經術、經世之助，庶幾於「屬辭比事而不亂」之旨或有當云。愚庵朱鶴齡序。

◎左氏春秋集說附記（十二則）：

《左氏》傳經獨詳史事，且在《公羊》《穀梁》之先。故經文專據之，而參以《公》《穀》。傳文不能全載，今畧其事跡於經文之下，然後引用注疏諸家之說。此倣黃東發《日鈔》體也。

《公》《穀》之說多迂謬不可取，其善者杜氏《左注》頗采用之。尚有事實可補《左氏》所未詳者，今具從節錄。

杜氏注經可謂詳矣，然中多疎誤，今載之而加以辨正，其悖義者直削之。疏文有發明則錄。

三傳之後惟啖叔佐助、趙伯循匡、陸伯沖淳三家可謂通經，訂正三傳得失，為輯傳辨疑，纂例條理秩然，今多引其說。

胡文定傳專重復讐討賊，不可謂無功世教。然其立論頗多迂闊而穿鑿者。朱子嘗云：「文定解經不求義理明白，卻多使故事，大與時文答策相似。」今以制科所尚，家有其書，故節取僅十之一二。

臨江張元德治為朱子高弟，所著《春秋集注》十一卷，洪武初詔與《胡傳》並頒學官，合三傳為五。今人罕見其書，西亭王孫嘗刻之藩府，其注較之胡氏頗為平正。余志在表微，故采之獨多。

以傳考經之事實，以經別傳之真偽，此伊川程子讀《春秋》法也。程子嘗作傳而未成，朱子于此經雖未及撰著，而其平日論說大義，時時見於文集。余此書趣舍一以程朱為宗。

劉原父（敞）《權衡》以辨誤為功。陳君舉（傅良）《後傳》以不書立義，皆有功《春秋》者。吳臨川（澄）之《纂言》、汪新安（克寬）之《纂疏》、李廬陵（廉）之會通，尤能闡繹微指。他若劉質夫（絢）、許襄陵（翰）、孫明復（復）、高息齋（閌）、王彥光（葆）、呂永嘉（大圭）、家則堂（鉉翁）、黃楚望（澤）皆有論著，《大全》去取未必悉當。今擇其善者筆之。

葉石林（夢得）、趙木訥（鵬飛）、戴岷隱（溪）、黃東發（震）諸家說《春秋》多先儒未發，而《大全》不之載，則纂修諸公之罣漏也。余從黃氏《日鈔》得之，亟為采入。

有明三百年，趙子常（汸）、邵國賢（寶）、季彭山（本）、姜廷善（寶）、朱西亭（睦㮮）、王方麓（樵）皆有成書，而子常、方麓為最。余于二公之學極力表章，庶為此經一開生面。

林堯叟注釋並無足觀，坊刻竟以合杜注，混殽久矣。今盡汰之，而間存數語。所載陳氏解經之說仍為標出。

陸氏《纂例》具見《春秋綱領》，方麓所輯凡例全采用之。余更參以子常之說，時附鄙見于後，學者先觀此則全經燎如矣。

◎上海古籍出版社2015年《續修四庫全書總目提要·春秋類》「《左氏春秋集說》十卷、《春秋》凡例二卷」：《左氏春秋集說》凡十卷，仿南宋末學者黃震日鈔體而作，以唐順之《讀春秋》冠於首，次朱氏《左氏春秋集說序》、《左氏春秋集說附記》十二則。朱氏自序謂此書主以《左氏傳》，取杜注、孔疏、公、穀、啖、趙數十家之論，聚而觀之，參互權衡云云。朱氏以《左傳》獨詳史事且在公、穀之先，故經文專據之，始隱公元年，終哀公十四年西狩獲麟。左氏所未詳者，參以公、穀傳文，節略其事迹於經文之下。於杜注之疏誤，加以辨證，悖義者則直削之；於孔疏有發明者則錄。所引諸家，啖助、趙匡、陸淳三家居多，主以宋代諸家，劉敞、陳傅良、吳澄等擇其善者筆之，以張洽為朱熹弟子，且其書《春秋集注》較胡傳平正，朱氏志在表微，故采之獨多。輔以明代趙汸、王樵、姜寶諸說，各刊姓氏以別之，取捨一以程朱之宗，間附己意於其後。核其所錄，古今諸儒支離膠固之說刊刻無餘，薈萃眾家之長，頗具參考價值。於杜注多有駁證，桓公二年杜注以為孔父名嘉字，而朱氏據啖氏認為孔父必是字，並引王樵言佐證。哀公十三年杜注夫差欲霸中國尊天子，自去其僭號而稱子，朱氏明指此語不知何據，夫子遵王制而書之耳。

朱鶴齡參 春秋凡例 二卷 存

北大、上海、中科院藏道光二十九年（1849）強恕堂刻本

◎明王樵原輯。

◎上海古籍出版社2015年《續修四庫全書總目提要·春秋類》「《左氏春秋集說》十卷、《春秋凡例》二卷」：《春秋凡例》分上下二卷，陸淳《春秋集

傳纂例》十卷具見張洽《春秋綱領》一卷中，王樵所輯《春秋凡例》全采用之，朱氏參以趙汸之說，附己見於後。《四庫全書》所收王樵《春秋輯傳》亦含《春秋凡例》，與是書大體相同，提要謂其比類推求，不涉穿鑿，較他家特為明簡云云。此本據中國科學院圖書館藏清道光二十九年強恕堂刻本影印。（潘華穎）

◎王樵（1521～1621），字明遠，別號方麓，金壇（今江蘇金壇）人。嘉靖二十六年（1547）進士，授行人。歷刑部員外郎，受張居正賞識，任為浙江僉事，擢尚寶卿。因忤張居正罷官居家十餘年。復起南京太僕少卿，擢右都御史。及卒，贈太子少保。邃經學，更著有《周易私錄》、《尚書日記》、《春秋輯傳》、《方麓集》等。《明史》有傳。

朱華翰 春秋釋義 佚

◎尋霖、龔篤清編《湘人著述表》著錄。

◎朱華翰，字竹徑。湖南藍山人。著有《春秋釋義》、《竹徑詩稿》。

朱井南 左國續補 佚

◎王芑孫《淵雅堂集・愓甫未定稿》卷四《朱井南左國續補序》：韋昭之序《左氏外傳》謂：「雅思未盡，復采穆王以訖魯悼。其文不主於經。」南宋姚宏之校高誘《戰國策》謂：「訪得《春秋後語》，始克是正。」吳師道言：「《春秋後語》，晉孔衍所著。賴此見其一二。」蓋自孔衍之書亡佚，不見於元明，而《左氏》以後《通鑑》以前，中間國故，茫昧無徵久矣。近流所著愈出愈多，古籍日亡日少，此學者之所無如何也。前編外紀，所以推廣《通鑑》者不一書，而自春秋入戰國，其間六十年，故書雅記脫漏常多，網而集之故非易易。歙朱君井南惇學好古，耽心經訓，湛冥誦讀，無閒居遊。于凡秦漢諸子眾家之言，有繫乎周威烈王、魯繆公之世者，咸加筆錄。依年排次，以為《左國續補》若干卷。蓋井南亦未見孔衍《春秋後語》之書，而大意實與之合。秦漢去古未遙，雖有傳聞異辭，不衷一是，或《公羊》所謂「不修《春秋》及百二十國寶書之遺」猶有在，是且亦韋氏所稱「不主於經」者也。井南方在客授，計行篋不常有書，非更數年恐不得廣搜集覽以完究其業。如遂成之，俾學者於稽經諏史之間彌此一闕憾，豈非快事哉！辱井南不遠千里，屬草稿未定，先以諗余。余愧荒落，無以贊其所不及，輒書是以誇勸懲恩之云。

朱經 春秋類傳 佚

◎同治《續纂揚州府志》卷二十二《藝文志》上：《春秋指掌》《春秋類傳》（朱經撰）。

◎朱經，號恭亭。揚州寶應（今江蘇寶應）人。諸生。喬萊婿。著有《春秋類傳》、《春秋指掌》、《燕堂詩鈔》四卷、《甲戌入吳詩》一卷、《友梅集》一卷。

朱經 春秋指掌 佚

◎同治《續纂揚州府志》卷二十二《藝文志》上：《春秋指掌》《春秋類傳》（朱經撰）。

朱景昭 讀春秋劄記 一卷 存

國圖藏 1933 年合肥朱家珂鉛印無夢軒遺書九種十卷本

◎朱景昭（1823～1878），字默存，號樸葊。安徽合肥東鄉（今肥東縣）人。與王尚辰、徐子苓為「廬州三怪」。咸豐二年（1852）優貢。候選直隸州州同，嘗入袁甲三、劉銘傳幕。著有《讀春秋劄記》一卷、《左傳杜注摘謬》一卷、《無夢軒遺書九種》十卷、《劫餘小記》、《論文蒭說》一卷、《朱景昭批評西廂記》等。

朱景昭 左傳杜注摘謬 一卷 存

國圖藏 1933 年合肥朱家珂鉛印無夢軒遺書九種十卷本

國家圖書館出版社 2012 年宋志英選編左傳研究文獻輯刊影印 1933 年合肥朱家珂鉛印無夢軒遺書九種十卷本

朱駿聲 春秋地名職官人名考略 二卷 未見

◎倫明《辛亥以來藏書紀事詩》七一朱師轍：

著書百種稿猶完，絕學留貽到子孫。皖中山水減顏色，采訪未登朱氏門。

黟縣朱少濱師轍，其祖父著述滿家，多未刊行。祖豐芑先生駿聲所著書，有《六十四卦經解》八卷、《易鄭氏爻辰廣義》二卷、《易經傳互卦厄言》一卷、《易消息升降圖》二卷、《易章句異同》一卷、《學易札記》四卷、《尚書古今文證釋》四卷、《逸周書集訓校釋增校》一卷、《詩集傳改錯》四卷、《詩序異同彙參》一卷、《詩地理今釋》四卷、《儀禮經注一隅》二卷、《三代禮損益攷》

一卷、《井田貢稅法》一卷、《大戴禮校正》二卷、《夏小正補傳》一卷、《春秋平議》三卷、《春秋三家異文蘮》一卷、《春秋亂賊攷》一卷、《春秋左傳識小錄》二卷、《春秋烈女表》一卷、《春秋國名今釋》一卷、《春秋地名職官人名攷略》二卷、《春秋闕文攷》一卷、《四書磧解》二卷、《四子書簡端記》四卷、《論語紀年》一卷、《孟子紀年》一卷、《經史答問》八卷、《傳經表》一卷、《說文通訓定聲》十八卷、補遺二卷、《古今韻準》一卷、《六書假借經徵》四卷、《說解商》十卷、《小學識餘》四卷、《經韻樓說文注商》一卷、《說文引書分錄》一卷、《古說字形謬誤》二卷、《小字本說文簡端記》二卷、《釋廟》一卷、《釋車》一卷、《釋帛》一卷、《釋色》一卷、《釋農具》一卷、《古文釋義》一卷、《說雅》一卷、《小爾雅約註》一卷、《江晉三音學十書補訂》四卷、《七經緯韻》一卷、《秦漢郡國攷》四卷、《晉代謝氏世系攷》一卷、《十六國攷》一卷、《名人占籍今釋》四卷、《徐中山王譜系攷》一卷、《朱氏世系攷》一卷、《各府縣人物志》二十卷、《山名今釋》一卷、《老子》、《列子》、《莊子》、《管子》、《晏子春秋》、《呂氏春秋》、《新序》、《說苑》、《鹽鐵論》、《風俗通義》、荀悅《申鑒》、《論衡》、劉晝《新論》簡端記各一卷、《讀韓非子札記》一卷、《淮南子校正》六卷、《說叢》六卷、《歲星表》一卷、《天算瑣記》一卷、《數度衍約》四卷、《軒岐至理》四卷、《漢書雋語》四卷、《儷語拾錦》四卷、《離騷約注》一卷、《李杜韓蘇詩選》六卷、《蘇詩分韻》一卷、《如話詩抄》一卷、《傳經室文集》十卷、附《賦》十一卷、《傳經室詩集》四卷、《庚午女史百詠》一卷、《選詞九十調譜》二卷、《詞話》二卷、《臨嘯閣詩餘》四卷。父仲蒆先生孔彰所著書有《九經漢註》數十卷、《說文重文箋》七卷、《說文萃三編》九卷、《釋說文讀若例》一卷、《說文環語》一卷、《中興將帥別傳》三十卷、《續編》六卷、《三朝聞見錄》若干卷、《光緒兩淮鹽法志》二百卷、《半隱廬叢稿》六卷、《小桃園筆記》四卷、《林和靖詩集註》四卷、《年譜》一卷、《血性語》四卷、《題曾文正公祠百詠》一卷、《聖和老人文集》六卷、《聖和老人詩集》四卷，所刊者不及十之一二。少濱自著有《商君書解詁》及《詞集》、《清史藝文志稿》四卷，已刊。前歲皖人刊《安徽叢書》而不及君家，蓋豐芑先生寄籍元和，仲蒆先生又寄籍常州故也。

　　◎朱駿聲，小名慶元，字豐芑，號允倩，晚號石隱。元和（今江蘇蘇州）人。嘉慶二十三年（1818）〔註98〕舉人，官黟縣訓導，肆力著述。咸豐元年

〔註98〕一說道光五年（1825）。

（1851）以截取知縣入都，官揚州教諭。師從錢大昕，錢謂：「吾衣缽之傳將在子矣。」博學無書不讀，嫻習經史，擅詩賦詞章。著有《六十四卦經解》八卷、《學易記》三卷、《學易札記》四卷、《易鄭氏爻辰廣義》二卷、《易經傳互卦卮言》一卷、《易消息升降圖》二卷、《易章句異同》一卷、《尚書古今文證釋》四卷、《尚書古注便讀》四卷、《詩集傳改錯》四卷、《詩序異同彙參》四卷、《詩地理今釋》四卷、《詩傳箋補》十二卷、《儀禮經注一隅》二卷、《三代禮損益攷》一卷、《井田貢稅法》一卷、《大戴禮記校正》二卷、《夏小正補傳》一卷、《春秋經傳旁通目》十卷、《春秋平議》三卷、《春秋三家異文纂》一卷、《春秋亂賊攷》一卷、《春秋地名職官人名考略》二卷、《春秋左傳識小錄》二卷、《春秋烈女表》一卷、《春秋國名今釋》一卷、《春秋地名職官人名攷略》二卷、《春秋闕文攷》一卷、《左傳旁通》十卷、《四書碻解》二卷、《論孟碻解》二卷、《四子書簡端記》四卷、《論語紀年》一卷、《孟子紀年》一卷、《經史答問》二十六卷、《傳經表》一卷、《說文通訓定聲》十八卷、補遺二卷、《古今韻準》一卷、《六書假借經徵》四卷、《說解商》十卷、《小學識餘》四卷、《經韻樓說文注商》一卷、《說文引書分錄》一卷、《古說字形謬誤》二卷、《小字本說文簡端記》二卷、《釋廟》一卷、《釋車》一卷、《釋帛》一卷、《釋色》一卷、《釋農具》一卷、《古文釋義》一卷、《說雅》一卷、《小爾雅約註》一卷、《江晉三音學十書補訂》四卷、《七經緯韻》一卷、《秦漢郡國攷》四卷、《晉代謝氏世系攷》一卷、《十六國攷》一卷、《名人占籍今釋》四卷、《逸周書集訓校釋增校》一卷、《徐中山王譜系攷》一卷、《朱氏世系攷》一卷、《各府縣人物志》二十卷、《山名今釋》一卷、《老子》、《列子》、《莊子》、《管子》、《晏子春秋》、《呂氏春秋》、《新序》、《說苑》、《鹽鐵論》、《風俗通義》、荀悅《申鑒》、《論衡》、劉晝《新論》簡端記各一卷、《讀韓非子札記》一卷、《淮南子校正》六卷、《說叢》六卷、《歲星表》一卷、《懸解》四卷、《天算瑣記》四卷、《數度衍約》四卷、《說解商》十卷、《軒岐至理》四卷、《漢書雋語》四卷、《儷語拾錦》四卷、《離騷約注》一卷、《李杜韓蘇詩選》六卷、《蘇詩分韻》一卷、《如話詩抄》一卷、《傳經室文集》十卷、附《賦》十一卷、《傳經室詩集》四卷、《庚午女史百詠》一卷、《選詞九十調譜》二卷、《詞話》二卷、《臨嘯閣詩餘》四卷、《朱氏群書》、《朱駿聲文集》等。

朱駿聲　春秋國名今釋　一卷　未見

　　◎倫明《辛亥以來藏書紀事詩》七一朱師轍：

著書百種稿猶完，絕學留貽到子孫。皖中山水減顏色，采訪未登朱氏門。

黟縣朱少濱師轍，其祖父著述滿家，多未刊行。祖豐芑先生駿聲所著書，有《六十四卦經解》八卷、《易鄭氏爻辰廣義》二卷、《易經傳互卦卮言》一卷、《易消息升降圖》二卷、《易章句異同》一卷、《學易札記》四卷、《尚書古今文證釋》四卷、《逸周書集訓校釋增校》一卷、《詩集傳改錯》四卷、《詩序異同彙參》一卷、《詩地理今釋》四卷、《儀禮經注一隅》二卷、《三代禮損益攷》一卷、《井田貢稅法》一卷、《大戴禮校正》二卷、《夏小正補傳》一卷、《春秋平議》三卷、《春秋三家異文覈》一卷、《春秋亂賊攷》一卷、《春秋左傳識小錄》二卷、《春秋烈女表》一卷、《春秋國名今釋》一卷、《春秋地名職官人名攷略》二卷、《春秋闕文攷》一卷、《四書碏解》二卷、《四子書簡端記》四卷、《論語紀年》一卷、《孟子紀年》一卷、《經史答問》八卷、《傳經表》一卷、《說文通訓定聲》十八卷、補遺二卷、《古今韻準》一卷、《六書假借經徵》四卷、《說解商》十卷、《小學識餘》四卷、《經韻樓說文注商》一卷、《說文引書分錄》一卷、《古說字形謬誤》二卷、《小字本說文簡端記》二卷、《釋廟》一卷、《釋車》一卷、《釋帛》一卷、《釋色》一卷、《釋農具》一卷、《古文釋義》一卷、《說雅》一卷、《小爾雅約註》一卷、《江晉三音學十書補訂》四卷、《七經緯韻》一卷、《秦漢郡國攷》四卷、《晉代謝氏世系攷》一卷、《十六國攷》一卷、《名人占籍今釋》四卷、《徐中山王譜系攷》一卷、《朱氏世系攷》一卷、《各府縣人物志》二十卷、《山名今釋》一卷、《老子》、《列子》、《莊子》、《管子》、《晏子春秋》、《呂氏春秋》、《新序》、《說苑》、《鹽鐵論》、《風俗通義》、荀悅《申鑒》、《論衡》、劉晝《新論》簡端記各一卷、《讀韓非子札記》一卷、《淮南子校正》六卷、《說叢》六卷、《歲星表》一卷、《天算瑣記》一卷、《數度衍約》四卷、《軒岐至理》四卷、《漢書雋語》四卷、《儷語拾錦》四卷、《離騷約注》一卷、《李杜韓蘇詩選》六卷、《蘇詩分韻》一卷、《如話詩抄》一卷、《傳經室文集》十卷、附《賦》十一卷、《傳經室詩集》四卷、《庚午女史百詠》一卷、《選詞九十調譜》二卷、《詞話》二卷、《臨嘯閣詩餘》四卷。父仲莪先生孔彰所著書有《九經漢註》數十卷、《說文重文箋》七卷、《說文萃三編》九卷、《釋說文讀若例》一卷、《說文環語》一卷、《中興將帥別傳》三十卷、《續編》六卷、《三朝聞見錄》若干卷、《光緒兩淮鹽法志》二百卷、《半隱廬叢稿》六卷、《小桃園筆記》四卷、《林和靖詩集註》四卷、《年譜》一卷、《血性語》四卷、《題曾文正公祠百詠》一卷、《聖和老人文集》六卷、《聖和老人詩集》

四卷，所刊者不及十之一二。少濱自著有《商君書解詁》及《詞集》、《清史藝文志稿》四卷，已刊。前歲皖人刊《安徽叢書》而不及君家，蓋豐芑先生寄籍元和，仲荄先生又寄籍常州故也。

朱駿聲 春秋經傳旁通目 十卷 未見

朱駿聲 春秋列女表 一卷 未見

◎倫明《辛亥以來藏書紀事詩》七一朱師轍：

著書百種稿猶完，絕學留貽到子孫。皖中山水減顏色，采訪未登朱氏門。

黟縣朱少濱師轍，其祖父著述滿家，多未刊行。祖豐芑先生駿聲所著書，有《六十四卦經解》八卷、《易鄭氏爻辰廣義》二卷、《易經傳互卦卮言》一卷、《易消息升降圖》二卷、《易章句異同》一卷、《學易札記》四卷、《尚書古今文證釋》四卷、《逸周書集訓校釋增校》一卷、《詩集傳改錯》四卷、《詩序異同彙參》一卷、《詩地理今釋》四卷、《儀禮經注一隅》二卷、《三代禮損益攷》一卷、《井田貢稅法》一卷、《大戴禮校正》二卷、《夏小正補傳》一卷、《春秋平議》三卷、《春秋三家異文覈》一卷、《春秋亂賊攷》一卷、《春秋左傳識小錄》二卷、《春秋烈女表》一卷、《春秋國名今釋》一卷、《春秋地名職官人名攷略》二卷、《春秋闕文攷》一卷、《四書礦解》二卷、《四子書簡端記》四卷、《論語紀年》一卷、《孟子紀年》一卷、《經史答問》八卷、《傳經表》一卷、《說文通訓定聲》十八卷、補遺二卷、《古今韻準》一卷、《六書假借經徵》四卷、《說解商》十卷、《小學識餘》四卷、《經韻樓說文注商》一卷、《說文引書分錄》一卷、《古說字形謬誤》二卷、《小字本說文簡端記》二卷、《釋廟》一卷、《釋車》一卷、《釋帛》一卷、《釋色》一卷、《釋農具》一卷、《古文釋義》一卷、《說雅》一卷、《小爾雅約註》一卷、《江晉三音學十書補訂》四卷、《七經緯韻》一卷、《秦漢郡國攷》四卷、《晉代謝氏世系攷》一卷、《十六國攷》一卷、《名人占籍今釋》四卷、《徐中山王譜系攷》一卷、《朱氏世系攷》一卷、《各府縣人物志》二十卷、《山名今釋》一卷、《老子》、《列子》、《莊子》、《管子》、《晏子春秋》、《呂氏春秋》、《新序》、《說苑》、《鹽鐵論》、《風俗通義》、荀悅《申鑒》、《論衡》、劉晝《新論》簡端記各一卷、《讀韓非子札記》一卷、《淮南子校正》六卷、《說叢》六卷、《歲星表》一卷、《天算瑣記》一卷、《數度衍約》四卷、《軒岐至理》四卷、《漢書雋語》四卷、《儷語拾錦》四卷、《離騷約注》一卷、《李杜韓蘇詩選》六卷、《蘇詩分韻》一卷、《如話詩抄》一卷、

《傳經室文集》十卷、附《賦》十一卷、《傳經室詩集》四卷、《庚午女史百詠》一卷、《選詞九十調譜》二卷、《詞話》二卷、《臨嘯閣詩餘》四卷。父仲我先生孔彰所著書有《九經漢註》數十卷、《說文重文箋》七卷、《說文萃三編》九卷、《釋說文讀若例》一卷、《說文環語》一卷、《中興將帥別傳》三十卷、《續編》六卷、《三朝聞見錄》若干卷、《光緒兩淮鹽法志》二百卷、《半隱廬叢稿》六卷、《小桃園筆記》四卷、《林和靖詩集註》四卷、《年譜》一卷、《血性語》四卷、《題曾文正公祠百詠》一卷、《聖和老人文集》六卷、《聖和老人詩集》四卷，所刊者不及十之一二。少濱自著有《商君書解詁》及《詞集》、《清史藝文志稿》四卷，已刊。前葳皖人刊《安徽叢書》而不及君家，蓋豐苣先生寄籍元和，仲我先生又寄籍常州故也。

朱駿聲 春秋亂賊考 一卷 存

南京藏稿本

內蒙古自治區、上海辭書出版社藏光緒貴池劉世珩刻聚學軒叢書第二集本

江蘇廣陵古籍刻印社 1982 年據光緒貴池劉氏刻版重印本

◎摘錄卷首：《春秋說題辭》云：「《春秋》一萬八千字」，李燾曰：「今闕一千二百四十八字」，然則《春秋》既修之後，一千八百餘條中，傳寫殘闕亦復不少。後儒乃欲于日月名字爵號氏族一二字異同為褒貶，何也？按如「晉弒其君州蒲」闕「欒書」字，「黑肱以濫來奔」闕「邾」字，原無疑義，必曲為立說，反誣聖經矣。惟臣出君概以君自出為文者，君之國君實有之，不予臣為主之意，且魯昭時事固不能無所忌諱也。故襄二十年《左傳》衛甯惠子謂其子悼子曰：「吾得罪于君，名藏在諸侯之策，曰：孫林父、甯殖出其君」，而十四年經但書衛侯出奔齊，此改舊史以就夫子之新義者。至襄七年鄭髡頑之不書弒以瘤疾赴故、昭元年楚麇之不書弒以本有疾故、哀十年齊陽生之不書弒以赴于師故，事非顯然眾著，聖人亦不以傳聞為鐵案也。若魯之內諱，則又臣子之義，不在此例。杜預乃謂諸侯自取奔亡之禍，所以責其君。顧棟高本之，謂臣弒君、子弒父非一朝一夕之故，聖人作《春秋》所以戒人君知其漸而豫為之防，是孔子成《春秋》而暴君頑父懼，非亂臣賊子懼也，夫豈其然？作《亂賊考》（按莊公二十四年曹羈出奔陳，羈者曹僖公大夫也，《韓非子‧難言篇》與比干剖心、傅說轉鬻、夷吾束縛同論，《公羊傳》謂三諫曹君，不聽而去，蓋賢臣。賈逵以為曹君，非。

又按襄公二十九年闍弒吳子餘祭，此越俘之忠於越者，既為闍，不得不書弒，而不當在亂賊之例也）。

◎趙爾巽《清史稿》卷一百四十五志一百二十《藝文》一：《春秋三家異文覈》一卷、《春秋亂賊考》一卷，朱駿聲撰。

◎倫明《辛亥以來藏書紀事詩》七一朱師轍：

著書百種稿猶完，絕學留貽到子孫。皖中山水減顏色，采訪未登朱氏門。

黟縣朱少濱師轍，其祖父著述滿家，多未刊行。祖豐芑先生駿聲所著書，有《六十四卦經解》八卷、《易鄭氏爻辰廣義》二卷、《易經傳互卦卮言》一卷、《易消息升降圖》二卷、《易章句異同》一卷、《學易札記》四卷、《尚書古今文證釋》四卷、《逸周書集訓校釋增校》一卷、《詩集傳改錯》四卷、《詩序異同彙參》一卷、《詩地理今釋》四卷、《儀禮經注一隅》二卷、《三代禮損益攷》一卷、《井田貢稅法》一卷、《大戴禮校正》二卷、《夏小正補傳》一卷、《春秋平議》三卷、《春秋三家異文覈》一卷、《春秋亂賊攷》一卷、《春秋左傳識小錄》二卷、《春秋烈女表》一卷、《春秋國名今釋》一卷、《春秋地名職官人名攷略》二卷、《春秋闕文攷》一卷、《四書碻解》二卷、《四子書簡端記》四卷、《論語紀年》一卷、《孟子紀年》一卷、《經史答問》八卷、《傳經表》一卷、《說文通訓定聲》十八卷、補遺二卷、《古今韻準》一卷、《六書假借經徵》四卷、《說解商》十卷、《小學識餘》四卷、《經韻樓說文注商》一卷、《說文引書分錄》一卷、《古說字形謬誤》二卷、《小字本說文簡端記》二卷、《釋廟》一卷、《釋車》一卷、《釋帛》一卷、《釋色》一卷、《釋農具》一卷、《古文釋義》一卷、《說雅》一卷、《小爾雅約註》一卷、《江晉三音學十書補訂》四卷、《七經緯韻》一卷、《秦漢郡國攷》四卷、《晉代謝氏世系攷》一卷、《十六國攷》一卷、《名人占籍今釋》四卷、《徐中山王譜系攷》一卷、《朱氏世系攷》一卷、《各府縣人物志》二十卷、《山名今釋》一卷、《老子》、《列子》、《莊子》、《管子》、《晏子春秋》、《呂氏春秋》、《新序》、《說苑》、《鹽鐵論》、《風俗通義》、荀悅《申鑒》、《論衡》、劉晝《新論》簡端記各一卷、《讀韓非子札記》一卷、《淮南子校正》六卷、《說叢》六卷、《歲星表》一卷、《天算瑣記》一卷、《數度衍約》四卷、《軒岐至理》四卷、《漢書隽語》四卷、《儷語拾錦》四卷、《離騷約注》一卷、《李杜韓蘇詩選》六卷、《蘇詩分韻》一卷、《如話詩抄》一卷、《傳經室文集》十卷、附《賦》十一卷、《傳經室詩集》四卷、《庚午女史百詠》一卷、《選詞九十調譜》二卷、《詞話》二卷、《臨嘯閣詩餘》四卷。父仲莪先

生孔彰所著書有《九經漢註》數十卷、《說文重文箋》七卷、《說文萃三編》九卷、《釋說文讀若例》一卷、《說文環語》一卷、《中興將帥別傳》三十卷、《續編》六卷、《三朝聞見錄》若干卷、《光緒兩淮鹽法志》二百卷、《半隱廬叢稿》六卷、《小桃園筆記》四卷、《林和靖詩集註》四卷、《年譜》一卷、《血性語》四卷、《題曾文正公祠百詠》一卷、《聖和老人文集》六卷、《聖和老人詩集》四卷，所刊者不及十之一二。少濱自著有《商君書解詁》及《詞集》、《清史藝文志稿》四卷，已刊。前歲皖人刊《安徽叢書》而不及君家，蓋豐苣先生寄籍元和，仲莪先生又寄籍常州故也。

◎上海古籍出版社 2015 年《續修四庫全書總目提要・春秋類》「《春秋亂賊考》一卷」：是書依《春秋》經文之次，逐條考核弒君、出君之事，復標其目於每條後，讀者開卷瞭然。孟子嘗謂「孔子作《春秋》，而亂臣賊子懼」，然三傳亦似有君臣兩責之文，如《左傳》「凡弒君稱君，君無道也；稱臣，臣之罪也」一例，孔疏云：「欲見君之無道，罪亦合弒，所以懲創將來之君，兩見其義。」顧棟高據此義作《春秋亂賊表》，謂「人君知其漸而豫為之防，則無太阿旁落之患」。駿聲頗不以為然，謂如此則暴君頑父懼，而非亂臣賊子懼也。故此書實對顧氏《亂賊表》而發，而嚴君臣之綱，專責於臣也。然李盛鐸謂此書義旨與顧氏《大事表》同，頗為失考。亂賊有弒君，有出君。襄公十三年「衛侯出奔齊」，杜注曰：「《春秋》以其自取奔亡之禍，故諸侯失國者皆不書逐君之賊也。」朱氏則以為，「君之國，君實有之，不予臣為主，故不書逐君之賊」。《春秋》於弒君又有不稱臣名者，駿聲以為闕文而已，非責其君而隱其臣。如成公十八年「晉弒其君州蒲」，朱氏謂「晉」下闕「欒書」；而《穀梁》以稱國為君惡，甚謬。凡此種種，皆為尊君而發。蓋《春秋》經文簡要，三傳各守其經文，定其義例；朱氏則先立大義，而後規範經文，乃至不惜以經文為闕。此雖或不免增改經文之失，然扶持大義甚正，且能自成其說，直指《春秋》之要，亦足可傳。此本據上海辭書出版社圖書館藏清光緒劉世珩刻《聚學軒叢書》本影印。（谷繼明）

朱駿聲 春秋平議 一卷 存

上海、蘇州大學藏光緒十六年（1890）德化李盛鐸刻木犀軒叢書本

遼寧藏 1936 年華西協和大學哈佛燕京學社鉛印本

◎李盛鐸序：元和朱苣甫先生博極羣書，著述宏富，已刊行者如《說文通

訓定聲》《儀禮注一隅》《夏小正補傳》《小爾雅約注》，皆有功經訓之書。余官京師，哲嗣仲武孝廉以先生未刊稿本《春秋》三書見示：曰《春秋平議》、曰《春秋三家異文叢》、曰《春秋亂賊考》。余曩得江都焦氏廷琥所著《三傳經文辨異考訂》，三家異同視先生之書為詳，余將刊入叢刻。至春秋亂賊，顧氏棟高《大事記》發明其例，先生此書義旨亦同。惟《平議》一書能持《左》《公》《穀》之平、正杜、何、范之失，實讀《春秋》者不可少之書也。刊畢，以三書稿本歸之，誌其緣起如此。光緒十六年歲次庚寅孟冬，德化李盛鐸謹識。

◎卷首云：《左》《公》《穀》各有是非，杜、何、范不無偏祖，出奴入主，吾誰適從？作《平議》。

◎卷末云：《公》《穀》二家專以經中助語之詞釋經之意，是為詞費。孔子一字之褒貶果在是乎！

◎倫明《辛亥以來藏書紀事詩》七一朱師轍：

著書百種稿猶完，絕學留貽到子孫。皖中山水減顏色，采訪未登朱氏門。

黟縣朱少濱師轍，其祖父著述滿家，多未刊行。祖豐芑先生駿聲所著書，有《六十四卦經解》八卷、《易鄭氏爻辰廣義》二卷、《易經傳互卦卮言》一卷、《易消息升降圖》二卷、《易章句異同》一卷、《學易札記》四卷、《尚書古今文證釋》四卷、《逸周書集訓校釋增校》一卷、《詩集傳改錯》四卷、《詩序異同彙參》一卷、《詩地理今釋》四卷、《儀禮經注一隅》二卷、《三代禮損益攷》一卷、《井田貢稅法》一卷、《大戴禮校正》二卷、《夏小正補傳》一卷、《春秋平議》三卷、《春秋三家異文叢》一卷、《春秋亂賊攷》一卷、《春秋左傳識小錄》二卷、《春秋烈女表》一卷、《春秋國名今釋》一卷、《春秋地名職官人名攷略》二卷、《春秋闕文攷》一卷、《四書礩解》二卷、《四子書簡端記》四卷、《論語紀年》一卷、《孟子紀年》一卷、《經史答問》八卷、《傳經表》一卷、《說文通訓定聲》十八卷，補遺二卷、《古今韻準》一卷、《六書假借經徵》四卷、《說解商》十卷、《小學識餘》四卷、《經韻樓說文注商》一卷、《說文引書分錄》一卷、《古說字形謬誤》二卷、《小字本說文簡端記》二卷、《釋廟》一卷、《釋車》一卷、《釋帛》一卷、《釋色》一卷、《釋農具》一卷、《古文釋義》一卷、《說雅》一卷、《小爾雅約註》一卷、《江晉三音學十書補訂》四卷、《七經緯韻》一卷、《秦漢郡國攷》四卷、《晉代謝氏世系攷》一卷、《十六國攷》一卷、《名人占籍今釋》四卷、《徐中山王譜系攷》一卷、《朱氏世系攷》一卷、《各府縣人物志》二十卷、《山名今釋》一卷、《老子》、《列子》、《莊子》、《管

子》、《晏子春秋》、《呂氏春秋》、《新序》、《說苑》、《鹽鐵論》、《風俗通義》、荀悅《申鑒》、《論衡》、劉晝《新論》簡端記各一卷、《讀韓非子札記》一卷、《淮南子校正》六卷、《說叢》六卷、《歲星表》一卷、《天算瑣記》一卷、《數度衍約》四卷、《軒岐至理》四卷、《漢書雋語》四卷、《儷語拾錦》四卷、《離騷約注》一卷、《李杜韓蘇詩選》六卷、《蘇詩分韻》一卷、《如話詩抄》一卷、《傳經室文集》十卷、附《賦》十一卷、《傳經室詩集》四卷、《庚午女史百詠》一卷、《選詞九十調譜》二卷、《詞話》二卷、《臨嘯閣詩餘》四卷。父仲䳟先生孔彰所著書有《九經漢註》數十卷、《說文重文箋》七卷、《說文萃三編》九卷、《釋說文讀若例》一卷、《說文環語》一卷、《中興將帥別傳》三十卷、《續編》六卷、《三朝聞見錄》若干卷、《光緒兩淮鹽法志》二百卷、《半隱廬叢稿》六卷、《小桃園筆記》四卷、《林和靖詩集註》四卷、《年譜》一卷、《血性語》四卷、《題曾文正公祠百詠》一卷、《聖和老人文集》六卷、《聖和老人詩集》四卷，所刊者不及十之一二。少濱自著有《商君書解詁》及《詞集》、《清史藝文志稿》四卷，已刊。前歲皖人刊《安徽叢書》而不及君家，蓋豐苣先生寄籍元和，仲䳟先生又寄籍常州故也。

◎上海古籍出版社 2015 年《續修四庫全書總目提要・春秋類》「《春秋平議》一卷」：朱氏既作《春秋三家異文覈》，考校三傳文字異同，復作《春秋平議》，論其義理條例之是非。朱氏以為，《左》、《公》、《穀》三傳各有是非，而其注家如杜預、何休、范寧皆各自偏袒，出奴入主；朱氏欲無適無莫，唯義之比，乃不主於一家，作《平議》以齊之。昔何休傳《公羊》學，著《公羊墨守》、《左氏膏肓》、《穀梁廢疾》；鄭康成入室操戈，乃作《發墨守》、《鍼膏肓》、《起廢疾》。朱氏各取其非，成《平議》三篇，曰《達膏肓》、《攻墨守》、《治廢疾》。夫《春秋》三傳，各為專門之學，服虔、何休、范寧各承家法以說經傳，不可謂之偏袒。蓋駿聲意屬博通，故與專家之學不同。其書攻駁三傳誤處，如莊元年經云「春王正月」，不云「公即位」，《左傳》云「文姜出故也」；駿聲謂《左傳》害理，是以義理斷《春秋》，持論甚正。又此書常駁三傳之例，如《左傳》有不書之例，或以為諱，或以為別有深意，駿聲常以闕文解之。又攻《公》、《穀》解經多「詞費」，謂二傳專以助語之詞一挑半剔，為解經心法，瑣屑可厭。今按《公》、《穀》善體辭氣，以生義解，亦說經之正途，未可輕易雌黃。蓋駿聲猶是考據家立場，故於《左氏》之言例，及《公》、《穀》之說經，皆有攻擊，雖謂之《平議》，不過考據家之平議，是知平議未易作也。是書前有李

盛鐸序，謂「惟此書能持《左》、《公》、《穀》之平，正杜、何、范之失，實讀《春秋》者不可少之書」，似屬過譽之辭，然亦可備一家之言。此本據上海圖書館藏清光緒十六年李盛鐸刻《木犀軒叢書》本影印。（谷繼明）

朱駿聲 春秋闕文考 一卷 未見

◎倫明《辛亥以來藏書紀事詩》七一朱師轍：

著書百種稿猶完，絕學留貽到子孫。皖中山水減顏色，采訪未登朱氏門。

黟縣朱少濱師轍，其祖父著述滿家，多未刊行。祖豐芑先生駿聲所著書，有《六十四卦經解》八卷、《易鄭氏爻辰廣義》二卷、《易經傳互卦卮言》一卷、《易消息升降圖》二卷、《易章句異同》一卷、《學易札記》四卷、《尚書古今文證釋》四卷、《逸周書集訓校釋增校》一卷、《詩集傳改錯》四卷、《詩序異同彙參》一卷、《詩地理今釋》四卷、《儀禮經注一隅》二卷、《三代禮損益攷》一卷、《井田貢稅法》一卷、《大戴禮校正》二卷、《夏小正補傳》一卷、《春秋平議》三卷、《春秋三家異文疏》一卷、《春秋亂賊攷》一卷、《春秋左傳識小錄》二卷、《春秋烈女表》一卷、《春秋國名今釋》一卷、《春秋地名職官人名攷略》二卷、《春秋闕文攷》一卷、《四書碻解》二卷、《四子書簡端記》四卷、《論語紀年》一卷、《孟子紀年》一卷、《經史答問》八卷、《傳經表》一卷、《說文通訓定聲》十八卷、補遺二卷、《古今韻準》一卷、《六書假借經徵》四卷、《說解商》十卷、《小學識餘》四卷、《經韻樓說文注商》一卷、《說文引書分錄》一卷、《古說字形謬誤》二卷、《小字本說文簡端記》二卷、《釋廟》一卷、《釋車》一卷、《釋帛》一卷、《釋色》一卷、《釋農具》一卷、《古文釋義》一卷、《說雅》一卷、《小爾雅約註》一卷、《江晉三音學十書補訂》四卷、《七經緯韻》一卷、《秦漢郡國攷》四卷、《晉代謝氏世系攷》一卷、《十六國攷》一卷、《名人占籍今釋》四卷、《徐中山王譜系攷》一卷、《朱氏世系攷》一卷、《各府縣人物志》二十卷、《山名今釋》一卷、《老子》、《列子》、《莊子》、《管子》、《晏子春秋》、《呂氏春秋》、《新序》、《說苑》、《鹽鐵論》、《風俗通義》、荀悅《申鑒》、《論衡》、劉晝《新論》簡端記各一卷、《讀韓非子札記》一卷、《淮南子校正》六卷、《說叢》六卷、《歲星表》一卷、《天算瑣記》一卷、《數度衍約》四卷、《軒岐至理》四卷、《漢書雋語》四卷、《儷語拾錦》四卷、《離騷約注》一卷、《李杜韓蘇詩選》六卷、《蘇詩分韻》一卷、《如話詩抄》一卷、《傳經室文集》十卷、附《賦》十一卷、《傳經室詩集》四卷、《庚午女史百詠》

一卷、《選詞九十調譜》二卷、《詞話》二卷、《臨嘯閣詩餘》四卷。父仲莪先生孔彰所著書有《九經漢註》數十卷、《說文重文箋》七卷、《說文萃三編》九卷、《釋說文讀若例》一卷、《說文環語》一卷、《中興將帥別傳》三十卷、《續編》六卷、《三朝聞見錄》若干卷、《光緒兩淮鹽法志》二百卷、《半隱廬叢稿》六卷、《小桃園筆記》四卷、《林和靖詩集註》四卷、《年譜》一卷、《血性語》四卷、《題曾文正公祠百詠》一卷、《聖和老人文集》六卷、《聖和老人詩集》四卷，所刊者不及十之一二。少濱自著有《商君書解詁》及《詞集》、《清史藝文志稿》四卷，已刊。前歲皖人刊《安徽叢書》而不及君家，蓋豐苢先生寄籍元和，仲莪先生又寄籍常州故也。

朱駿聲 春秋三家異文覈 一卷 存

南京藏稿本

國圖、吉林、上海辭書出版社藏光緒二十一年（1895）貴池劉世珩刻朱印聚學軒叢書第二集本（劉世珩斠）

江蘇廣陵古籍刻印社 1982 年據光緒貴池劉氏刻版重印本

◎卷首云：古書傳寫各有師承，文字互淆，必求一是。以思無益，不如學也，作《異文覈》（外如隱元之蔑與眛，哀十三之區與彄，同聲字例得通借。又隱元之邾婁即邾、定十四之於越即越，助語字長言短言一也。凡此之類，概不箸錄）。

◎跋：劉文靖公有言：「《春秋》以天道王法斷天下之事業也。」洵如是言，則其用大矣。區區語言文字之歧互奚足辨？然不又言句讀訓詁不可不通乎？《春秋》五家，今存者三，師法遞承，傳誦小異，漢隸至唐，遷變多矣。不特《公羊》多齊語，以齊語傳魯經，齟齬者多也。近世說經家以小學解經，往往而合。南閣《說文》，去古未遠，然其所引經語與今本多不合，於是同音叚借之說起而雙聲者亦例得叚借，此元和朱豐苢先生《春秋三家異文覈》所由作也。先生粹精聲訓之學，其所譔《說文通訓定聲》一書，余《聚學軒叢書》已搜梓矣。乙未刻二集，其長公仲我孝廉復出此書以叚我。校刊既成，謹誌簡末。光緒丙申七月，貴池劉世珩識。

◎趙爾巽《清史稿》卷一百四十五志一百二十《藝文》一：《春秋三家異文覈》一卷、《春秋亂賊考》一卷，朱駿聲撰。

◎倫明《辛亥以來藏書紀事詩》七一朱師轍：

著書百種稿猶完，絕學留貽到子孫。皖中山水減顏色，采訪未登朱氏門。

　　黟縣朱少濱師轍，其祖父著述滿家，多未刊行。祖豐芑先生駿聲所著書，有《六十四卦經解》八卷、《易鄭氏爻辰廣義》二卷、《易經傳互卦卮言》一卷、《易消息升降圖》二卷、《易章句異同》一卷、《學易札記》四卷、《尚書古今文證釋》四卷、《逸周書集訓校釋增校》一卷、《詩集傳改錯》四卷、《詩序異同彙參》一卷、《詩地理今釋》四卷、《儀禮經注一隅》二卷、《三代禮損益攷》一卷、《井田貢稅法》一卷、《大戴禮校正》二卷、《夏小正補傳》一卷、《春秋平議》三卷、《春秋三家異文黨》一卷、《春秋亂賊攷》一卷、《春秋左傳識小錄》二卷、《春秋烈女表》一卷、《春秋國名今釋》一卷、《春秋地名職官人名攷略》二卷、《春秋闕文攷》一卷、《四書碻解》二卷、《四子書簡端記》四卷、《論語紀年》一卷、《孟子紀年》一卷、《經史答問》八卷、《傳經表》一卷、《說文通訓定聲》十八卷，補遺二卷、《古今韻準》一卷、《六書假借經徵》四卷、《說解商》十卷、《小學識餘》四卷、《經韻樓說文注商》一卷、《說文引書分錄》一卷、《古說字形謬誤》二卷、《小字本說文簡端記》二卷、《釋廟》一卷、《釋車》一卷、《釋帛》一卷、《釋色》一卷、《釋農具》一卷、《古文釋義》一卷、《說雅》一卷、《小爾雅約註》一卷、《江晉三音學十書補訂》四卷、《七經緯韻》一卷、《秦漢郡國攷》四卷、《晉代謝氏世系攷》一卷、《十六國攷》一卷、《名人占籍今釋》四卷、《徐中山王譜系攷》一卷、《朱氏世系攷》一卷、《各府縣人物志》二十卷、《山名今釋》一卷、《老子》、《列子》、《莊子》、《管子》、《晏子春秋》、《呂氏春秋》、《新序》、《說苑》、《鹽鐵論》、《風俗通義》、荀悅《申鑒》、《論衡》、劉晝《新論》簡端記各一卷、《讀韓非子札記》一卷、《淮南子校正》六卷、《說叢》六卷、《歲星表》一卷、《天算瑣記》一卷、《數度衍約》四卷、《軒岐至理》四卷、《漢書雋語》四卷、《儷語拾錦》四卷、《離騷約注》一卷、《李杜韓蘇詩選》六卷、《蘇詩分韻》一卷、《如話詩抄》一卷、《傳經室文集》十卷，附《賦》十一卷、《傳經室詩集》四卷、《庚午女史百詠》一卷、《選詞九十調譜》二卷、《詞話》二卷、《臨嘯閣詩餘》四卷。父仲莪先生孔彰所著書有《九經漢註》數十卷、《說文重文箋》七卷、《說文萃三編》九卷、《釋說文讀若例》一卷、《說文環語》一卷、《中興將帥別傳》三十卷、《續編》六卷、《三朝聞見錄》若干卷、《光緒兩淮鹽法志》二百卷、《半隱廬叢稿》六卷、《小桃園筆記》四卷、《林和靖詩集註》四卷、《年譜》一卷、《血性語》四卷、《題曾文正公祠百詠》一卷、《聖和老人文集》六卷、《聖和老人詩集》四卷，所刊者不及十之一二。少濱自著有《商君書解詁》及《詞集》、《清史藝

文志稿》四卷，已刊。前歲皖人刊《安徽叢書》而不及君家，蓋豐芑先生寄籍元和，仲荄先生又寄籍常州故也。

◎上海古籍出版社 2015 年《續修四庫全書總目提要‧春秋類》「《春秋三家異文蕠》一卷」：是書無序，末有光緒丙申（二十二年，1896）貴池劉世珩跋，述朱氏是書所由作。朱氏詳考《春秋》三傳異文，為之會通分辨。至於隱元之「蒇」與「昧」、哀十三年之「區」與「彄」，同聲字例得通借；隱元年之「郲婁」即「郲」，此長言、短言之別，凡此之類，則不著錄。朱氏精於小學，嘗作《說文通訓定聲》。其治經則多以音韻通訓詁。《春秋》三傳人名與地名之歧，多由乎口傳聲音之轉。朱氏以音韻考覈其異文，辨訂正字、借字、譌字，可謂利器以善事。至於考覈人名，則能據名字相應以定之；其考覈年月也，則能推曆以定之；又能貫通全經，前後發明，以論是非。朱氏說經，大多平實，若此書，不專阿《左傳》，與小學家治《春秋》者不同；又雜引宋明人說，不立漢宋門戶。李富孫有《春秋三傳異文釋》十二卷，焦廷虎有《春秋三傳經文辨異》四卷，其詳備或過之，然精確處未必能駕於是書也。此本據上海辭書出版社圖書館藏清光緒劉世珩刻《聚學軒叢書》本影印。（谷繼明）

朱駿聲 春秋左傳識小錄 二卷 存

光緒八年（1882）臨嘯閣刻朱氏羣書本

◎一名《左傳識小錄》。

◎摘錄卷上「（隱元）不如早為之所」：按所讀為處，猶言處置也。

◎趙爾巽《清史稿》卷一百四十五志一百二十《藝文》一：《左傳識小錄》一卷，朱駿聲撰。

◎倫明《辛亥以來藏書紀事詩》七一朱師轍：

著書百種稿猶完，絕學留貽到子孫。皖中山水減顏色，采訪未登朱氏門。

黟縣朱少濱師轍，其祖父著述滿家，多未刊行。祖豐芑先生駿聲所著書，有《六十四卦經解》八卷、《易鄭氏爻辰廣義》二卷、《易經傳互卦卮言》一卷、《易消息升降圖》二卷、《易章句異同》一卷、《學易札記》四卷、《尚書古今文證釋》四卷、《逸周書集訓校釋增校》一卷、《詩集傳改錯》四卷、《詩序異同彙參》一卷、《詩地理今釋》四卷、《儀禮經注一隅》二卷、《三代禮損益攷》一卷、《井田貢稅法》一卷、《大戴禮校正》二卷、《夏小正補傳》一卷、《春秋

平議》三卷、《春秋三家異文覈》一卷、《春秋亂賊攷》一卷、《春秋左傳識小錄》二卷、《春秋烈女表》一卷、《春秋國名今釋》一卷、《春秋地名職官人名攷略》二卷、《春秋闕文攷》一卷、《四書碻解》二卷、《四子書簡端記》四卷、《論語紀年》一卷、《孟子紀年》一卷、《經史答問》八卷、《傳經表》一卷、《說文通訓定聲》十八卷、補遺二卷、《古今韻準》一卷、《六書假借經徵》四卷、《說解商》十卷、《小學識餘》四卷、《經韻樓說文注商》一卷、《說文引書分錄》一卷、《古說字形謬誤》二卷、《小字本說文簡端記》二卷、《釋廟》一卷、《釋車》一卷、《釋帛》一卷、《釋色》一卷、《釋農具》一卷、《古文釋義》一卷、《說雅》一卷、《小爾雅約註》一卷、《江晉三音學十書補訂》四卷、《七經緯韻》一卷、《秦漢郡國攷》四卷、《晉代謝氏世系攷》一卷、《十六國攷》一卷、《名人占籍今釋》四卷、《徐中山王譜系攷》一卷、《朱氏世系攷》一卷、《各府縣人物志》二十卷、《山名今釋》一卷、《老子》、《列子》、《莊子》、《管子》、《晏子春秋》、《呂氏春秋》、《新序》、《說苑》、《鹽鐵論》、《風俗通義》、荀悅《申鑒》、《論衡》、劉晝《新論》簡端記各一卷、《讀韓非子札記》一卷、《淮南子校正》六卷、《說叢》六卷、《歲星表》一卷、《天算瑣記》一卷、《數度衍約》四卷、《軒岐至理》四卷、《漢書雋語》四卷、《儷語拾錦》四卷、《離騷約注》一卷、《李杜韓蘇詩選》六卷、《蘇詩分韻》一卷、《如話詩抄》一卷、《傳經室文集》十卷、附《賦》十一卷、《傳經室詩集》四卷、《庚午女史百詠》一卷、《選詞九十調譜》二卷、《詞話》二卷、《臨嘯閣詩餘》四卷。父仲莪先生孔彰所著書有《九經漢註》數十卷、《說文重文箋》七卷、《說文萃三編》九卷、《釋說文讀若例》一卷、《說文環語》一卷、《中興將帥別傳》三十卷、《續編》六卷、《三朝聞見錄》若干卷、《光緒兩淮鹽法志》二百卷、《半隱廬叢稿》六卷、《小桃園筆記》四卷、《林和靖詩集註》四卷、《年譜》一卷、《血性語》四卷、《題曾文正公祠百詠》一卷、《聖和老人文集》六卷、《聖和老人詩集》四卷，所刊者不及十之一二。少濱自著有《商君書解詁》及《詞集》、《清史藝文志稿》四卷，已刊。前歲皖人刊《安徽叢書》而不及君家，蓋豐芑先生寄籍元和，仲莪先生又寄籍常州故也。

　　◎上海古籍出版社 2015 年《續修四庫全書總目提要・春秋類》「《左傳識小錄》二卷」：是書凡上下兩卷，止昭公元年。多從文字訓詁角度入手，於杜解未安之處，采集惠棟、顧炎武、錢辛楣、沈彤諸說，參以己意。卷上隱公元年「莊公寤生」，杜預《集解》曰「寤寐而已生」，朱氏引顧炎武說、《說文解

字》及《史記》證杜注誤，謂「寤」當讀為「牾」，逆也。又隱公三年「憾而能眕者，鮮矣」，朱氏按：《說文》眕，目有所恨而止也，因字從目，故曰目有所恨，恨即憾也。專以《左傳》此句為說，其實當訓「視」，其訓「止」訓「重」者，讀「眕」為「鎮」也。「鎮」有安定不動之意，《爾雅》「眕」重也，即《廣雅》之「鎮重」也，古多借「眕」為「鎮」，又借「眕」為「眕」，借「眕」為「眕」，故許書「眕」、「眕」二字亦不甚分明。蓋朱氏生平著述以六書貫穿群經，故於古訓大有裨益。此本據國家圖書館藏清光緒八年臨嘯閣刻《朱氏群書》本影印。（潘華穎）

朱駿聲 左傳旁通 十卷 未見

◎《續修四庫全書總目提要‧經部‧易類》「《六十四卦經解》八卷」：著作淹博，尤以《說文通訓定聲》飲譽學界。更著有《左傳旁通》、《數度衍約》、《夏小正補正》等。《清史稿》、《清史列傳》卷六九有傳。

◎李鳳立、黃靈庚點校《離騷賦補注‧前言》：朱氏生平著述頗豐，有《周易彙通》八卷、《易鄭氏爻辰廣義》二卷、《易經互卦卮言》一卷、《易章句異同》一卷、《逸周書集訓校釋增校》一卷、《詩集傳改錯》四卷、《詩地理今釋》四卷、《左傳旁通》十卷、《左傳識小錄》三卷、《夏小正補傳》一卷、《春秋平議》一卷、《傳經表》一卷、《小學識餘》四卷、《天算瑣記》四卷、《傳經室文集》十卷、《詩集》四卷、《臨嘯閣詩餘》四卷等。同治《黟縣三志》謂其「著書凡九十三種」。今人劉躍進考朱氏著作有一百一十種，經部五十三，史部十五，子部二十三，集部十九。朱氏涉獵廣泛，尤精小學，其《說文通訓定聲》與段玉裁《說文解字注》、王筠《說文句讀》、桂馥《說文解字義證》並稱為「說文四大家」。

朱來菜 大全辨訛 佚

◎嘉慶《桐鄉縣志》卷七《列傳》：著有《大全辨訛》。姪載璜字渭笠，戊寅拔貢，以經術聞於時。子向中字丹宸，中康熙癸巳科五經進士，未授官卒。

◎朱來菜，桐鄉（今浙江桐鄉）人。少通經學，隱居教授，與陸文霂諸人為講學會。著有《大全辨訛》。

朱沛 春秋質疑 一卷 未見

◎孫殿起《販書偶記》卷三：《經學質疑》四卷，黟縣朱沛撰。嘉慶辛酉

望嶽樓刊木活字本。此係《周易》《尚書》《毛詩》《春秋》等四種，則《三禮質疑》嗣出。

　　◎書名據擬。

　　◎朱沛，安徽黟縣人。著有《經學質疑》四卷（括《周易》《尚書》《毛詩》《春秋》等四種）、《三禮質疑》。

朱奇齡　春秋測微　九卷　存

　　中國國家圖書館古籍館藏道光抄本

　　◎序：古之釋經者，一曰故，二曰微，《春秋》自《左氏微》《鐸氏微》《張氏微》而外，又有《春秋微指》《春秋尊王發微》《春秋續義發微》，蓋思釋其微旨也。竊嘗以為《春秋》與他經不同：他經多說理，而《春秋》為紀事。理或可以意推，而事則難以懸測。索微言於《春秋》，尤微乎微者也。禮曰：「屬辭比事，《春秋》教也。」論者以為按所繫之辭合其所記之事，比而屬之，其事既存，其義自顯，庶筆削微旨可得而見。不知聖經辭簡義奧，寓意宏深，說經者惟有先見策書原本，然後筆削之義可求，筆削義明然後聖人所以去取予奪之意可識。今筆削之跡自昔無徵，求其原本改本具在者，但有《公羊》所引不修《春秋》曰：「雨星不及地尺而復」，君子修之曰「星霣如雨」一條。若《左傳》所稱甯殖言載在諸侯之策曰：「孫林父甯殖出其君」，而經祗書「衛侯衎出奔齊」，其為聖人所改與否已未可定。至稱書曰「天王狩于河陽」，乃僅有改本，併不知原本為何語，則其孰為史官記載孰為聖人筆削，將何從而辨之！又況二百四十二年之中，事既屢變，文亦屢更，是以比事之例有順文上下而為比者，有分別事類而為比者；屬辭之例有事同而辭不同者，有事不同而辭同者。左氏躬為國史，親覽載籍，公穀授自經師，去古未遠，宜於聖經微旨無不妙合。然或則事詳而義疏，或則義精而事謬，學者生數千百載之後，欲以所書推所不書，以所不書揣度所書，自非尋其始終，通其脈絡，因事以核其義，據義以斷其事，參稽互考，融會全經而折衷之，勢必有疑其義而害其事，否則執其事而害其義。又且不然，於此則以為褒，於彼則以為貶，舞其文而事義俱害，不免如前人之所譏者。至于官名地名人名之舛異、歲時日月之偽傳，於當世事實不能縷析條分，則於聖人筆削之旨必不能推求詳盡。類例愈繁，大義愈隱，而微言不且愈晦哉？海昌朱樵叟先生，著有《春秋測微》十三卷，埽除一切穿鑿附會之弊，以經解經，經有者不敢疑，經無者不敢信。第一卷備記王朝列國年系諡號，附

及諸卿氏族，可以得時勢之詳。十二公各為一卷，備載經文事實，兼註地名
嗣世，可以探筆削之意。其說以《胡傳》為宗，而於《傳》之深刻過當者時
為糾正。如天王使宰渠伯糾來聘即駁貶而書名之說，公敗齊師于長勺即駁詐
戰曰敗之說，晉殺其大夫陽處父即駁君與臣同殺則稱國之說，吳子使季札來
聘即駁去公子責其讓國之說，齊人來歸鄆讙龜陰田即駁聖人自序其功之說，
若斯之類，不可殫述。大旨主於簡易正直，言必有本，意必持平，酌情理之
中，而立褒貶之準，不肯依附牽就致蹈強經從傳之習。至其於夏時冠周月之
說，則謂不應匹夫竊議禮之柄；於杞滕稱子，則謂《春秋》無黜陟諸侯之理；
於趙盾則數以三罪，謂司馬昭之不若，而辨左氏「為法受惡」之誣；於歸生
則斥其畜老為戲言，而據鄭人斲子家之棺之事，定為謀逆之首惡。大義凜然，
足以翊綱常而扶名教，深有合於別嫌疑、明是非之微旨。又以莊公二十七年
公子友如陳未復，至閔公元年始歸，揆以當日情事，及《左傳》請復季友使
召諸陳之文，信而有徵，尤發前人所未發。視彼逞私見而汩聖經與拘舊說而
昧新義者，相去奚啻倍蓰，固《春秋》家所當寶貴矣。先生是書，初上秘府，
世間未有刊本，學者無由得見。今先生裔孫半塘刺史來宰六合，將附其書於
剞劂氏，遂得先生手錄本而讀之，竊幸見先生親筆之書，有若親炙先生之門，
且喜先生子孫克承家學，並能廣先生之傳，益信能發聖人之微言者，其後決
不憂式微也。爰不揣固陋，謹述大凡於簡端，併以質諸半塘。道光庚子林鐘
月既望，皖松後學田浚敬識於六峯書院。

◎春秋測微跋：吾師朱半塘先生以其曾祖樵叟老人所著《春秋測微》十二
卷屬埙校正譌脫，將付之攻木氏，埙襈取說《春秋》之書，比而讀之以審其異
同。既卒業，復於師曰：謹案《春秋正義》述漢嚴氏《春秋》，引《觀周篇》
云：「孔子將修《春秋》，與左邱明乘如周，觀書於周史，歸而修《春秋》之經，
邱明為之傳，共為表裏」，則造膝之言不誣也。以經考之，如鄭伯克段于鄢、
天王狩于河陽、許世子止弒其君買、衛侯出奔齊、晉趙鞅入于晉陽以叛、齊豹
曰盜、三叛人名以及公薨以不地見弒、師以戰見敗、公夫人奔曰孫、內殺大夫
曰刺、吳楚不書葬、宋盟先晉之類，非讀《左氏傳》，烏知為聖人之所修哉？
桓譚《新論》云：「《左氏傳》於經，猶衣之表裏，相持而成。經而無傳，使聖
人閉門思之，十年不能得也。」旨哉言乎！《公》《穀》雖義例精嚴，而比附
日月頗傷繁瑣，然遺文隊緒尚有存焉。唐人始束三傳於高閣，而肛說滋矣。宋
胡文定公《傳》為經筵進講之書，大半借題發揮，自成一說，而攻之者蠭起，

蓋是非之心不可沒也。是書大旨宗左氏，而兼采公穀及諸儒之說，雖頗右《胡傳》，然駁議者一百數十餘事，且指其失曰迂曰鑿曰：「此胡氏之《春秋》，非聖人之《春秋》」，深切著明，殆擇善而從，不苟為同異者與！至其詞旨淳實，不為橫騖別驅之習，尤《春秋》家所不可廢之書也。

　　◎提要：是書前冠以《王朝列國世次族系》一卷，經文則一公為一卷。其說多主《胡傳》而稍糾其刻酷過當之論。然《胡傳》之所未及而奇齡從而鍛煉者亦復不少。大旨以意揣量據理斷制而不信《左氏》之事實，故往往不考典不近情理。如左氏稱聲子為繼室，此娣姪之名，而奇齡見今人繼妻稱繼室，遂謂聲子為嫡妻，而隱公為嫡子，稱其當立。《胡傳》指滅項為季氏已為不考，然尚無主名，奇齡遂歸獄於行父，以執政在文公之世者移之僖公之世。如斯之類皆失之不考。至於「葬衛桓公」一條，謂桓之為諡不宜加於衛完，閔其未有失德不忍加以惡諡，故《春秋》因之。然則儻有失德，孔子當為改惡諡乎？「戎伐凡伯」一條，本在衛地，乃責魯失於防送，以境外之事責之主人。然則凡有使臣，皆當大具甲卒，衛入本國而後返乎？以此說經，恐非筆削之旨也。其所自信在於以經解經，然說「刺公子買」一條，言「魯無殺大夫者惟此一事」，則未檢成公十六年又刺公子偃也。其說「刺公子偃」一條，謂「刺者非明正其罪而隱殺之之謂」，則又未檢「刺買」一條，經書「不卒戍，刺之」，傳亦「以不卒戍，說於楚」，固明正其罪也。是亦難言以經說經矣。

　　◎《浙江採集遺書總錄・乙集・經部・春秋類》：《春秋測微》四冊（寫本），右國朝海寧朱奇齡撰。以《左氏》之例非《春秋》之義為辨正之。因參取《三傳》及胡氏之說以推測書法微義。卷首考王朝列國世次及世族，俱列焉。

　　◎朱奇齡，字與三，號拙齋、樵叟。浙江海寧人。朱朝琼子。康熙三十年（1691）貢生。屢試不中，刻意以古文自任。著有《周易測微》（一名《周易蠡測》、《易經蠡測》）二卷、《春秋測微》九卷、《續文獻通考補》、《拙齋集》五卷。

朱乾　春秋纂傳　佚

　　◎許瑤光修，吳仰賢等纂光緒四年《光緒嘉興府志》卷五十二《列傳三・秀水縣》：著《四書集成》《春秋纂傳》《關中雜記》《奏議選》《管子訂譌》《文選訂譌》《周禮正譌》《楚詞古音》《蓮嶽臥遊》《水經注箋》《揚雄年譜》《考定三略》《樂府正義》等書（《朱氏家乘》）。

◎許瑤光修，吳仰賢等纂光緒四年《光緒嘉興府志》卷八十《經籍一》：朱乾《春秋纂傳》（《朱氏家傳》）。

◎朱乾，字贊文。嘉興秀水（今浙江嘉興）人。乾隆六年（1741）拔貢。館大興朱氏，故學士朱筠、尚書朱珪皆嘗受業焉。性孝，飲食必思親。暮年主講鴛湖書院。七十一齡丁承重祖母于氏艱，猶哀毀骨立。著有《周禮正譌》《春秋纂傳》《四書集成》《關中雜記》《奏議選》《管子訂譌》《文選訂譌》《楚詞古音》《蓮嶽臥遊》《水經注箋》《揚雄年譜》《考定三略》《樂府正義》。

朱聲越 春秋輯注 佚

◎光緒《湖南通志》卷二百四十六《藝文志》二：《春秋輯注》，湘潭朱聲越撰（《縣志》）。

◎朱聲越，湖南湘潭人。著有《春秋輯注》、《學庸要義》。

朱石麗 春秋讀本 佚

◎光緒《湖南通志》卷二百四十六《藝文志》二：《春秋讀本》，湘鄉朱石麗撰（《縣志》）。

◎朱石麗，湖南湘鄉人。著有《春秋讀本》、《峨峰雜稿》。

朱時顯 春秋集說 四卷 佚

◎道光《濟南府志》卷六十四《經籍》：《春秋集說》四卷，德平人朱時顯撰。

◎孫葆田《山東通志》卷百二十七《藝文志》第十：《縣志》云是書藏於家。

◎葛周玉《般上舊聞・先輩著述》：未梓，不知存否。

◎民國《德平縣續志》卷十二《藝文志・著作》：朱時晦〔註99〕，《春秋集說》四卷藏於家。

◎朱時顯，字宗晦，號文泉。山東德平人。順治五年（1648）歲貢。歷官安東衛教授。著有《春秋集說》四卷。

朱軾 春秋鈔 十卷 首一卷 存

國圖、天津、保定藏乾隆元年（1736）刻本

〔註99〕原文如此。

康熙乾隆刻朱文端公藏書本

四庫存目叢書影印康熙乾隆刻朱文端公藏書本

復旦大學 2021 年彭林主編朱軾全集點校本

◎摘錄卷首《總論》：

孔子曰：「我欲載之空言，不如見之行事之深切著明也。」時至春秋，大道隱矣，聖人周流列國，所進說於人主及退而設教與七十子之徒講習而討論者，無非闡明堯舜禹湯文武相傳之心法，而聖人以為是皆載之空言也。今夫名山大川，遊覽所不至，考之記載，而知某水某丘之珍奇光怪，心焉慕之而未之信也。有繪圖示之者曰：「此某水某丘之勝也」，雲霞之蒸蔚變幻，鳥獸草木之珍奇光怪也，則不啻親履其地矣。《春秋》之作，二百四十年之圖畫也。言道者曰：「如此則忠，如此則孝，如此則不忠不孝」，而為天理王法之所不容，智者喻而愚者懵焉。比讀《春秋》，乃知若而人之甘心不忠不孝如是也，若而人之陷於不忠不孝而不自知如是也，微惡必懲，隱慝必誅，天理王法昭然不爽如是也。於是善者謹覆轍、凜殷鑒；不善者如照秦鏡，自見其形容，自呈其心術，儼然刀鋸斧鉞之刺於心而幾於身矣。程子曰：「五經如藥方」，《春秋》猶用藥治病，方書所載某方祛寒某方已熱，盧、扁未敢信其必然也。迨用某方投某病而果無不效也，斯庸醫知所遵循矣。《春秋》對症施藥方，則堯舜禹湯文武之所傳授也。孔子酌而劑之，以適於用，而三百四十年風魔妖妄之疾霍然起矣。

《朱子語類》云：「孔子作《春秋》，據他事實書之，教人見得當時事是如此」，又曰：「聖人不過直書其事，而義自見」，果爾，則齊桓晉文之事，舊史具在，孔子之作，不幾多事乎？且晉之《乘》、楚之《檮杌》皆勸善懲惡之書也，何必魯之《春秋》？又曰：「以日月名字上寓褒貶，聖人不解恁地細碎。且忽用此說以誅人，又用此說以賞人，使人求之而莫識其意，是後世弄法舞文之吏之所為也。」案《春秋》編年之書，雖無事，必備載四時。至事有以日計者則書日，不可以日計則書月，不可以月計則書時，原無關於是非之義也。若書人書爵書名書字，則魯史舊文也。孔子曰：「吾猶及史之闕文」，蓋言史官之慎也。韓宣子聘魯，見《易象》《春秋》，曰：「周禮盡在魯矣」，是《春秋》舊史典禮昭然，非他國可比。若忽而書名忽而書字，絕無取義，信筆記錄，雜亂

無章。即晉《乘》、楚《檮杌》，未必如是草率也。況孔子作《春秋》以教天下萬世，肯任舊文之參差而不為校正乎？蓋以官爵名字寓褒貶，乃史官定例。聖人據事考義，可因者因之，不可因者改而正之，閒有變例，或予之爵謚以重其罪，或責備賢者而嚴其辭，是皆確乎有據，無可疑者。若義不可通，則簡編之誤，闕之可耳。蓋經文從三傳錄出，而三傳所載字句時有參差，先儒謂由口授數傳而後不免訛誤，今必欲逐字引例，委曲以求其同，則鑿矣。

　　史家編年記事，有綱有目，綱斷而目案也。事之本末，目已詳矣，乃酌理原情，斷以片言而獄成焉。後之讀史者，不得於綱而稽其目，猶有疑焉，則究隱察微，更進一解，而是是非非之精意出矣。孔子之所修者，綱也。目以記事，無俟聖人之筆削。後人因非孔子所定，遂從而佚之。目佚而傳作，傳即目也。左氏詭異浮誇，無當於聖人之取義，而事之不泯，猶賴有此。論者謂屬辭比事《春秋》教也，魯桓弒於齊，而莊公主齊婚，與齊人狩。大無麥而築郿，告糴于齊而新延廄，凡此皆比而觀之，而美惡自著，何必詳其事而後見其義乎？然與其窮原竟委而後知，何如一見瞭然之為善？況有尋究而必不得其故者乎？乃謂盡去諸傳而後《春秋》之義明，何其謬也。吾謂註《春秋》須將三傳及《前編》等書撮其記錄事實者列於逐條之下，以補《春秋》之目，然後另講書法以求其義，斯聖人之微旨著矣。至記言，屬辭比事，謂學《春秋》而得其義則能比勘事之是非，斷以辭而親切允當，非謂讀經者當比事而觀也。至前略而後詳、此隱而彼著，由後遡前，即此推彼，凡書皆然。況《春秋》編年記錄，隨其月日所有之事而繫之，有一事而散見於各年各月者，又有數事而相為本末終始者，自必博觀廣覽，乃能融會貫通。然《春秋》謹嚴，一句一字具有精義，如天地之廣大周徧，脈絡經緯固自比密，苟非逐字逐句體認真切，又安能博觀廣覽融會貫通乎？

　　《春秋》明天道，修人紀，撥亂反正，辨名定分，天子之事也。天子之事惟天子能行之，惟聖人能言之。周衰王迹熄，天子不事其事，孔子作《春秋》言天子之事，非事天子之事也。論者乃謂孔子以匹夫假二百四十年南面之權，謬矣。亂臣賊子人人得而誅之，誅之者，正其罪也。殺人者可殺，非士師而殺之，是亦殺人也。以亂易亂，《春秋》之所禁也。然則所謂人人得而誅之者，權在則誅以斧鉞，權不在則誅以言。誅以斧鉞者天子也，諸侯奉命討賊可也。誅以言者，凡能言者皆得而誅之。亂臣賊子，智巧足以飾非而謝過，而言者方攻其隱而誅其心，雖幸而苟免於身，而一字之誅嚴於身後，此亂賊之所以懼也。

或曰亂臣賊子天理良心滅絕已盡，何有於一字之誅而懼而不為乎？曰：天理良心如何滅絕得盡？亂賊之人未有不諱其為亂賊者，孟子曰：「邪說暴行有作」，邪說者，暴行之所自來也。桓之弒隱，由隱之讓也。惠公以桓為適，隱公亦以桓為適，遂自以為適也。桓方信羽父之反譖，以為隱將據位而殺適也，是以弒也。以桓為適者，邪說也。又如闔廬之弒王僚，曰：「我王嗣也，僚安得立？」不知僚已儼然君也。衛輒之拒父也，曰：「不得父其父，即不得子其子」，雖子貢之賢猶疑之甚矣，邪說之誤人也。暴行之作，由惑於邪說。至陷大惡而不自知，又或甘心為惡而託邪說以自掩，邪說不放則大義不著，此孔子之所以懼也。呂氏曰：「邪說暴行，天下所同聞見，而孔子獨懼焉，何也？手足風痺，雖加答箠，頑然而不知痛。無疾之人，一毫傷其膚，固已頻蹙慘怛，中心達於面目。人皆風痺，而孔子獨無疾，是以懼也。」《春秋》成而亂賊懼，猶倉佗和緩療以鍼石，血氣流注，復知痀癢也。故曰「知我者其惟《春秋》，罪我者其惟《春秋》」，知者懼也，罪者亦懼也，盡天下之人無不懼，則人心正而庶民興，邪慝無由而作，猶之倉佗療疾，先驅風邪而後鍼石可施，至血脈通而元氣復，外邪又不待屏而自消矣。

　　黃氏曰：「《春秋》，教戒之書，而非褒貶之書也。」愚謂褒善貶惡，正聖人所以教戒也。善不褒何以教，惡不貶何以戒乎？然聖人善善長而惡惡短，情有可原，雖罪必矜；事有可取，雖微必錄。邵子謂《春秋》為聖人之刑書，蓋本欽恤為平允、堯舜刑期無刑之意。程子曰：「五經之有《春秋》，猶法律之有斷例也」，又曰：「《春秋》，百王不易之法，乃文質之中、寬猛之宜、是非之公也。」自昔論《春秋》者，無過此數言之親切。蓋五經所言文質也、寬猛也、是非也，酌其宜而準於中，以合乎天理人心之公，而為百王不易之法者，《春秋》也，故曰猶法律之有斷例也。

　　《春秋》之法，專治諸侯。諸侯治則天子尊，統一而分定，上下各得其所，而僭竊爭鬬之患息矣。故曰「《春秋》天子之事也」。然諸侯受治於天子，而天子又受治於天，芸芸者皆天產也，而大君為宗子，故尊其號曰天王。王，尊也；子，親也。凡所以繼天立極者，無非奉若天道，天子之事即天之事也。周衰王迹熄，孔子作《春秋》，昭王法，明天道也。

　　朱子曰：「聖人只欲備二百四十年之事，若硬說那個字是舊史那個字是聖筆，如何驗得？」愚案文以記事，而義即於是乎見。孔子曰：「其義則丘竊取之」，義於何取？於文乎取之也。若曰文盡從舊，吾不知孔子之所取義又安在

也。舊史豈盡無當？但微顯闡幽，當名辨物，非聖人不能。是故有一字而兼數
義者，有數事而合為一義者，有逐字取義者，有取義在一字者，有以實字取義
者，有以虛字取義者，有取義在一事而因他事者，有取義不於本文本事者，有
假之名而諱其實者，有嘉其事而恕其情者，有著其功並錄其罪者，有略其罪而
大其功者，凡此皆聖人之筆，雖游夏不能贊，況史官乎？一字而兼數義者，如
鄭伯假許田，許田也而可假乎？罪公也，罪鄭伯也，然第曰假耳，公非予也，
鄭非取也，暫假焉耳，所以寬公之罪寬鄭伯之罪也。曷寬乎耳？凡假物於人者，
將以還諸其人也，此又聖人開二國遷善之門也。數事合為一義者，如文十八年
子卒，前書公子遂、叔孫得臣如齊，後書夫人歸于齊，又書季孫行父如齊，總
以明魯臣之謀廢立，子之卒，卒於弒也。逐字取義者，如鄭伯克段于鄢，曰鄭
伯，罪伯也；曰克，力勝而去之也；曰段，路人也；于鄢，操之亡蹙也。取義
在一字者，如一國以數國之師，以者，不以也，以人與以於人皆非也。以實字
取義者，如天王使宰咺來歸惠公仲子之賵，曰天王曰宰何其鄭重也，曰惠公仲
子微也，歸賵之非不待言矣。以虛字取義者，如公自京師遂會晉侯云云，曰遂，
重朝王也，而魯侯無君之罪著矣。取義一事而因及他事者，如春王正月本以編
年見尊王敬天之義，而繫時於王正之上，又寓行夏時之意焉，若曰此建子之春
乃時王一歲之首月改故時移，非帝出乎震之孟春也。取義不於本文本事者，如
桓宣書有年，明他年之常歉也。假之名而諱其實者，如晉文召王而曰王狩，以
狩為名，諱召也。仍其名而書之，名之所關者大也。嘉其事而恕其情者，如莒
去疾自齊入于莒，志存乎得國也。去疾入而展輿奔，展輿弒君之賊也，聖人嘉
去疾之能討賊，而繫以國，明去疾之宜有莒也。著其功並錄其罪者，如楚殺陳
夏徵舒，嘉討賊也，又書楚人入陳，貶也，功過不相掩也。大其功而略其罪者，
如首止之盟，諸侯會王世子近於要君，然定世子之功大，故不以要君罪齊桓，
功足以掩過也。大抵事之是非昭然共見者，只直書其事而義自見。其有事小而
所關者大，亦或似是而實非者，名字爵秩予奪褒貶之外，必抑揚高下其辭，使
人玩味而得其是非之實。直書其事者，舊史已明則仍之，有辭義未顯者則達之，
其高下抑揚，使人玩味而得其是非者，皆聖筆也。學者讀《春秋》，但將隱桓
二公時事細細體認，確然有見於褒貶予奪之例，則二百四十年治亂得失之故，
與夫聖人筆削之苦衷，瞭然在目矣。蓋隱桓世遠，《春秋》所紀較他公為略，
然壞法亂紀、滅倫絕義之事實始於隱而熾於桓。如盟蔑、盟宿，私盟之始也；
蔡伯來，私交之始也；會戎于潛，外交之始也；入向、入極、取牟婁，入國取

邑之始也；鄭人伐衛，諸侯專征伐矣；無駭帥師，大夫專兵矣；考仲子之宮，嫡妾紊矣；戎伐凡伯，天尊地卑之義亡矣；瓦屋之盟，伯主所由興也；宋陳蔡衛會伐，諸侯之黨所由分也。至於桓而君臣父子昆弟夫婦之常經敗蔑幾盡，蒙羞忍恥，靦然在位者十八年，卒喪身於逆姜之手，惡莫惡於是，醜莫醜於是矣。況乎宋督弒君，以賄賂而得免；鄭突篡位，結強鄰以自固。王師敗績於鄭，天王僅以身免，王綱終於不振，齊魯宋衛紛紛誓盟，朝修好而暮興戎，人心世道之壞，終春秋之世，不過如是而已。學者於此，考訂詳而體察精，全經之微言大義盡在斯矣。

《左氏》紀事最詳，《穀梁》取義較切，《公羊》不及二傳，然亦有《左》略而《公》詳、《穀》泛而《公》切者，此三傳所以並存而不可缺者也。《胡傳》於天理人欲之介辨之極精言之最篤，而梳櫛義例直捷痛快，有《春秋》謹嚴之義焉。然有時用意太過，取義太深，又或旁見側出，而於本條反多遺漏。蓋文定輔成君德，挽回人心之苦衷，勤勤懇懇，言之不足而長言之，非若杜、林、何、甯之釋經但取尋章摘句已也。

《胡傳》於征伐會盟聘問無大關係者多不釋其故，三傳亦時有缺略。蓋當日諸侯強陵弱、眾暴寡，而寡弱之國又每不度德量力而干犯強大，一言以蔽之，曰無名之師也。至會盟聘問，無非趨勢附利，朝恩暮怨，機械變詐，不可端倪。文宣以下，大夫專政，作威作福，惟所欲為，又不待求其故，而知其悖理滅義，為王法所不容矣。凡如此類，聖人因舊史以垂戒，善無可褒，惡不待貶，讀者必尋究其所由來以合於褒貶之例，亦近於鑿矣。

或有問於予曰：「橫渠張子謂《春秋》乃仲尼所自作，非理明義精，殆未可學。若胡文定公，可謂理明義精者乎？」曰：是非予所能知也。雖然，《胡傳》本之程子，公私理欲之介，言之洞然，他書弗及，已於聖人筆削之旨茫然未有所知。惟恪守《胡傳》，間有辭旨未暢及鄙意所未安者，妄陳管窺之見，敢以質之學《春秋》而理明義精者。

◎提要：是編不全載經文，但有所論說者，標經文為題而注某年於其下。其敘雖稱「惟恪守《胡傳》，間有詞旨未暢及意有所未安者，始妄陳管窺之見」，然駁《胡傳》者不一而足。如「春王正月」即駁夏時之說、「伯姬歸於紀」即駁「諸侯親迎」之說、「州吁弒其君完」駁「不稱公子為責君」之說、桓公宣公書有年即駁變異之說、「諸侯盟於幽」即駁「首叛盟」之說、「楚宜申來獻捷」即駁「當力拒楚使上告天王」之說、「齊人侵西鄙，公追齊師」即駁「書人見

示弱書師見伏眾」之說、「陽處父救江」即駁「責晉不合諸侯」之說、「齊人弒其君商人」即駁「歸罪國人」之說、「楚子圍鄭」即駁「嘉楚討賊」之說、「新宮災」即駁「神主未入，哭為非禮」之說、「寧喜弒其君剽」即駁「廢立」之說、「叔孫豹會虢」即駁「尚信」之說、「公如晉至河乃復」即駁「從權適變」之說、「暨齊平」即駁「暨為不得已」之說、「季孫意如會厥憖」即駁「力不能加」之說、「盜殺衛侯之兄縶」即駁「歸獄宗魯」之說、「從祀先公」即駁「出於虎」之說，如斯之類不可殫數。所謂「恪守《胡傳》，蓋遜詞耳。至於攻擊《左傳》則頗傷臆斷。如以「鄭叔段糊口四方」為詭詞，謂「段果出奔，鄭莊豈置之不問」；以「戎伐凡伯於楚丘以歸」為「凡伯忍辱而自歸，非戎挾之以去」；以「楚執蔡世子有用之」為「猶後世執蓋行酒之類，斷無殺而用祭之理」；以哀公八年「宋執曹伯陽」為「未嘗滅曹」。揆之古書皆無佐證，核以事理亦未盡安。他如以成宋亂之說，從劉敞而駁杜預。然聖經之意正以始於義而終於利，兩節相形，其事婉而章耳。如直書先公之助亂，暴揚國惡，《春秋》無此法也。許叔入許，責其不告於王。不知乘隙復國，機在呼吸，往返告王，不衣冠而救焚溺乎？召陵之役，不聲楚僭王之罪，自以王樵之說為定，而必謂苟以去王號責楚，迫於大義，當無不從，似非當日之事勢。至首止之會責王世子不能為伯夷、泰伯，抑又強天下以所難矣。其持論大旨往往類此。雖駁《胡傳》，實仍在《胡傳》門徑之中，不及所作《周易傳義合訂》遠矣。

◎皮錫瑞《師伏堂駢文》第一種、第二種卷二《徵刻朱文端公藏書十三種啟》：昔夫子纂定六藝，分臚四科，武城傳其統宗，西河發其章句，而天圓禮問洪纖不遺，灑掃應對本末皆具，是知大學之教匪尚夫空談、小學之功不專於故訓。乃自東京宗高密、南宋禰新安，黨同妒真，因陋就寡。家崇鄭學，今文之傳遂亡；人坿朱門，義疏之緒幾絕。道墜千禩，弊同一軌，揆諸前賢之意，詎必專己自封？且紫陽晚訂禮經，於司農未敢置議，誠以據禮求理，斯實者非虛；沿流溯源，斯分者見合。乃師智自聖，妄談龍象之禪；嗜古過拘，誤信麒麟之鼓。操戈互競，佩劍相笑，不有魁碩，奚從折衷？高安朱文端公，學為帝師，勳具國史，明經青紫，俯視韋平；皓首丹鉛，上攀伏董。一行作吏，無廢下帷之勤；窮年焚膏，乃闡講幄之蘊。盛德赫晅，蚤耀寰區；遺書圭橐，足資來禩。必推其晷，有可陳焉。公以八卦之分肇自犧畫，十翼之作刱於龍蹲，而輔嗣清言徒供麈尾之執，圖南異學忽有龜書之授，羣言淆亂，折諸聖人，三爻夢吞，表其獨見，殫極理數，引申朱程，不載河洛之諸圖，尤徵別裁之微旨，

作《周易傳義合訂》十二卷。素王有作天子之事，既膺赤鳥之命，爰奮獲麟之筆。左氏凡例，或疑後增；當陽謬悠，云承舊史。兼綜三傳，標金鎖之名；獨抱遺經，逞玉川之臆。公篤信衰鉞，旁參權衡。錄其事實，大義不虛；尋其褒譏，微言胥顯。作《春秋鈔》十卷。夫子曰：「吾志在《春秋》，行在《孝經》」，長孫諸家，顏本斯授；魯國三老，口傳已軼。河間售偽，司馬獻疑。猥云孔壁之文，乃有閨門之句。公用草廬校定之本，坿易齋《管窺》之篇，意取兼通，間參《補義》，作《孝經朱氏學》一卷。禮也者人倫之軌範、經術之銓鍵，蒼姬應運，爰修官禮之書；元聖立制，實參夏殷之法。縣蕝儀習，赤龍肇興，石渠制稱，白虎議奏，高堂傳禮，小戴述記，鄭注陳其署，孔疏發其詳，而殊時異宜，聚訟多惑。昌黎好古，猶曰難行；正叔集說，未能悉定。公本徽國之家禮，著為《節署》。宗臨川之《纂言》，抒其心得。蓋朱吳功兼攷證，非飾虛車。文端學主朱吳，兼收斷簡，斟酌漢宋，取其可安，貫通古今，要諸有用，性道之旨不薄夫《容經》，曲臺之辭未湮於《理窟》，作《儀禮節署》二十卷、《補禮記纂言》三十六卷。又以信都之《記》文由叔孫之撰置，黃門之訓瑕不掩瑜，藍田之書禮通於易，《家範》述宋，禮翼纂明，方諸《內則》《少儀》抑亦支與流裔。能修質行，何讓萬石之純；若揚民風，詎止一門之瑞？校定《大戴禮記》《顏氏家訓》《張子全書》《溫公家範》《呂氏四禮翼》五種。史肇西京，爰紀循吏；記出東觀，始標名臣。龍門刱儒林之稱，魚豢改儒宗之號，全史汗漫，未易披尋，非藉篇章，曷由趨步？公喉衿羣籍，萌柢百家，擇所依歸，加之諭論贊，文章道學息門戶之爭，牧令公卿取龜鑑之法，編定歷代名儒、名臣、循吏三傳。盛矣哉！言為模範，近而易行；文如菽栗，美而可飽。禮堂寫定，無憾事之留；考亭通解，有功臣之目。錫瑞主講經訓，獲覯藏書，鑽仰靡窮，服膺無間，乃知衛武耄學，斯膺睿聖之名；蕭傅立朝，不墜經生之業。而赤眉挺亂，青編煨燼。羽陵蠹化，莫問秦灰；竹簡書亡，難尋汲冢。今將重付剞氏，廣遺後賢。當懸國門之金，庶貴洛陽之紙。名山之藏可發，共十三種而非奢；經世之學在茲，更千百年而不朽。

◎朱軾（1665～1736），字若瞻，又字伯蘇，號可亭，諡文端。江西瑞州府高安縣艮下村（今高安市村前鎮艮下朱家村）人。歷仕康熙、雍正、乾隆三朝，官至太子太傅文華殿大學士，兼吏兵二部尚書，為乾隆帝師，卒後乾隆帝御賜「帝師元老」。著有《周易傳義合訂》十二卷、《周易註解》、《周禮註解》、《儀禮節要》二十卷、《春秋鈔》十卷、《春秋詳解》、《史傳三編》五十六卷、

《歷代名臣傳》、《歷代名儒傳》、《歷代循吏傳》、《輶車錄》、《廣惠編》，與撰《駁呂留良四書講義》八卷，注有《孝經》十卷。

朱軾 春秋詳解 佚

◎《大清一統志》卷三百二十五《瑞州府‧人物》：朱軾（高安人。康熙甲戌進士，授庶吉士，改知潛江縣。入為刑部主事，累遷至通政使，巡撫浙江。雍正初，擢左都御史，入直上書房，尋授文華殿大學士。時與營田水利，以軾視事，凡設施籌畫，悉合地宜。乾隆初，疏言直省大吏，爭以開墾為功，實就熟田加增稅額，虛報升科，小民不勝苦累，請清查核實以革厥弊。又言法吏多逞鍛鍊之長，希著明斷之號，宜加警黜。吏治煥然一新。卒諡文端，入祀賢良祠。遺疏謂理財以斥浮言為要，用人以辨邪正為先，語極懇至。所著有《周易注解》《儀禮節略》《春秋詳解》《歷代名臣／名儒／循吏傳》《輶車錄》《廣惠編》諸書）。

◎袁枚《小倉山房詩文集‧文集》卷二《神道碑‧文華殿大學士太傅朱文端公神道碑》：所著有《春秋詳解》、《三禮纂》、《名臣／循吏》等傳。

朱栻之 春秋表 二卷 存

南京、新疆維吾爾自治區藏清刻本

◎朱栻之（1786～1844），字仁山。浙江海寧人。道光二年（1822年）進士。書齋名載福堂。著有《春秋表》二卷、《星新經》一卷。

朱書 評點東萊左氏博議 四卷 存

◎民國《宿松縣志》卷三十二上《藝文志》一：《評點東萊左氏博議》，清朱書著（鄔《志》。清怡館重刊本）：杜谿先生名重海內，有清二百餘年，邑人士無或敢謂步先生清塵者。蓋泰山北斗之見尊仰於士林也，亦已久矣。《通志》入儒林，人物前邑志清人而列理學者，僅書一人，今從《通志》列《儒林傳》。書著述等身，以友人桐城戴南山獲罪，故文字牽連，致多湮滅。其幸存者，《通志》著錄數種，獨此編缺如。豈以原書為非傳注說經體耶？《四庫總目》亦列祖謙是書並張成招注，麗於經部《春秋》類。則夫評點是書，即以東萊之發擄左氏者，轉發擄東萊，亦未為不可與注家同部而居也。且書意在取東萊浩博之文，庸以救學者浮偽之病。因復呈東萊閎大失居之病，期協於義理中正之規，評論故多洞見癥結。自敘稱「不止於疏明旨趣、示學文課試之程而已，間有辨駁，繩其未能全合於道者，所以辨駁皆義理也。若文則實有不可得而廢者」云，

又謂學者之道在於精義而立言之法貴乎反經，有以窺聖人之意，而不失乎人心之所同然，凡此皆所以發評之體要斯在也。故知是編評點非復明人時文手眼習氣，若穴見鄙生動以丹墨狼藉誣衊夫經傳，是則東萊之賤儒也。東萊主辦義不主瑕瑜文章，故絕無此病。原刻舊本久佚，道光間邑進士石廣均重梓於清怡館。咸豐兵燹，版燬，僅孤本尚存。近有朱張合評坊刻本，學者多能道之。

◎朱書（1654～1707），一名世文，字字綠，號杜溪。安徽宿松人。康熙四十二年（1703）進士。授翰林院庶吉士、編修。與戴名世、方苞過從甚密。著有《評點東萊左氏博議》四卷、與修《佩文韻府》。

朱泗 廣春秋左傳評選 佚

◎道光《徽州府志》卷十一之四《人物志·文苑》：所著有《四書宗正錄》《學庸續註》《易經續註》《周易說意》《廣春秋左傳評選》《秦漢衡書》《戰國策論鋒》《唐宋八家評選》《淡雲閣古藝》等編（道光《續歙縣志》）。

◎民國《歙縣志·儒林》卷七《人物志·文苑》：著有《淡雲閣四書宗正錄》《學庸續註》《易經續註》《周易說意》《廣春秋左傳評選》《秦漢衡書》《戰國策論鋒》《唐宋八家評選》《淡雲閣古藝》等編。

◎民國《歙縣志》卷十五《藝文志·書目》：《存易編》、《易經續注》、《四書宗正錄》《淡雲閣古藝三種》（俱朱泗）。

◎朱泗，字素臣，安徽歙縣塌田人。歲貢生。朱子嫡後。學粹行端，士林旌式。著有《存易編》《易經續註》《周易說意》《四書宗正錄》《學庸續註》《廣春秋左傳評選》《秦漢衡書》《戰國策論鋒》《唐宋八家評選》《淡雲閣古藝》等。

朱泰貞 〔註100〕 公穀二傳箋 佚

◎許瑤光修，吳仰賢等纂光緒四年《光緒嘉興府志》卷八十《經籍一》：朱泰貞《公穀二傳箋》（《嘉禾徵獻錄》）。

◎朱泰貞，字道子。海鹽（今浙江海鹽）人。萬曆四十四年（1616）進士。官至監察御史。著有《禮記意評》四卷、《公穀二傳箋》。

朱瑋 春秋萃要 四卷 佚

◎光緒《嘉定縣志》卷二十四《藝文志》一《經部》：

〔註100〕 或著錄作朱泰禎。

《春秋萃要》四卷，朱瑋著。當塗夏炘序略曰：「是書所采自《三傳》注疏而外，由漢及今八十餘家，擇善而從。如宣十五年初稅畝，據經傳皆以為廢助行稅，未改什一之制，不從杜預、徐邈、朱子又稅私畝之說；哀十二年用田賦，據《國語》『征調之歲收：田一井稷禾、秉芻、缶米』，今每歲用其法征之，是為什二，不從諸儒軍賦口賦之說；成元年作邱甲，即左氏亦是增武備，不從杜預邱出田賦之說。皆足以決疑訂謬。」

子右曾跋略：「是書事主《左氏》，義主《公》《穀》，輔以諸儒之說。意所未安，申以己說。」

◎朱瑋，字季珩，號皋亭。江蘇嘉定（今屬上海）人。朱右曾父。諸生。著有《春秋萃要》四卷、《近瑟齋雜鈔》四卷、《因寄山房印存》二卷、《歸硯齋詩存》四卷、《歸硯齋文存》一卷。

朱文炑 春秋本義 佚

◎同治《瀏陽縣志》卷十八《人物》：其學以誠為本，以敬為宗，以精義集義為程途，以明體達用為究竟。後益彈心於《易象》、《春秋》，謂《易象》者內聖之學也，《春秋》者外王之書也，學不明《易象》無以窺道之全體，不通《春秋》無以極道之大用。由是博考精思，能於諸儒傳記註中上探聖人作經本旨。又凡天文曆算律呂方輿以及諸子百家靡不究其底蘊而區其得失異同……著有《大易粹言》《春秋本義》《中庸箋註》《五子見心錄》《聖學罪譯》。大章請遺稿於其母，僅存《易圖正旨》一卷、《五子見心錄》二卷、《從學劄記》一卷，長沙丁取忠為刊行。

◎劉人熙集《劉人熙集‧蔚盧劉子文集》卷二《朱睿甫先生傳》：生乾隆季年，民物康庶，天子稽古右文，搜羅巖穴，冢書蠹簡畢出，學者以訓詁考據相高，詆程朱為孤陋，晚進之士負高才而植朋高譽者，不謀而同辭。先生早棄科舉，博極羣書，而必原本六經，折衷濂洛，精思力踐，辨陸王似是之非，持論精審。先生著述有《大易粹言》《春秋本義》《三傳備說》《中庸箋》《玩罪述內外篇》，皆亡失。卒之日，胡君請其遺稿於母，僅存《易圖正旨》一卷、《五子見心錄》二卷、《從學劄記》一卷、序說書記若干篇。善化蕭仲虎先生顯寅，先生友也，序其遺書，授其高第弟子長沙丁秩臣取忠先生。再至湖北，丁君送至舟中，問故受《樂律中聲》之說者，梓其書行世。光緒初，鄉人之官於朝者，上其學行祀鄉賢祠。

　　◎曾國藩《曾文正公文集》卷一《朱慎甫遺書序》：瀏陽朱君文烺所為書曰《易圖正旨》者一卷、曰《五子見心錄》者二卷、曰《從學雜記》一卷、《文集》一卷。嘉道之際，學者承乾隆季年之流風，襲為一種破碎之學，辨物析名、梳文櫛字，刺經典一二字解說，或至數千萬言繁稱雜引，遊衍而不得所歸。張己伐物，專抵古人之隙，或取孔孟書中心性仁義之文，一切變更故訓而別創一義。羣流和附，堅不可易。有宋諸儒周程張朱之書為世大詬，間有涉於其說者，則舉世相與笑譏唾辱，以為彼博聞之不能，亦逃之性理空虛之域，以自蓋其鄙陋不肖者而已矣。朱君自弱冠志學，則已棄舉子業，而惟有宋五子之求，斷絕眾源，歸命於一，自六經之奧、百氏雜家有用之言，無不究索其終，折衷於五子……君之於學，其可謂篤志而不牽於眾好者矣。惜其多有放佚，如《大易粹言》《春秋本義》《三傳備說》諸篇，今都不可見。其僅存者，又或闕殘，難令完整。其《易圖正旨》推闡九圖之義，與德清胡渭、寶應王懋竑氏之論不合。山居僻左，不及盡睹當世通人成說，小有歧異，未為纇也。予既受讀終篇，因頗為論定，以詒鄉人知觀感焉。

　　◎同治《瀏陽縣志》卷十八《人物》：年十六，於儒書無所不讀，尤篤志性命之學，以宋五子為依歸。嘗曰：「讀書所以明道也，未有不同四子五經而能明道者，亦未有不明濂洛關閩之道而能通四子五經者。」其學以誠為本，以敬為宗，以精義集義為程途，以明體達用為究竟。後益殫心於《易象》、《春秋》，謂《易象》者內聖之學也，《春秋》者外王之書也。學不明《易象》，無以窺道之全體；不通《春秋》，無以極道之大用。由是博考精思，能於諸儒傳記註中上探聖人作經本旨。又凡天文曆算律呂方輿以及諸子百家，靡不究其底蘊而區其得失同異……所著有《大易粹言》《春秋本義》《中庸箋註》《五子見心錄》《聖學罪譯》共如干卷。大章請遺稿於其母，僅存《易圖正旨》一卷、《五子見心錄》二卷、《從學劄記》一卷，長沙丁取忠為刊行。

　　◎朱文烺，字眘甫，自號伊蔚子。湖南瀏陽人。道、咸間在世。平生致力於宋儒理學，以周、二程、張、朱五子為依。著有《易圖正旨》一卷、《大易粹言》、《春秋本義》、《三傳備說》、《中庸箋註》、《聖學罪譯》、《五子見心錄》三卷、《從學劄記》一卷、《眘甫文存》一卷。

朱文烺　三傳備說　佚

　　◎《劉人熙集・蔚盧劉子文集》卷二《朱眘甫先生傳》：先生著述有《大易粹言》《春秋本義》《三傳備說》《中庸箋》《玩罪述內外篇》，皆亡失。

朱文叔 左傳故事 十篇 存

中華書局 1931 年排印本

◎一名《兒童古今通左傳故事乙編》。

◎篇目：篇目：火燒綿山。年紀雖小見識很好。城濮之戰。燭之武退秦兵。殽之戰。我自己卻不能寬恕自己。狼瞫。齊懿公被弒。大度。趙盾故事。

◎朱文叔（1895～1966），浙江桐鄉濮院鎮人。幼就讀於翔雲書院，後入當鋪為學徒，工餘手不釋卷，獲資助入杭州省立第一師範學校，與豐子愷、楊賢江同學。畢業後赴日本深造。歸國後執教於杭州師範學校。1921 年入上海中華書局，任中小學教科書編輯，與纂修《辭海》。建國後先後任教科書編審委員會委員、出版總署編審局編審、人民教育出版社副總編輯。曾任私立梅涇中學董事會董事。著有《左傳故事》十篇、《深與淺》。嘗審校《現代漢語詞典》、校讀中央馬恩列斯著作編譯局《史達林全集》。

朱文熊 春秋經世論 十卷 存

南京藏光緒二十八年（1902）上海書局石印本

◎朱文熊（1867～1943），初字叔飛，後慕寧都魏叔子文，更字叔子。蘇州府太倉（今江蘇太倉）人。光緒副貢，後赴上海學習師範，出王祖畬之門，與唐文治為同門摯友。畢業後，郡中就婁東書院地址改設高等小學，延為校長。唐文治掌太屬中學，延為主任。又為南洋大學學監兼教職、無錫國學專修館教授。生平可參唐文治《朱君叔子墓誌銘》。著有《春秋經世論》十卷、《莊子新義》。

朱興悌 春秋論 六卷 佚

◎戴殿泗《風希堂文集》卷四《候選儒學訓導朱西涯墓誌銘》（代）：所著有《敬宗錄》一卷、《敬宗編》一卷、《西崖詩文鈔》八卷、《宋文憲年譜》二卷，其餘《金華經籍志》六卷、《春秋論》六卷、未刻稿數卷存於家……銘曰：浦陽之學，麟經最著。統例疑辨，尊王是務。浦陽之文，粲惟吳柳。百氏匯歸，潛溪是守。惟學惟文，府君繼之。大聲紹古，鬱律離奇。古風不墜，學行是抗。立誠於躬，辨義所向。無有二致，曰出曰處。亶心宪圖，繼承宗祖。人孰無本，人孰無支。義所當為，實惟孝思。中歲著述，鬱攸從之。暮年剚章，理學崇之。曰文曰詩，卓立炳炳。清談不窮，惟義攸秉。邵塢之岡，九九松楸。千齡不替，府君之庥。

◎黃靈庚、陶誠華主編《重修金華叢書提要・三編・集部》「《西崖詩文鈔》十二卷」：如其論《春秋》三傳異同得失，稱「大抵《左氏》說經略而敘事詳，《公》《穀》敘事略而說經詳。文富事核，莫若《左氏》；文質義精，莫若《公》《穀》，三傳之有功於麟經甚大，未可輕為軒輊」，可謂言簡而意篤。

◎朱興悌（1729～1810），小名祥，字子愷，號西崖。浦陽（今浙江浦江）城西樓樹里人。乾隆五十六年（1791）歲貢生，候選儒學訓導。子檀，邑廩生。著有《易說》二卷、《春秋論》六卷、《金華經籍志》六卷、《三國志筆錄》五卷、《隨筆》一卷、《敬宗錄》一卷、《敬宗編》一卷、《西崖文鈔》八卷、《西崖詩鈔》四卷，與戴殿江合撰《宋文憲年譜》二卷，參纂乾隆《浦江縣志》二十卷首一卷。

朱學程補批 東萊先生左氏博議 二十五卷 存

北大藏光緒三十一年（1905）聚好齋朱墨套印本

◎宋呂祖謙原撰。

◎朱學程，字紹伊。江蘇寶應人〔註101〕。道光三十年（1850）進士。曾任安徽知縣。補批《東萊先生左氏博議》二十五卷。入民國，與馮煦同修《江蘇寶應縣志》。

朱亦棟 公穀札記 一卷 存

寧波天一閣博物館藏清刻本

光緒竹簡齋刻十三經札記本

◎許正綬《校官詩錄》：獻公經師人師，望若山斗。師錢嘉定，友邵二雲。

◎朱亦棟，原名芹，字獻公，號碧山。浙江上虞人。乾隆三十三年（1768）舉人。官平陽教諭。著有《易經札記》三卷、《群書札記》、《十三經札記》、《松雲樓稿》等書。

朱亦棟 左傳札記 二卷 存

國圖藏嘉慶二十二年（1817）刻十三經札記十二種二十二卷本

國圖、北大、清華、上海、復旦、湖南、北師大、華東師大、首都圖書館、藏光緒四年（1878）武林竹簡齋刻十三經札記本

〔註101〕巴中亦有朱學程字華庭。

寧波天一閣博物館藏清刻本

國家圖書館出版社2012年宋志英選編左傳研究文獻輯刊影印嘉慶二十二年（1817）刻十三經札記本

◎條目：

卷上：寤生（隱公元年）、小人有母皆（隱公元年）、宰咺歸賵（隱公元年）、初獻六羽（隱公五年）、晉鄭焉依（隱公六年）、實來（桓公六年）、諱名（桓公六年）、衛宣公烝夷姜（桓公十六年）、單伯送王姬（莊公元年）、紀侯大去其國（莊公四年）、息夫人不言（莊公十四年）、風馬牛（僖公四年）、風馬牛（僖公四年）、風馬牛（僖公四年）、風馬牛（僖公四年）、風馬牛（僖公四年）、穆棱無棣（僖公四年）、太伯不從（僖公五年）、虞不臘矣（僖公五年）、登臺履薪（僖公十五年）、薄而觀之（僖公二十三年）、鷸冠（僖公二十四年）、隧（僖公二十五年）、壺飧從徑（僖公二十五年）、室如縣罄（僖公二十六年）、貫三人耳（僖公二十七年）、苟入而賀（僖公二十七年）、獻狀（僖公二十八年）、行李（僖公三十年）、魯人（文公十五年）、鹿死不擇音（文公十七年）、公壻池（文公十七年）、八愷八元（文公十八年）、隤敳（文公十八年）。

卷下：葵能衛足（成公十七年）、徒兵車兵（襄公元年）、女樂二八（襄公十一年）、叔孫還（襄公二十五年）、三恪（襄公二十五年）、轡之柔矣（襄公二十六年）、使為君陶（襄公二十九年）、子皮與我（襄公三十年）、無寧菑患（襄公三十一年）、嘉樹（昭公二年）、曁齊平（昭公七年）、自幕至於瞽瞍（昭公八年）、先歸復所後者劓（昭公十三年）、鄭伯男也（昭公十三年）、華妵（昭公二十一年）、犧者用人（昭公二十二年）、太子諸樊（昭公二十三年）、萬者二人（昭公二十五年）、文武之世（昭公二十五年）、賦一鼓鐵（昭公二十九年）、范宣子刑書（昭公二十九年）、蔡叔（定公四年）、蔡蔡叔（定公四年）、犧象（定公十年）、王犯（哀公八年）、啇焉大國（哀公十七年）。

◎許正綬《校官詩錄》：獻公經師人師，望若山斗。師錢嘉定，友邵二雲。

朱右曾　春秋左傳地理徵　二十卷　佚

◎光緒《嘉定縣志》卷二十四《藝文志》一《經部》：

《春秋左傳地理徵》二十卷，朱右曾著。下同。據杜氏《地名譜》而進退之。杜以見經傳先後為序，此則先王次魯。凡如此類，其別有六：曰刪，刪此入彼也；曰移，移彼就此也；曰并，并其所誤分也；曰分，分其所誤合也；曰

增，舊無而今有也；曰衍，衍其重出也。定著國邑土地山川名一千二百八十一，闕者二百二十六，考其封域，詳其吞并，而係以漢及今之郡縣，并載形勝、水利、風土、分野。

《左氏傳解誼》三十卷，胡林翼、曾國藩序。自序曰：「服氏《左傳解誼》三十卷，亡於五代。乾隆中，惠棟、嚴蔚、王謩俱有輯本。今搜羅殘缺，益其所未及，兼取劉子駿、賈景伯、鄭仲師諸說補之。仍題曰《解誼》者，服注較多於三家也。」

◎朱右曾，字尊魯，一字亮甫。嘉定（今上海嘉定區）人。道光十八年（1838）進士。選翰林院庶吉士，散館授編修。官至貴州鎮遠府知府。精訓詁、輿地之學。著有《春秋左傳解誼》、《汲塚紀年存真》、《逸周書集訓校釋》等。

朱右曾 春秋左傳解誼 佚

◎光緒《嘉定縣志》卷二十四《藝文志》一《經部》：

《春秋左傳地理徵》二十卷，朱右曾著。下同。據杜氏《地名譜》而進退之。杜以見經傳先後為序，此則先王次魯。凡如此類，其別有六：曰刪，刪此入彼也；曰移，移彼就此也；曰并，并其所誤分也；曰分，分其所誤合也；曰增，舊無而今有也；曰衍，衍其重出也。定著國邑土地山川名一千二百八十一，闕者二百二十六，考其封域，詳其吞并，而係以漢及今之郡縣，并載形勝、水利、風土、分野。

《左氏傳解誼》三十卷，胡林翼、曾國藩序。自序曰：「服氏《左傳解誼》三十卷，亡於五代。乾隆中，惠棟、嚴蔚、王謩俱有輯本。今搜羅殘缺，益其所未及，兼取劉子駿、賈景伯、鄭仲師諸說補之。仍題曰《解誼》者，服注較多於三家也。」

◎郭嵩燾《郭嵩燾日記》光緒十六年九月初九日：王益開謀刻朱右曾《春秋左傳解誼》，屬其門人范荔泉（本禮）覓其稿本，范君以屬周莪卿孝廉（保瑋）求之，其書為朱公裔孫棟甫茂才所藏，言欲自持此書來湘謀一館，吾謂不如寄與三十金，令抄一份寄湘為妥。

◎莫友芝《郘亭遺詩》卷第三《寄朱亮甫（右曾）太守二首》：

馳書走檄趁飛烽，口授胥鈔十手慵。尚以分陰供著述，豈唯多算在心胸（太守總軍務局，夜分書檄之暇，常以一二時許整理所著《服氏春秋左傳解誼》）。聚師驛驛呼鄰省，兜剿狙狙盡選鋒。露布請君濡筆待，仁教沉首復耕農。

千林回曲萬山遮，其奈情多復地遐。久擬傳經依服慎，可能諛墓乞劉叉。
種松盈丈先防蟻，插柳經年已住鴉。世事轉丸須早計，何曾秋實勝春華。

朱元 春秋說約 十二卷 存

常山縣藏乾隆五十五年（1790）文會齋爍庚樓刻本

◎卷一前云：翥山朱元次亨氏編，星江王淦麗川氏較。

◎目錄：卷之一隱公。卷之二桓公。卷之三莊公。卷之四閔公。卷之五僖
公。卷之六文公。卷之七宣公。卷之八成公。卷之九襄公。卷之十昭公。卷之
十一定公。卷之十二哀公。

◎弁言：昔朱子曰：「周衰，王者之賞罰不行于天下，諸侯強陵弱、眾暴
寡，是非善惡由是不明，人欲肆而天理滅矣。」夫子因魯史而作《春秋》，代
王者之賞罰，是是而非非，善善而惡惡，誅奸諛于既死，發潛德之幽光。是故
《春秋》作而亂臣賊子懼。然則讀《春秋》不可不求其褒貶之所在也。自漢以
來，說者數百家，雖皆原本三傳，而意見各自不同。胡氏晚出，總三家紛紜之
說而錄其似，彙百家參差之論而采其長。義例炳然，袞鉞斯備矣。然聖人作經，
簡易明白，不以微曖難明之辭眩天下，不以操切繳繞之文誤後世，要以是是非
非、善善惡惡以昭人道而已。是故《春秋》化工也，隨物賦形，原無著相。若
持一曲之見索聖人之精意于一字而穿鑿之，則失經旨矣。欲求其折衷無弊，盡
善盡美者，惟我朝御纂《春秋傳說》，合諸子而集大成，本《胡傳》而酌精義，
于聖人賞罰褒貶之事，理既明析，論無過當，誠為萬世讀經者之楷模也。是編
援據，一遵其說而約之，取便讀也。于是以為舉業正宗云。乾隆五十五年桂秋
月，蔡生朱元識于漢陽旅舍。

◎摘要八則：

孔氏穎達曰：年時月日，四者史之所記，皆應具文。《春秋》之經，或時
而不月、月而不日，亦有日不繫月、月不繫時者，或史文先闕而仲尼不改，或
仲尼備文而後人脫誤，不可以此為褒貶。

啖氏助曰：《左氏》功最高，博採諸家，敘事尤備，能令百代之下，頗見
本末，因以求意，經文可知。

朱子曰：或謂《春秋》以為多有變例，所以前後所書之法多有不同。此烏
可信？聖人作《春秋》正欲褒善貶惡，示萬世不易之法。今乃忽用此說以誅人，
未幾又用此說以賞人，使天下後世求之而莫識其意，是乃後世弄法舞文之吏之
所為也，曾謂大中至正而乃如此乎？！

又曰：春秋亂世之事，聖人一切裁之以天理。想孔子當時只要備其事以為訓戒，故取史文寫在這裡，何嘗云某事用某法、某事用某例耶？

呂氏大圭曰：《春秋》穿鑿之患，大端有二：一曰以日月為褒貶，二曰以名稱爵號為褒貶。或曰其義安在？曰：從一赴告耳，有日月則書日月，名稱則書名，爵號則書爵，一因其實事而直書之，其義自見。

鄧氏元錫曰：莊、僖之世，禮樂征伐自諸侯出矣，《春秋》治諸侯，予其尊王者，奪其不尊王者，而後王統尊。文、宣而後，禮樂征伐自大夫出矣，予其尊君者，奪其不尊君者，而後王統存。桓、莊以前，列國之大夫，雖管、隰、狐、趙之勳不見于會盟，惟特使而與魯接者則名之，以大夫無繫乎天下之故也。雖先、郤、欒、胥之烈不見于侵伐，惟魯大夫之特將則書之，大夫惟繫乎一國之故也。大夫之名見于《春秋》，夫子之所恫也。大夫主盟自垂隴始，主兵自伐沈始，陪臣亦又微矣。《春秋》之法，陪臣之名不經見，是故陽虎入于讙陽關以叛經不書，書盜竊寶玉大弓曰：「是盜而已矣。」南蒯以費叛不書，書叔弓圍費；侯犯以郈叛不書，書叔孫仲孫圍郈。蓋治陪臣治大夫而已矣。

或問朱子曰：文定據孟子「《春秋》天子之事」一句作骨，則是聖人有意誅賞？曰：聖人只是因事而記，使後世因此去考見道理，如何便為是，如何便為不是。若說道聖人當時之意，說他當如此我便書這一字以褒之，他當如彼我便書那一字以貶之，則恐聖人不解恁地。

又問讀《春秋》之法，曰：只是據經所書之事迹，而準折以先王之道，某是某非，某人是底，猶有未是處不是底；又有彼善于此處，自將道理折衷便是。只是聖人言語細密，要人仔細斟量考索耳。

◎林枚臣先生論文二則：

一、文體。經藝與書藝不同，而《春秋》尤異。《春秋》之文，大概一意一題，第一要有斷制，如老吏斷獄，一定不移。又要有波瀾，如抽繭剝蕉，遂層深入。序事宜該而簡，不宜冗長；樹義宜確而精，不宜寬泛。立局則反正並用，不得混淆；分股則長短兼行，不得排比。扼要如射馬擒王，詠嘆如舟搖波蕩。遣詞當遵先正，力掃蕪靡；修句當思疏通，一洗腐套。至於寄傳雖當顧母，而映帶宜出天然。合題不離二偶，而對仗尤宜精工。題係理致，宜深入題局，如元年、秋七月等題是也。政事如中丘、肆眚等，宜透發題旨。王道如齊伐衛、夾谷至等，詞宜開拓。伯功如後盟幽、盟召陵等，詞宜赫奕。揄揚如救邢、城邢等，須得欣幸之意。感慨如救江、召陵侵等，須有傷嘆之情。思古如石門、

胥命等，要得追慕無窮。屬望如秦伐晉、吳札聘等，要得流連不盡。虛縮如會于曹、十二國伐鄭等，須含下不露。結穴如丁丑烝、公至自伐楚等，須照前摠承。正倫如伯姬歸、盟首止等，要說得激切。討罪如遂圍許、執曹伯歸京等，要說得正大。發明如鄭人侵宋、邾鄭伐宋等，止在釋經，須得意義明白。辨疑如齊鄭入郕、鄭公如齊至等，止在書法，須得反覆詰難。垂教如大水無麥苗、楚人滅蓼舒等，須得聖人因事以教後世，不必斷罪。垂訓如意如至自晉、朝吳出奔鄭等，須得聖人書事以戒後人，卻無褒貶。凡此之類，不能備述。總之作文要訣，體之經以求其書法，考之《左》《穀》以得其原由，倣之先輩以定其程式而已。

一、文格。最忌差路。格局軌度自有定式，若鋪張倒置，當斷不斷、當講不講，摠由格局不明之故。故先輩有歌曰：一破二承三起講，入事反意斷制當，七味八收并九結，此是作文格局樣。一定之式，皆具於斯。大約破題須扼題之要。試舉先輩「元年」破題云：「《春秋》首明君用，正君心以仁也」，可見以正心為君用是此題要領，餘可類推。至于題屬聖意者，破稱聖人，或稱聖經，或稱《春秋》；周王稱大君，周臣稱王臣；魯稱望國，其君臣稱內君內臣；齊、魯君臣稱伯主伯臣，餘稱外君外臣；秦、宋稱強國大國；陳鄭邾等稱小國、與國；楚、徐稱僭國，吳、越稱遠國，餘無稱呼者，當就題意發之，此一定破例也。承題係承明破意，或正或反，或分或合，摠以承得詳明為是，多不過三四句起，用此字或夫字、甚矣字，中間直言某國某人，或有書法收，宜點明，此一定承例也。起講，先輩不用，止有原題未免直致。今文皆有起講，然開口處當扣住題旨，渾發大意，宜簡短不宜冗泛，宜疏古不宜練詞，此正格也。或用起講數語為通篇開鎖，或就起講發問即為文脈來原相題用之，未必不可至。入事當敘明原委，宜倣《左氏》體，古峭見長。反意當翻剝本題，宜倣《公》《穀》體，詰辨取致。若斷制處，乃一篇之關鍵，發論貴有精思，方不單薄。立詞須有觔兩，方不浮夸。或整或散，或呼或應，摠以闡明聖意。通幅勝概，全在於此。既斷之後，正意已定，若非詠嘆收結，便覺意趣寂寥。或推開言之不必拘泥，或悠揚出之不用呆填。蓋通篇俱屬作者之語，惟結果是推聖人之心，故須點清方為完密，此一篇之大概也。至合題之格，兩扇雖屬正局，八比亦可分承。或單提數行後發兩比，或先發二扇後摠一收。總要于對偶中工力悉敵銖兩悉稱，方為得之。成法不過如此，神明應須作者。

◎朱元，字次亨。翥山（今江西樂平）人。著有《春秋說約》十二卷。

朱元英 左傳博議三編 二卷 存

山西、牡丹江、首都圖書館藏光緒二十四年（1898）上海掃葉山房鉛印本

◎朱元英（1659～1713），字師晦，一字荔衣，自號虹城子。上元（今南京）人。康熙四十八年（1709）進士，官編修。著有《左傳博議拾遺》二卷、《左傳博議續編》二卷、《左傳博議三編》二卷。

朱元英 左傳博議拾遺 二卷 存

北大、南京、中科院藏康熙刻本

乾隆刻春雨堂集本

上海藏道光刻本

國圖、黑龍江藏光緒四年（1878）金山錢培名刻小萬卷樓叢書十七種七十二卷本

北大藏光緒二十四年（1898）刻本

國圖藏 1914～1916 年上元蔣氏慎修書屋鉛印翁長森蔣國榜輯金陵叢書四集本

中華書局 2010 年叢書集成初編本

◎一名《左傳拾遺》。

◎自序：漢以來諸儒說經，安其所習，毀其不見，各是其師，互相爭擊，其於《春秋》尤屬聚訟。然《春秋》之義自孔子出，孔子沒而微言絕。當孔子作《春秋》時，孔門高弟如游夏不能贊一辭。降自高、赤，已多失其本義。況後世諸儒穿鑿經書，附會時事，宜其不足語也。英也讀經之下，玩其本文，考諸三傳，常有所不安矣。自顧淺學眇聞，不敢以諓諓之見窺測聖經，以為無所師承而妄為臆說，又諸儒之所笑也。嘗以《左氏》依經立傳，原本附末。或紀而不斷，與經相發，或遂論其得失，雖意不盡合於孔子，而其述國家興亡治亂、君臣暴弱賢奸、天道災祥吉凶、人事得喪善敗如見其圖，如示諸掌。自七國以後，史所載政事之根柢、人倫之變局、敗家亡國女子小人之情狀，具於是書乎見之，其亦可以觀矣。顧齊桓晉文之事、亂臣賊子之案與史官之大法，其崇論閎議可為法戒者，《左氏》著其什九。而其自相牴牾，或好事而失之誣者，後之君子皆能言之。英也竊取東萊呂氏之義，讀其書拾其所遺者，因而究焉。既不敢窺於孔子之牆，亦非以摘《左氏》之伏。蓋有觸於胸斯筆於簡，固自一人之見云爾。後之覽者，謂我借《左氏》以涉史，謹謝不敏；謂我因傳而測經，

則我之所不受也。今年夏客濟南無事，日有札記，月而要之，十二公共一百一十事，得文一百一十有一，錄為二卷，以俟君子。康熙四十三年秋九月，吳郡朱元英師晦甫書。

◎觀書有感：自從妙手詡空空，專向時文苦用功。誰知六經皆註腳，箇中滋味更無窮。竹坪氏題。

◎錢培名跋：右《左傳博議拾遺》二卷，仿東萊呂氏而作。馳騁文鋒不及呂氏，而持論則較和平。此書未有刊本，上元朱述之大令以家藏本寄眎，因梓之以廣其傳。咸豐二年季秋之月，金山錢培名賓之甫識。

◎左傳博議拾遺跋：右《左傳博議拾遺》二卷，上元朱師晦先生箸。先生名元英，一字荔衣。康熙己丑二甲一名進士，官編修，出李安溪之門。力學砥行，以紫陽為宗。是編仿東萊呂氏而作，安溪謂其大綱眾理，經經緯緯，靡不品酌於古今言事之度。同時若惠周惕、方望溪、張彝歎並推服之。《博議》中如管夷吾治於高傒一篇，略云世以管、商、申、韓並稱，不知三家者其源皆出於管子，而管子實異於三家。管子之治齊，周公、太公之遺意也，豈與三子同其功罪哉？！又云若王安石之學則真商、韓之適嗣矣，安石所為青苗、保馬諸法，管、商、申、韓所不為也。何則？四家實民而安石賊民；四家強國而安石亂國也。此議申管抑三家，而歸獄於安石，極有見地，足為世之矜言變法者戒。又《初稅畝議》有限田之制，而推其弊至於流民，謂流民者大抵皆無田傭佃之人也，無田則不足以有室家，無室家則鄉井不足戀，而豪暴得資之以起，故一人奮呼，應者雲集，漢之赤眉黃巾、唐之黃巢、明之流寇，蓋皆起於凶年而發於一二無賴之奸人，遂至於亂天下。其言絕痛，有王者起，或當師其意以行其制邪！鄉後學蔣國榜。

◎朱緒曾《開有益齋讀書志》卷一《左傳博議拾遺》：伯曾祖諱元英，字師晦，一字荔衣，自號虹城子。康熙己丑會試出安溪李文貞公門，二甲第一名進士，官編修。力學砥行，以朱子為宗，所著《牧民通考》《治平新語》《治河要略》皆散佚，惟此《左傳博議拾遺》二卷僅存。乾隆間采輯遺書，獲入《四庫全書存目》，然進本脫「博議」二字，僅稱《左傳拾遺》，非原本也。緒曾搜訪先世遺書，得公弟子戴太史瀚藏本，闕末數葉。後又得程徵君廷祚手錄，與戴本頗有異同，即自序中字句亦有異。戴、程俱云《左傳博議拾遺》，合兩本校之，則程為勝矣。外間別有一本，多圈點評語。聞先兄魯門太常卿（諱紹曾）云為王孝廉孚所增加，不足據。此書根柢政事，以史證經，訓詁辨

正，必有根據。季札觀樂，為之歌《小雅》，曰：「美哉，思而不貳，怨而不言，其周德之衰乎」，解「衰」字云：「差也，次也。《九章算法》謂差分為衰分。晉伯音之對王亦曰『遲速衰序於是乎在』，抑季子所云其周德之次乎。《小雅》為周德之次，猶《大雅》為周德之廣也。《小雅》者，或天子以饗元侯，或朝廷以燕嘉賓，季子安得衰之？」此「衰」字不作「盛衰」解，驟見之似為創論。緒曾按：杜元凱注「思而不貳」：「思文王之德，無貳叛之心」；「怨而不言」：「有哀音」；「衰，小也」。據杜注以衰為小，即差次之義。疏引服虔，此歎變《小雅》，以為周德之衰微。劉光伯是服而非杜。然傳但云《小雅》，不云變《小雅》，若《鹿鳴》《天保》《彤弓》《采薇》諸篇，安得云周室衰微？近餘姚邵氏瑛，云「衰」與「痿」同。《說文》：「痿，減也。」物漸微而漸少，故訓為小。《爾雅‧釋木》舍人注：「小，少也。」《論語‧八佾》皇侃疏：「小者，不大也。」以證杜氏訓小之義。孔沖遠謂「魯為季札歌《詩》，不應揚先王之惡以示遠夷」，以專主變雅為非。然杜元凱謂有殷王餘俗，故未大衰，說亦迂曲，不若此謂「《大雅》為周德之廣，《小雅》為周德之次」，最為直截明顯，可以補杜注之義，助孔疏之說也。伯曾祖為安溪所重，嘗稱其大綱眾理，經經緯緯，靡不品酌於古今言事之度，絕意以文采見長，而宏中發外，光氣之實未嘗稍掩抑。此書以史證傳，不為無用之言，同時如湯西厓、趙恒夫、惠周惕、方望溪、張彝歎，咸服其學識（咸豐二年，以稿本寄金山錢賓之培，刻於小萬卷樓）。

◎跋：伯曾祖諱元英，字師晦，一字荔衣，自號虹城子。康熙己丑科會試出安溪李文貞公門下。殿試一甲第一名進士，官編修。力學砥行，以朱子為宗。所著有《牧民通考》《治平新語》《治河要略》諸書，皆散佚。淮《左傳博議拾遺》二卷殘帙僅存，乾隆間采訪遺書，獲入四庫全書存目。然進本脫「博議」二字，僅稱《左傳拾遺》，非原本也。緒曾搜訪先世遺書，得戴太史瀚藏本，闕末數葉。後又得程徵君廷祚手錄本，與戴本頗有異同，即自序中字句亦多異。戴程本俱云《左傳博議拾遺》，合兩本校之，則程本為優矣。外間別有一本，多圈點評語。聞先兄太常（諱紹曾）云為王孝廉所增加，蓋不足據。伯曾祖文為安溪所重，嘗稱其大網眾理，經經緯緯，靡不品酌於古今言事之度，絕意以文采見長，而宏中發外，光氣之實未嘗稍掩。抑此書以史證傳，不為無用之言。同時如湯西厓、趙恆夫、惠周惕、方望溪、張彝歎咸服其學識焉。姪曾孫緒曾謹跋。

◎提要：是書摘取《左傳》一百一十事，為文一百一十有一，蓋仿《東萊博議》之體。惟《博議》多闡經義，此則頗訂傳文耳。然好出新意，亦往往失之過苛。如桓公十七年「冬，十月朔，日有食之」，傳曰：「不書日，官失之也」，元英則以不日為特筆，譏左氏不知聖人之意；襄公二十九年吳季札請觀周樂，歌《小雅》，有「周德之衰」一語，元英以為訓詁之失，而引《九章演算法》謂差分為衰分，其說皆不能確也。

◎朱緒曾《開有益齋讀書志》卷六《朱氏家集》：伯曾祖師晦公，諱元英，一字荔衣、師亭，自稱虹城子，次郊公長子也。上元廩生，康熙庚午舉人，考授中書，己丑進士二甲第一名，翰林院編修。公學以朱子為歸，躬行實踐，文章不事藻繪，以昌明博大為主。著有《左傳博議拾遺》，《欽定四庫全書提要》採入，刊本行世。此外，《牧民通考》《治河要略》俱有關實用。古文直逼韓蘇，曾有刊本，近亦散失。詩集惟《楚游》《乙酉》《又歸草》及《詩學金丹》存，《南舟集》亦佚。公之次子臬聞公輯遺詩，為《夏雲堂存稿》，公之孫安齋公彙刻為《春雨堂全集》，然亦僅十之一二也。今裒合各詩，稍有增益，至古文則鴻篇巨製，史論、傳議不可盡得，所採序文及酬應之作較多，亦不忍棄也。制藝有《先庚》《歷試》《濠上》《任城》諸草、《近稿》、《助語小品》俱存，惟《詩經制藝》《六科薦卷》殘失，異日得獲全璧，當梓以藏家塾。而於《牧民》《治河》及古文集，尤惓惓於心云。公康熙癸巳卒，年五十四，葬西善橋。子二，長諱松年，次諱鶴年。道光庚子正月謹跋。《虹城子集跋》。

◎胡玉縉《四庫全書總目提要補正》卷七《經部・春秋類存目》「《左傳拾遺》二卷」：丁氏《藏書志》有鈔本《左傳博議拾遺》二卷，云：「此書收入四庫存目，進本脫『博議』二字，非原本也。此書根柢政事，以史證經，訓詁辨正，必有根據，其姪曾孫緒曾得之，寄刊於金山錢氏小萬卷樓，並著其要於《開有益齋讀書志》中，可以得其概矣。」

◎姚光《金山藝文志》五《叢書部》（附類書）：《左傳博議拾遺》二卷（培名有跋），（清）朱元英。

朱元英 左傳博議續編 二卷 存

首都圖書館藏光緒二十四年（1898）上海掃葉山房鉛印本

朱運樞 讀左別解 一卷 存

1926 年石印春秋筆記六種本

◎《華婁續志殘稿・藝文志・婁縣藝文志・經部・春秋類》:《春秋筆記》六卷,朱運樞著。朱原名錫祺,字畏常。是書計六種,為《列國年表》、《箋經瑣記》、《經文辨異》、《讀左別解》、《論古撮要》、《世族譜系》。

◎朱運樞,原名錫祺,字畏常。松江府婁縣(今上海松江)人。著有《讀左別解》一卷、《箋經瑣說》一卷、《經文辨異》一卷、《列國年表》一卷、《論古撮要》一卷、《世族譜系》一卷,合稱《春秋筆記六種》。

朱運樞 箋經瑣說 一卷 存

1926 年石印春秋筆記六種本

朱運樞 經文辨異 一卷 存

1926 年石印春秋筆記六種本

朱運樞 列國年表 一卷 存

1926 年石印春秋筆記六種本

朱運樞 論古撮要 一卷 存

1926 年石印春秋筆記六種本

朱運樞 世族譜系 一卷 存

1926 年石印春秋筆記六種本

朱朝瑛 讀春秋略記 十二卷 首一卷 存

四庫本

國圖藏清鈔七經畧記本(十三卷)

浙江藏清鈔七經畧記本(十三卷。方德驥題款)

國圖藏七經畧記稿本(一卷)

上海藏稿本(十卷。存卷六至十)

◎目錄:卷首總論。卷一隱公。卷二桓公。卷三莊公。卷四閔公。卷五僖公。卷六文公。卷七宣公。卷八成公。卷九襄公。卷十昭公。卷十一定公。卷十二哀公。

◎摘錄卷首總論:

　　《春秋》大義，一言以蔽之，曰尊王。此人人所知者，而聖人委曲維持之深心，則未之或知也。東遷而後，諸侯放恣，幾不知有王矣。桓、文出而假王之名以令諸侯，聖人予之，非徒貴其名也。以為此一念之天良未至于澌滅，為之別擇而表揚之，使天下之人眾著于名義，此轉亂為治之一機也。故伐國而請于王，則主王臣以明王討；會諸侯而請于王，則主王臣以明王會。不則其救人也，不則其攘夷也，皆所以尊王也，非然而侵伐會盟皆譏矣。是聖人之與桓、文，非與其伯也，與其尊王者而已。後之獎桓、文者乃云：「上無明王，下無方伯，聖人不得已而授之以諸侯」，夫諸侯者天子之諸侯，聖人安得而授之？大非《春秋》尊王之義也。黜桓、文者又云：「齊晉名為尊王，實則僭王之權、亂王之法，是亦一楚也」，則併其好名之志而沒之，何以激發人之天良而誘進于大道乎？隨之屯曰：「隨有獲，貞凶，有孚在道，以明何咎」，此言人臣之握權而得眾者，苟得其道，可以轉懼而為譽、變凶而為功也。槩舉而黜之，豈聖人委曲維持之心哉？

　　讀《春秋》者，須觀聖人之特筆，觀其特筆而全書之旨可會而通也。于稷之會特書成宋亂，惡賄賂之始行也。于澶淵之會特書宋災，故惜義理之終不明也。世之齷齪者，徇利而忘害，既足以致天下之亂，而一二有志于救時者，又不審于輕重緩急之宜，往往舍其重而謀其輕、舍其急而謀其緩，使亂者終不可以治，是聖人所大痛也。書成宋亂見正身之要焉，書宋災故見辨義之精焉，書鄭棄其師見楚之所由橫，書王室亂見亂之所由極。凡聖人所為格致誠正修齊治平之道。無不著于此矣。書天王狩于河陽，見世道之未盡喪，亂者猶可以復治；書西狩獲麟，見天心之未盡滅，衰者猶可以復昌。則聖人所為知天立命、參贊化育之事，亦將于此乎始之。此數者未可以盡聖人之特筆，而特筆之大者已不外於此。

　　以《春秋》為無襃貶乎？則一諸侯也，何以忽而稱爵、忽而稱人、忽而生稱其名？以《春秋》為有襃貶乎？則稱爵者未必皆襃、稱人者未必皆貶也。為有襃貶之說者，比事而考之，不免于支離膠擾而不可通；為無襃貶之說者，若姓氏日月之類，舍之可也，一切稱人稱爵稱名稱字皆無所分別，則聖人所云取義者安在？無所取義，又安用此紛紛異同之稱為也？在他國之大夫，或有所因，或有所未詳，若諸侯之稱人、王大夫之稱氏、魯季友之稱字，豈有所因，亦豈有所未詳與？近世說《春秋》者，唐荊川、季彭山、王明逸、郝仲輿諸家，各有論著，非不直捷曉暢。然舉聖人之微詞槩置弗辨，惟以為據事直書，則既

筆削之《春秋》何以異于未筆削之《春秋》哉？晉韓起聘于魯，見《易象》《春秋》，曰：「周禮盡在魯矣」，夫既不謬於周禮，豈遂不若司馬子長？或有虛美隱惡以待聖人之直之？然而聖人復從而筆之削之者，其取義不在褒貶，將在何等也？聖人蓋有褒貶而無褒貶之定例也，公羊氏曰：「不待貶絕而辠惡見者，不貶絕以見罪惡也。貶絕然後罪惡見者，貶絕以見罪惡也。」斯言得之矣，而猶未盡其變。何以言之？有因其時而變者，有因其人而變者，有因其事而變者，閔僖以前諸侯為政，則褒貶常在諸侯而不在大夫；文宣以後大夫為政，則褒貶常在大夫而不在諸侯，此因其時而變者也。褒貶之在諸侯者，大國小國皆有之；褒貶之在大夫者，常在大國而不在小國，此因其人而變者也。在諸侯者不過辭有重輕，大抵稱爵為重稱人為輕，重者近于褒，輕者近于貶，然不待貶而惡見者，則亦稱爵以著其惡也；在大夫者不過辭有詳畧，大抵稱名為詳稱人為畧，詳者近于褒畧者近于貶，然不待貶而惡見，則亦稱名以著其惡也，此因其事而變者也。至于吳楚之稱，則皆因天下之進退而進退之。天下外之，則《春秋》舉國號而已；天下進之中國，則《春秋》人之，又進之而列于諸侯，則《春秋》爵之。其稱國稱人稱爵者，非以褒貶吳楚，蓋以著諸侯之得失而明世道之存亡也。《春秋》之作，豈為僭逆謀哉？此其褒貶之意在于言外，又變而難窮者也。總之《春秋》繼《詩》而作，《詩》有美者，有刺者，有以美而實刺者，有屬辭在此而取義在彼者，《春秋》褒貶之法亦如是已。蓋《春秋》之作，非徒彰善癉惡而已也。謹嚴之中不失溫厚，惡之小者罪止于下也；激切之至反類委蛇，惡大而不討者罪累上也。下之以媿夫不肖之人，使感于欲並生之之德，斯化于為善；上之以儆天下之庇亂賊者，有以發其深省而恥鳥獸之同群，斯共奮于討惡之義矣。非聖人孰能與于此！

　　《春秋》經史相輔而行，史以陳其事，經以著其義。一筆一削，瞭然可見。自魯史亡而《左傳》作，《春秋》之義多不可解矣。趙襄子之卒，後孔子五十五年，而左氏已舉其諡，是作于戰國時無疑，故其書多採他史以附之，與經文謬戾而不合。其大者莫如趙盾、許止弒君而以為不弒君，欒書、莒僕不弒君而以為弒君，千載之下，論議紛然，終莫能定。皆蔽于《左氏》之說也，《公》《穀》之疎畧益不足言已。學者不因經以攷傳，而欲據傳以明經，于是名實牴牾，是非舛錯，《春秋》之義愈辨愈晦。或起而矯之，一切棄去，憑臆為說，則又失之太悍。苟義之可通，以傳釋經，可也。義之必不可通者，不得不以經廢傳耳。至於經文有殘缺者，有增衍者，有舛誤者，不可盡知。今畧三傳之所

異而特舉其同者，如夏五郭公、有秋無冬、無冬有月之類，此殘缺之明証也。桓十二年十一月之再書丙戌，此增衍之明証也。隱三年之書月日前後不合，此舛誤之明証也。其可考者如此，必有不止於此者而不可考也。又如紀子伯仲孫忌之為缺文，襄二十一年二十四年比月日食之為衍文，蔡桓侯蔡侯申之為誤文，此又可以理推而知也。其可推者如此，必有不止于此者而不可推。安知應書而不書者之非缺耶？不應書而書者之非衍耶？又安知應褒而貶、應貶而褒者之非舛耶？且《公羊》《穀梁》書孔子生、《左氏》書孔丘卒，是非《春秋》之原文明矣。以為尊孔子而特書之，何以書生者不書卒、書卒者又不書生？則其意為損益又可知耶？所損益者既不可知，其書又可盡信耶？今姑釋其義之可通者，而置其所不可通者。不敢信傳以害經，亦不敢執一辭以害全旨。據吾意之所可，以度聖人之所可未，必聖人之可之也。據吾意之所否以度聖人之所否，未必聖人之否之也。燕石寶藏，徒作貽笑。飛蟲弋獲，庶幾有當焉爾。

　　《春秋》之文萬有六千五百餘，《史記》自序曰：「《春秋》文成數萬」，子長生于秦火之後，豈得獨見全經？要其言必有所據，信斯言也，則《春秋》之殘缺者幾半矣。顏師古曰：「一萬之外即可以萬言之」，然不得遂云數萬也。《左氏》所記，不見于經者甚多，其詞亦間有類於釋經者，安知非《春秋》之逸文乎？更可異者，張晏云：「《春秋》萬八千字」。晏為三國時人，其所言《春秋》之文與今《春秋》多寡相越之遠至于千百則，何以解也？

　　◎黃宗羲《南雷文定》卷七《朱康流先生墓誌銘》（丁巳）〔註102〕：漳海之學如武庫，無所不備，而尤邃於易曆、三乘易卦，為二十六萬二千百四十四，以授時配之，交會閏積贏縮，無不脗合。《詩》與《春秋》遞為爻象，屯蒙而下兩濟而上，二千一百二十五年之治亂，燎若觀火。其時及門者遍天下，隨其質之所近，止啼落草。至於易曆，諸子無復著坐之處，相與探天根月窟者，則康流先生一人而已。康成善籌，馬融許以登樓；季通精數，文公謂之老友。古人授受之嚴，大抵不能泛及也。先生博精六藝，各有論著。其言象數，不主邵子之說，別為先天後天八卦圖。以為諸儒之言易者，詳於所變而不詳於所未嘗變：變者象也，未嘗變者太極也。時惟適變，道必會通。不察其適變則微彰剛柔有拘墟之患，不觀其會通則屈伸往來有臨岐之泣。求諸物而格之，反諸身而體之，究其大要，不越乎知幾、精義二者而已。其言《小序》，觀亡詩六篇僅存首句，則首句作於未亡之前，其下作於既亡之後明矣。子由獨取初辭，頗為

─────────────────────

〔註102〕朱彝尊《經義考》卷六十四亦著錄此文。

得之。又謂鄭詩不特詞不淫，聲亦不淫也。詞正則聲正，詞淫則聲淫，非相離之物。又謂作《詩》有賦比興，用《詩》亦有賦比興。《射義》天子以《騶虞》為節，樂官備也；諸侯以《貍首》為節；樂會時也。其指事也切，其取義也直，如作《詩》者之賦體是也。大夫以《采蘋》為節，樂循法也；士以《采蘩》為節，樂不失職也。以婦女之事喻士大夫，非比乎？以蘋蘩蘊藻之菜、筐莒錡釜之器感大夫士明信之將，非興乎？辨《古文尚書》之非偽，謂伏生之書如《堯典》《皋謨》《洪範》《無逸》何嘗不文從字順；至於《甘誓》《湯誓》《牧誓》《文侯之命》詞旨清夷，風格溫雅，雜之二十五篇之中，無以辨其為今文為古文也。謂《春秋》闕文錯簡，不特郭公夏五，觀於日食之先時後時可知矣。論樂者謂調以此始者必以此終，首尾何聲即屬何調，先生言誠如是，則宮調之中商多於宮可得仍為宮，商調之中宮多於商可得仍為商乎？蓋調也者韻也，古人雅淡，不為繁聲慢調，太抵一句之終，曳其音以永之而已。先生之折衷諸家如此。要不盡同於漳海，漳海嘗謂先生曰：「康流沉靜淵鬱，所目經史，洞見一方。苟覃精三數年，雖羲、文閫奧，舍皆取其宮中，何必竄人之室乎？」自漳海懸記先生之覃精者近三十年，又何以測其所至乎？先生諱朝瑛，字美之，姓朱氏，康流其別號也，晚又號罍菴。海寧之花園里人……先生屈其經世之業，以支吾八口，泊然不見喜慍之色。酬對甚簡，相探索於經術之內者，惟張子待軒。所著《罍菴雜述》《金陵遊草》行世，《五經略記》、《文集》皆藏於家……余丙午歲十一月同冰修訪先生於家，劇談徹夜，綿聯不休，盡發所記五經讀之，出入諸家，如觀王曾之圖。計平生大觀在金陵，嘗入何玄子署中，討論五經，至此而二耳。踰年先生以經《署記》首卷見寄。荏苒數年，欲以一得之愚取證，而先生不可作矣。千年之役，固所願也。銘曰：六經之道，昭如日星。科舉之學，力能亡經。某題某說，主媚有司。變風變雅，學《詩》不知。喪弔哭祭，學《禮》所諱。崩薨卒葬，《春秋》不載。演為說辨，蒙存淺達。棄置神理，助語激聒。所以儒者，別開天地。漢註唐疏，宋語明義。百年漳海，破荒而出。象數理學，會歸於一。罍菴老人，入室弟子。削筆洗硯，俗儒心死。漳海之學，不得其傳。菿涇之原，留此一線。

◎提要（題十卷）：其學出自黃道周，頗不拘墟於俗見，而持論不必皆醇。是書輯錄舊文，補以己意，所采上自啖助、趙匡，下及季本、郝敬。大抵多自出新義，不肯傍三傳以說經者。朝瑛之所論斷，亦皆冥搜別解，不主故常。如謂「甫」「父」二字古文通用，為男子之美稱，孔父之字嘉，猶唐杜甫之字

美。此與程子以「大」為紀侯之名，援「變大」為例者何異？又力斥《漢書‧五行志》穿鑿傅會之非，而於「恒星不見」一條，乃引何休之說，以為「法度廢絕，威信不行」之驗，與胡安國不談事應，而「星孛北斗大辰」仍采董仲舒、劉向義者亦同。至於論「隱公三年春，王二月己巳，日有食之」乃三月非二月、夫人子氏為隱公之夫人而非仲子，亦未嘗不考證分明，大致似葉夢得之《三傳讞》，而學不能似其博，又似程端學之《三傳辨疑》，而論亦不至似其迂。其於二書蓋皆伯季之間，置其偏僻擇其警策，要不失為讀書者之說經也。

◎庫書提要：朝瑛於諸經皆有《畧記》，已各著於錄。其所述瑕瑜互見，不能悉底精粹。惟此書與《讀詩畧記》較為詳晰允當。其所採上自啖、趙，下及季本、郝敬諸家之說，無不備列。而舊說所未盡，復以己意折衷之。大旨主於因經以考傳，而不肯信傳以害經。故於三傳之可通者亦間從其說，而其他則多所駁正。中間如謂孔父之字嘉，猶唐杜甫之字美，以今証古，殊為儗不於倫。又力斥《漢書五行志》穿鑿傅會之非，而於恒星不見一條乃引何休之說，以為法度廢絕威信不行之象，亦未免自相矛盾。然其餘可取者甚多，如論隱公三年春王二月己巳日食乃三月非二月，夫人子氏為隱公之夫人，又楚人秦人巴人滅庸為窺伺周鼎，又哀公元年改卜牛不復災以為天厭魯德，如此之類，皆見發明，亦說《春秋》家之有所心得者也。

◎《浙江採集遺書總錄‧乙集‧經部‧春秋類》：《讀春秋畧記》四冊（寫本），右明朱朝瑛撰。首載總論，謂觀《春秋》者，須觀聖人特筆。如於稷之會，特書成宋亂。于澶淵之會，特書宋災。鄭棄其師，王室亂，天王狩于河陽，西狩獲麟，皆特文以見義。其書法，有因其時而變者，有因其人而變者，有因其事而變者。閔、僖以前諸侯為政，則褒貶常在諸侯而不在大夫。文、宣以後政在大夫，則褒貶常在大夫而不在諸侯。此因其時而變也。褒貶之在諸侯者，大國小國俱有之。褒貶之在大夫者，常在大國而不在小國。此因其人而變也。在諸侯者，不過辭有輕重。大抵稱爵為重，稱人為輕。重者近于褒，輕者近于貶。然不待貶而惡見者，則亦稱爵以著其惡也。在大夫者，不過辭有詳畧。大抵稱名為詳，稱人為畧。詳者近於褒，畧者近于貶。然不待貶而惡見者，則亦稱名以著其惡也。此因其事而變也。又經有殘闕，有增衍，有舛誤。經俱有明証，並可以理推而得。《史記》自序「文成數萬」，張晏云《春秋》萬八千字。今《春秋》之文萬有六千五百餘，多寡相越，即此亦殘闕之一証云。○按朝瑛

為黃石齋門人。其學行詳黃梨洲《墓誌》中。所著諸經署記，貫串精洽，持論不與人苟同，亦不苟異。以向未刊行，世罕知之，故今所錄較詳焉。

◎朱朝瑛（1605～1670），字美之，號康流〔註103〕，又號罍庵。浙江海寧袁花人。崇禎十三年（1640）進士。官旌德縣知縣，後陞儀制司主事。曾受業於黃道周，深得其傳。明亡後隱居林泉，廣學六藝，鑽研各家學說，致力經學、天文、勾股。以弟子翰思為後。著有《讀易略記》三卷、《讀詩略記》二卷、《讀尚書略記》無卷數、《讀周禮略記》六卷、《讀儀禮略記》十七卷、《讀禮記略記》四十九卷、《讀春秋略記》十二卷首一卷、《罍庵雜述》四卷諸書。

朱兆熊　春秋表　三卷　存

嵊州藏清刻本

◎括《春秋經傳日表》一卷、《春秋歲星行表》一卷、《春秋日食星度表》一卷。

◎朱兆熊，字公望，號茲泉。鹽官（今浙江嘉興市海寧市）人，又題海昌（今浙江嘉興市海寧市）人。乾隆五十九年（1794）舉人。官至龍遊訓導。為學長於《易》《春秋》。著有《周易後傳》八卷、《易互卦圖》一卷、《冬夜講易錄》一卷、《春秋新義》十二卷表一卷、《星新經》一卷、《春秋歲星超辰表》一卷、《春秋日食星度表》一卷、《春秋日表》一卷、《恒星形名指南》、《禮注》、《家訓》、《茲泉詩古文集》等。

朱兆熊　春秋經傳日表　一卷　存

嵊州藏清刻春秋表三種本

◎趙爾巽《清史稿》卷一百四十五志一百二十《藝文》一：《春秋新義》十二卷、《春秋歲星表》一卷、《日食星度表》一卷、《日表》一卷，朱兆熊撰。

朱兆熊　春秋日食星度表　一卷　存

嵊州藏清刻春秋表三種本

◎趙爾巽《清史稿》卷一百四十五志一百二十《藝文》一：《春秋新義》十二卷、《春秋歲星表》一卷、《日食星度表》一卷、《日表》一卷，朱兆熊撰。

〔註103〕清鈔《七經略記》本《周易略記》題云：「朱朝瑛字康流略記」，與此不同。

朱兆熊 春秋歲星行表 一卷 存

嵊州藏清刻春秋表三種本

◎趙爾巽《清史稿》卷一百四十五志一百二十《藝文》一：《春秋新義》十二卷、《春秋歲星表》一卷、《日食星度表》一卷、《日表》一卷，朱兆熊撰。

朱兆熊 春秋歲星超辰表 一卷 未見

朱兆熊 春秋新義 十三卷 存

南京、嘉興藏乾隆刻本（十二卷）

上海、浙江藏清刻本（附春秋表一卷）

上海、湖北藏清刻本（附春秋表三卷、星新經一卷）

◎趙爾巽《清史稿》卷一百四十五志一百二十《藝文》一：《春秋新義》十二卷、《春秋歲星表》一卷、《日食星度表》一卷、《日表》一卷，朱兆熊撰。

朱振采 服氏左傳解義疏證 佚

◎朱振采（1780～1842），原名采，字冕玉，榜名欒，又名朱纓，號鐵梅。江西高安人。朱銘子。嘉慶十八年（1813）舉人。性伉直，人目為江右奇士，黃爵滋稱江西詩俠，以博聞多識為阮元所賞識。藏書及金石文字逾三萬卷。著有《易圖問答》、《詩徵》、《禮記故》、《儀禮校正》、《周官辨非》、《服氏左傳解義疏證》、《駁四書釋地》、《駁鄉黨圖考》、《駁爾雅纂遺》、《經典質疑》四卷、《說文舉正》、《豫章經籍志》、《天官術詳注》、《江城舊事》八卷、《九芝仙館文鈔》八卷、《九芝仙館詩鈔》四卷、《文駢珠》、《燕遊小記》四卷、《江西詩話》一百卷、《漢詩衷說》、《陶詩箋》四卷等書，多未刊行。

朱之俊 春秋纂 四卷 提要一卷 叢說一卷 存

山西、中科院藏順治十七年（1660）刻本

山西大學藏康熙三十七年（1698）朱之俊孫朱士弘重刻本

中科院藏順治木活字印本（不分卷。無提要、叢說）

上海古籍出版社2021年山右歷史文化研究院編山右叢書・三編王子虎薛新平點校本

◎春秋纂序：屬辭比事，《春秋》教也。事莫核於《左》，辭莫辨於《公》《穀》，雖傅會支離糅見，主於定名分，其義一也。胡文定折衷以就感篋，豈

必盡符聖經？而名義貞肅，國維待張，或亦夫子所心許。迨制義魋長，劙經詘傳，而筆削之旨益晦。滄起先生起而釐之有《纂》。理準參衡，義嚴一揆，提要之精詳、叢說之簡密，其見于各疏者，略凡例以表微，期是非之允當。一事分志，端委有條，一人附標，初終靡忒。述十二公與國者，述東周十二王陵替之跡也。其曰義之中有不義，不義之中有義，與夫欲盡人以回天而天卒不可回，欷戲論世，識洞然犀，俛仰研情，氣餘裂眥，前賢多所未及。《春秋》匪徒作，《纂》豈徒述哉？竊意先生詳於天道，乃所以深責人事也。人事莫先於仁孝，賊仁孝莫大于亂本而習偷。抑昔聞吾研老宿之說《春秋》者曰：「託始於隱以教孝也，訖於獲麟，傷仁厚之澤不克終也。」或問之曰：「志在《春秋》，行在《孝經》，夫子不云乎？」周以仁厚肇基，而統集于止孝達孝之接武，有以生之，有以成之，雖天道，實人事也。東遷以還，振振公姓，纂服無聞，且淪斁多端，仁孝道喪，以致乾綱解紐。夫子冀因魯史義正之，蓋周公之裔，切企一變，至道者隱，當平季尚襲賢聲，惟大義未明，祈嚮稍舛。或謂其貴惠信邪，遂父之惡。或謂其內不承國於先君，上不受命于天子，若然，奚翅賢智之過，徒狥名以貽身戮，與於不孝之大者，不書即位，疑亦削之。夫《關雎》《麟趾》之意，漸即淪亡，寧復望其行周官法度乎？《春秋》之作，所以救仁孝之失，盡人事以挽天道，烏容已也？循是說，亦有合於董子。不通《春秋》，必蒙首惡，蹈簒弒之義。今觀先生之《纂》，於紀仁孝暨反是者，娓娓言之，當亦行夫子之志爾。僅侈屬辭比事，無誣失也哉？！蜀仙井授易弟子胡世安頓首書。

◎讀春秋纂小敘：眼光高出萬世，始可著天下之書；亦必眼光高出萬世，廼可讀古人之書。使讀古人書而不能浩乎有得，發所未發指所未指，引端立說以自著於書，類匪眼光高出萬世者也。孔子作《春秋》，游夏之徒一辭莫贊，匪眼光高出萬世者乎，誰復起而纂之者？況《春秋》三家，言多回舛，公孫弘用董生之議，韋賢進蔡千秋之說，賈逵作《左氏條例》二十一篇，橫見側出，動尋極至。若王儉之自比謝安而先無辭於何點矣。迨宋紹興以《左氏傳屬胡安國》，點句正音，發明傳註，始見宣尼之旨。粵稽光武，詔定《春秋》章句，去其復重，以授太子，諸王刪於儳者為樊侯學。張霸又減去其繁辭，名張氏學，已既各出眼光矣。滄起先生奮跡西河，蚤年置身天祿、石渠間，通貫乎天人之學，周洽乎古今之籍，至是駜臥東山，著作可盈笥，毅然志在乎《春秋》，其眼光高出萬世，取而纂之，表章微言，崇獎絕業，古人所未言而深切著明之，古人所已言而委曲旁暢之，不惟功在一經而精群經之旨，不惟功在一日而淺百

代之藏。或映發乎四傳之中，或疏觀乎四傳之外，羽翼聖經，得曾未有。曷纂乎爾？顯者纂，微者纂，無顯微不纂，無顯顯微微不纂云爾。洵眼光有高出萬世者矣。小子章，令吐京者可四稔，距汾不過三百里，以公事詣郡，輒朝夕奉先生教，出《春秋》秘旨指陳商榷，且庭訓兩大賢同炙經義。蓋以章崇家業為可與言，是以侍先生久。沐浴先生之教者深也。歲春，章以讀禮南歸，拜辭先生，惓惓以《春秋纂》公之海內授資以佐殺青，垂教苦心，於茲可見。初匪眼光高出萬世，而能發所未發指所未指乎？先生真能讀古人書以著天下書，天下萬世行知俎豆無已也。仙井胡先生、龍眼方先生讀先生書，而序已詳哉言之。小子於茲，唯有服先生之教澤、仰先生之高深而已。順治庚子八月，江東私淑後學周士章薰沐拜手識。

◎春秋纂序：《春秋》之有四傳，猶天之有四時也。四時各行一令以奉天，四傳各持一說以表聖。以言乎得，各有得也；以言乎失，各有失也。曷言乎得也？左氏事該而撰密，公穀志約而識尊，胡氏思微而本徹。曷言乎失也？左氏竭情而碍於理，公穀好奇而局於見，胡氏砭時而傷於鑿。嫣媚並陳，瑕瑜難掩，譬粗梨橘柚不同味而皆可於口，步噩修塞不同聲而皆適於聽。奈何祖《公羊》者排《左》《穀》，嗜《穀梁》者黜《左》《公》，治《左氏》者亦如之。甚矣何休、范寧、杜預之偏也。自宋迄今五百年來，復宗胡文定公《傳》，敚諸學宮，瓣香是奉，彼三傳者，直高閣庋之，眼不一瞥矣。夫一家之說固難以窮聖經之變，而亦無以服三子之心。于是後起之彥，廣稽返涉，斥異扶同，此盾彼矛，盈庭坐訟，其意止於辯傳而不專於明經，其咎不在以傳解經而在強經從傳，宜學士家童而習之白首懵然也。余謂古今善讀《春秋》者，無過於子車氏。其言曰：「《春秋》無義戰」，又曰：「其義則丘竊取之矣」，旨深哉！《春秋》之事以為義，義之中有不義焉。以為不義，不義之中有義焉。隨時以制宜，因勢以合變，遠求之不得，近求之不得，合求之不得，離求之不得，聖人所以貴微言，學者所以貴意逆也。余老耄無知，鹵莽從事，妄取四傳及劉子、董子、近代雜著羅列，幾面錯綜折衷，或以一是破三非，或於四非標一是，有時依例以合凡，有時叛凡而乖例。各有所採，不沒作者之苦心；見不敢拘，孚經中之妙旨。敢曰有得無失？庶幾殊途同歸云爾。雖然，天生聖人，使明天之道，而終不令擅天之權。聖人作經，但著天之常，而終不能測天之變。故二十四十二年之間，紀聞見，寓褒譏，實欲盡人以回天而天卒不可回。至天不可回，而《春秋》可以不作矣。何也？亂臣賊子，孔子所必誅也，而天固宥之，不惟宥之，且張之

矣。夷狄，孔子所必卻也，而天固進之，不惟進之，且尊之矣。是故鸜鵒夏來，昭公秋孫主君將去，天蚤示兆于夷禽焉。即宋公昭子叔詣輩，各欲納公而皆斃，而意如固無恙也。彗孛東垂，靈麐西獲，鼎移命革之象，天業于三百二十四年之先告之。後來六國之眾、謀臣策士之多，併力以圖，終不能得志于狄秦也。人固無如天何，聖人亦無如天何也，孔子所以反袂拭面嘆吾道之窮而絕筆也。文中子曰：「《春秋》其以天道終乎」，得之矣。曾順治癸巳中夏五日，汾人朱之俊撰。

◎摘錄《春秋提要》：春秋五始：元者，氣之始；春者，四時之始；王者，受命之始；正月者，政教之始；即位者，一國之始。

◎摘錄《春秋提要》：

三統合於一元，故《春秋》書「春王正月」者九十三，「王二月」者二十一，「王三月」者一十九。明此乃時王之正月，所以通三統也。

《春秋》無義戰，蓋盡惡之也。故盟不如不盟，然而有所謂善盟；戰不如不戰，然而有所謂善戰。不義之中有義，義之中有不義也。

《春秋》之立法，罰多於賞，作《春秋》之意亦戒多於勸。

為尊者諱恥，為賢者諱過，為親者諱疾。

《春秋》有經禮有變禮：為如安性平心者經禮也；至有於性雖不安，於心雖不平，於道無以易之，此變禮也。是故天子三年然後稱王，經禮也；有物故則未三年而稱王，變禮也。婦人無出境之事，經禮也；母為子娶，奔喪父母，變禮也。明乎經變之事，然後知輕重之分，可與適權也。

《春秋》有三盜：微殺大夫謂之盜，非所有而取之謂之盜，辟中國之正道以襲利謂之盜。

《春秋》無通辭，從變而移：邲之戰，晉變而為夷狄，楚變而為君子，故移其辭以從其事。

《詩》於衛取木瓜、秦取渭陽，所以訓齊、晉之美也，而桓、文不與焉。

《春秋》是非長於治人，異失同貶，有使人見之者，有使人思之者。明徵其義於此，自著其罪於彼矣。在惡不能服人，在位欲使自服，不必遍舉其詳也。

息伐鄭而亡，蔡敗楚而滅，紀犯魯而危，鄭勝蔡而懼，皆以小仇大，不度德量力之過也。

《春秋》錄內而略外。於外，大惡書，小惡不書。於內，大惡諱，小惡書。隱公取部、取防，以鄭歸於我，視成公取鄆、襄公取邿、昭公取鄟，絕人之嗣者猶輕也。

◎四庫提要〔註104〕：是書大抵隨文生義，罕所根據。如成風請救須句乃婦人左袒母家之常態，遽以繼絕美之。如斯之類，所見頗淺。又如芮伯萬母事，引隋獨孤后以責其妒，與經義了不相關。至於災異必推事應，尤多穿鑿。

◎光緒《山西通志》卷八十七《經籍記》上：《春秋纂》，朱之俊撰。

◎朱之俊（1594～1671），字擢秀，號滄起，又號巤庵居士。山西汾陽人。天啟二年（1622）進士。選庶常，歷國子司業、翰林院侍講，坐事罷。順治初起祕書院侍講，典順治二年（1645）順天鄉試，後以終養歸。與傅山善。著有《周易纂》、《春秋纂》、《四書主意會宗》十五卷、《五經纂注》、《爾雅說》、《硯廬全集》、《排青樓詩》、《琅嬛選奇》、《峪園近草》、《朱太史吳越遊草》等。

朱之任 春秋述 十五卷 佚

◎吳茂雲、鄭偉榮編著《台州古籍存佚錄》卷四《經部五・春秋類》：《春秋述》十五卷，明天台朱之任撰，今佚。

◎潘衍桐《兩浙輶軒續錄補遺》卷一《朱之任》：著有《四書尋微》《史林》《易通》、《太極圖河圖廣說》《詩經偶筆》《春秋述》《元鉛槧》等書。又箸有《古唐詩箋》。

◎朱之任，字君巽，號覺庵。天台（今浙江天台）人。入清，遍訪遺民，淒然有今昔河山之感。後遂閉門不出，日坐遜敏堂中往來談前朝事。著有《太極圖河圖廣說》、《易通》、《詩經偶筆》、《春秋述》十五卷、《四書尋微》、《史林》、《史娛》六十卷、《元鉛槧》、《自娛集》、《古唐詩箋》。

朱驥衍 春秋纂要 佚

◎汪正元、吳鶚光緒《婺源縣志》卷二十六《人物志・風雅》：所著有《集腋成裘》《春秋纂要》若干卷。

◎朱驥衍，字濟川。婺源（今江西婺源）嚴田人。精書法，工詩古。著有《春秋纂要》《集腋成裘》。

〔註104〕無卷數，山西巡撫采進本。

祝文彬 左傳分國 佚

◎同治《饒州府志》卷二十六《藝文志》：《易經纂要》《左傳分國》《學庸集解》（祝文彬）。

◎民國《德興縣志》卷之八《人物志》：尤邃於經學，著有《易經纂要》《左傳分國》《學庸集解》《性理敬身錄》《漫存藁》。

◎光緒《江西通志》卷九十九《藝文略》一《國朝》：《易經纂要》，祝文彬撰（《德興縣志》。字忞野。又有《左傳分國》《學庸集解》《性理敬身錄》《漫存稿》）。

◎祝文彬，字仍野，號忞庵〔註105〕。饒州府德興（今江西德興）二十都人。康熙三十三年（1694）進士。官陝西中部縣及署鄜州知州、宜君知縣。著有《易經纂要》《左傳分國》《學庸集解》《性理敬身錄》《漫存稿》。

莊存與 春秋舉例 一卷 存

上海藏嘉慶六年（1801）刻本

國圖、上海、北師大、蘇州大學、華東師大藏道光七年（1827）莊綬甲寶研堂刻味經齋遺書本

國圖、北大、清華、上海、北師大、中科院、華東師大藏光緒八年（1882）陽湖莊氏刻味經齋遺書本

國圖藏光緒十六年（1890）湖南船山書局刻皇清經解依經分訂本

光緒十七年（1891）上海鴻寶齋石印皇清經解本（與舉例、要指合一卷）

上海古籍出版社1995年續修四庫全書影印道光七年（1827）莊綬甲寶研堂刻味經齋遺書本

上海古籍出版社2015年清代春秋學匯刊郭曉冬陸建松鄒輝傑點校本

◎阮元《莊方耕宗伯經說序》〔註106〕：元少時受業於李晴山先生，先生固武進莊方耕宗伯辛卯會試所得士也，常為元言宗伯踐履篤實，於六經皆能闡抉奧旨，不專專為漢宋箋注之學，而獨得先聖微言大義於語言文字之外，斯為昭代大儒，心竊慕之。歲丙午與公之文孫雋甲同舉於鄉，是時公已解組歸田，未及以通家子禮求見，親炙其緒言也。公之弟學士本淳公之子述祖官山東，元視學時常歎其學有本原、博雅精審為不可及。歲辛未公之外孫劉逢祿應春官試，館於邸寓，公從外孫宋翔鳳亦時來講學，益歎公之流澤長也。元於庚寅歲

〔註105〕同治《饒州府志》謂字忞野。
〔註106〕錄自道光中莊綬甲寶研堂刻《味經齋遺書》。

建學海堂講舍於粵東，思欲采皇朝說經之書，選其精當，臚其美富，集為大成，為後學津逮。茲劉君從其外兄莊綬甲錄記宗伯公遺書凡□種。元受而讀之，《易》則貫串群經，旁涉天官分野氣候，而非如漢宋諸儒之專衍術數比附史事也。《春秋》則主公羊、董子，雖略采左氏、穀梁氏及宋元諸儒之說，而非如何劭公所譏倍經任意、反傳違戾也。《尚書》則不分今古文文字同異而剖析疑義，深得夫子序書、孟子論世之意。《詩》則詳於變雅，發揮大義，多可陳之講筵。《周官》則博考載籍，有道術之文為之補其亡闕，多可取法致用。《樂》則譜其聲論其理，可補古樂經之闕。《四書說》敷暢本旨，可作考亭爭友，而非如姚江王氏、蕭山毛氏之自闢門戶、輕肆詆詰也。公通籍後在上書房授成親王經史垂四十年，所學與當時講論或枘鑿不相入，故秘不示人，通其學者邵學士晉涵、孔檢討廣森及子孫數人而已。文孫綬甲慮子孫之不克世守，既次弟付梓行世，元復為之序其大略，刊入《經解》，以告世之能讀是書者。儀徵阮元序。

◎張壽林《續修四庫全書提要‧春秋舉例》：是編為《味經齋遺書》之一種，蓋與其所撰《春秋正辭》相輔而行者。先是，存與既因元趙汸《春秋屬辭》，驪括其條，正列其義，為《春秋正辭》九則。意有未盡，復推尋宣聖屬辭比事之法，求精於繁，辨異於同，發凡起例，以為是編。其書都為一卷，釐為十例。其目曰「《春秋》貴賤不嫌同號，美惡不嫌同辭」、曰「《春秋》辭繁而不殺者，正也」、曰「一事而再見者，先目而後凡」、曰「《春秋》見者不復見也」、曰「《春秋》不待貶絕而罪惡見者，不貶絕以見罪惡也」、曰「貶絕而後罪惡見者，貶絕以見罪惡也」、曰「擇其重者而譏焉」、曰「貶必于其重者」、曰「譏始、疾始」、曰「書之重，辭之複，嗚呼，不可不察，其中必有美者焉」，每條皆首列凡例，然後引證經文而加以詮釋。核其所論，大抵以《公羊》為宗，而參考何氏《解詁》以闡明其義。間或取資於《左氏》、拾補於《穀梁》，反覆經文，以條列其目，屬比其詞。絲牽繩貫，若網在綱，條理頗為明晰，考據亦尚稱精核。隨其間持論稍拘，又喜言褒貶，往往失之於苛。然較之破碎繳繞，橫生異議，猶說經之謹嚴者。學者苟優柔饜飫，識其類例，由是以抉發經心，亦庶幾無偏惑乖方之誚矣。學者苟與其所撰《正辭》一書合而觀之，亦可以見莊氏一家之學矣。

◎趙爾巽《清史稿》卷一百四十五志一百二十《藝文》一：《春秋正辭》十一卷、《春秋舉例》一卷、《春秋要指》一卷，莊存與撰。

◎王其淦、吳康壽光緒《武進陽湖縣志》卷二十三《人物‧經學》：及歸，蕭然儒素，榮利之事一不干懷，六經四子書皆有撰述。獨悟微言，宏深蕭茂，通其學者為門人餘姚邵晉涵、曲阜孔廣森及從子述祖、外甥劉逢祿數人而已……孫雋甲五十一年舉人，歙縣教諭；貴甲、綏甲、襃甲、濤皆有聲學序，勤學砥行。綏甲以王父所著諸書多未刊布，研精校讐而遽歿。

◎王其淦、吳康壽光緒《武進陽湖縣志》卷二十八《藝文》：莊存與《春秋正辭》十二卷附《舉例》一卷、《要旨》一卷（並存）。

◎莊存與（1719～1788），字方耕。陽湖（今江蘇常州武進區）人。乾隆十年（1745）榜眼，授編修，屢遷內閣學士，擢禮部侍郎。學貫六經，悉有撰述。著有《彖傳論》一卷、《象傳論》一卷、《繫辭傳論》一卷、《序卦傳論》、《八卦觀象解》二卷，《卦氣解》一卷、《尚書既見》三卷、《書說》一卷、《毛詩說》二卷補一卷附一卷、《周官記》五卷、《周官說》五卷、《春秋正辭》十一卷、《春秋舉例》一卷、《春秋要指》一卷、《四書說》一卷。

莊存與 春秋要指 一卷 存

上海藏嘉慶六年（1801）刻本

國圖、上海、北師大、蘇州大學、華東師大藏道光七年（1827）莊綏甲寶研堂刻味經齋遺書本

國圖、北大、清華、上海、北師大、中科院、華東師大藏光緒八年（1882）陽湖莊氏刻味經齋遺書本

國圖藏光緒十六年（1890）湖南船山書局刻皇清經解依經分訂本

光緒十七年（1891）上海鴻寶齋石印皇清經解本

上海古籍出版社 1995 年續修四庫全書影印道光七年（1827）莊綏甲寶研堂刻味經齋遺書本

上海古籍出版社 2015 年清代春秋學匯刊郭曉冬陸建松鄒輝傑點校本

◎卷首云：《春秋》以辭成象，以象垂法，示天下後世以聖心之極。觀其辭，必以聖人之心存之，史不能究，游夏不能主，是故善說《春秋》者，止諸至聖之法而已矣。公羊子曰：「王者孰謂？謂文王也」，其諸君子樂道堯舜之道與？無或執一辭以為見聖，無或放一辭而不至於聖，推見至隱，懷之為難，違之斯已。難得其起問又得其應，問則幾無難。應而不本其所起見為附也，起而不達其所以應見為惑也。《詩》曰：「唐棣之華，偏其反而」，《春秋》之辭，其

起人之問有如此也。執一者不知問，無權者不能應，子曰：「未之思也」，夫何遠之有？其亦可以求所應問而得之矣。

◎張壽林《續修四庫全書提要‧春秋要指》：是編為《味經齋遺書》之一種，蓋與《正辭》《例編》二書，同為存與詮釋《春秋》之作。按存與潛心六藝，始入翰林，即以經學受知於上。其治《春秋》，主《公羊》家法，既仿何氏《公羊釋例》、趙氏《春秋屬辭》之體，作《正辭》十一卷、《舉例》一卷。復以餘力，纂輯是編。其書都為一卷，大旨在反覆經文，參合眾解，以推求全經要指，使初學之士，先能貫通全經，識其端委，然後進而追尋宣聖筆削之旨。庶幾乎可以率詞揆方，各得其序。核其所論，如謂：「《春秋》以辭成象，以象垂法，示天下後世以聖心之極，故善說《春秋》者，惟止諸至聖之法而已。聖人因魯史而作《春秋》，文有不〔註107〕再襲，事有不再見，明之至也。事若可類，以類索求其別；文若可貫，以貫條其異〔註108〕。人事雖博，所〔註109〕不存也。」又云：「《春秋》詳內略外，詳尊略卑，詳重略輕，詳近略遠，詳大略小，詳異〔註110〕略常，詳正略否」、「《春秋》非記事之史，不書多於書，蓋夫子博列國之載，因魯史以約文，於所不審則皆削之而不書。讀《春秋》者，宜即其所不書以知其所書，即其所書以知其所不書。」若斯之類，其說皆簡潔有當，於全經旨要，多所闡明。雖範圍不出古人，然融會貫通，示初學以治經之途徑，纂輯之功，亦未可沒也。

◎王其淦、吳康壽光緒《武進陽湖縣志》卷二十八《藝文》：莊存與《春秋正辭》十二卷附《舉例》一卷、《要旨》一卷（竝存）。

◎趙爾巽《清史稿》卷一百四十五志一百二十《藝文》一：《春秋正辭》十一卷、《春秋舉例》一卷、《春秋要指》一卷，莊存與撰。

◎上海古籍出版社 2015 年《續修四庫全書總目提要‧春秋類》「《春秋正辭》十一卷、《春秋舉例》一卷、《春秋要指》一卷」：莊氏於《春秋》三傳中，尤重《公羊》，蓋以為能發揮《春秋》之微言大義也。《春秋正辭》所闡發者，以《公羊》義例為主，朱珪稱其「義例一宗《公羊》，起應實述何氏」，然亦不排斥《左》、《穀》二傳，蓋「事實兼資《左氏》，義或拾補《穀梁》」，又遍采

〔註107〕《春秋要指》「不」下有「再」字。
〔註108〕《春秋要指》「條其異」作「異其條」。
〔註109〕《春秋要指》「所」上有「無」字。
〔註110〕《春秋要指》「異」作「變」。

唐宋《春秋》家觀點。其於《公羊》義例之發揮，既上承兩漢《公羊》先師董仲舒、何休之餘緒，又不墨守董、何之成說，故不以何休「三科九旨」為其論說之重心。就此而言，莊氏似非嚴格之《公羊》家，故朱一新謂其「間有未純」，然又以為「大體已具」，或可視為清《公羊》學復興之濫觴。莊氏於《春秋正辭》中列舉九種「正辭」，即奉天辭、天子辭、內辭、二伯辭、諸夏辭、外辭、禁暴辭、誅亂辭、傳疑辭。圍繞此九種「正辭」，莊氏建構起兩大「相須成體」之主題，即「奉天」與「尊王」。九「正辭」中，「正奉天辭」發明「奉天」之旨，其實質則在「尊王」，而「天」所代表者，乃一整套王權政治倫理與政治秩序。因此，儘管「奉天辭」有「通三統」、「張三世」等子目，但並不具有何休所言「三科九旨」之深義，而不過僅為「尊王」之依據。「正天子辭」、「正內辭」、「正二伯辭」等，則提出一套保障王權政治秩序之政治倫理，如「譏世卿」之類。「正諸夏辭」、「正外辭」，則為對「夷夏之辨」之重新闡釋，其意自是「尊王」。至於「誅亂」、「禁暴」諸說，其「尊王」意圖更不待言。因此，整部《春秋正辭》，實為莊氏借說經而提出之政治思想與政治模式，而以經學面目為其「尊王」論張本。莊氏既作《春秋正辭》，又附以《春秋舉例》一卷，蓋推尋《春秋》屬辭比事之法，發凡起例，臚列《春秋》十例，以明其條理。再附《春秋要指》一卷，反覆經文，參合眾解，融會貫通，以闡明《春秋》全經之指。《春秋正辭》為莊氏未竟之作，首刊於道光七年（1827），為莊綏甲寶研堂刻《味經齋遺書》之一種。此本據上海辭書出版社圖書館藏道光七年寶研堂刻《味經齋遺書》本影印。（郭曉東）

莊存與 春秋正辭 十一卷 存

乾隆五十八年（1793）刻本

上海藏嘉慶六年（1801）刻本

國圖、上海、北師大、蘇州大學、華東師大藏道光七年（1827）莊綏甲寶研堂刻味經齋遺書本

國圖藏道光九年（1829）廣東學海堂刻皇清經解本

國圖、北大、清華、上海、北師大、中科院、華東師大藏光緒八年（1882）陽湖莊氏刻味經齋遺書本

國圖藏光緒十六年（1890）湖南船山書局刻皇清經解依經分訂本

光緒十七年（1891）上海鴻寶齋石印皇清經解本（與舉例、要指合一卷）

上海古籍出版社 1995 年續修四庫全書影印道光七年（1827）莊綏甲寶研堂刻味經齋遺書本

國家圖書館出版社 2014 年晁岳佩宋志英選編春秋研究文獻輯刊影印乾隆五十八年（1793）刻本

上海古籍出版社 2015 年清代春秋學匯刊郭曉冬陸建松鄒輝傑點校本

中華書局 2020 年歷代經學要籍辛智慧標點整理春秋正辭箋本

◎春秋正辭序：漢興，傳《春秋》者不一家。鄒、夾無師，虞、鐸微闕，左氏失之夸，穀梁病其短。將以求微言于未墜、尋大義之所存，其惟《公羊》乎？公羊家世傳業，平、地衍其緒，敢、壽暢其風，胡母子都乃著《條例》。董生大儒，用資講授。邵公專精，隱括繩墨，述三科九旨之義，依類託輔，筆削之權如發矇矣。然在東京之世，賈、鄭之徒已緣隙奮筆，相與為難。戴宏《解疑》，亦隨二創。魏晉而下，經學破碎。迨及唐宋，師儒偏蔽，苟取頑曹之語，不顧師法之傳。謂日月為虛設，鄙起問為無端。獨逞庸臆，妄測非常。既違「偏其反而」之旨，烏覩「析薪杝矣」之理，使《公羊》之例當乖，即《春秋》之義幾廢，承學之士所共閔歎也。夫《春秋》一經，人事浹，王道備，「以矯枉撥亂為受命品道之端，正德之紀」，非紀事之書。昔孔子云：「吾志在《春秋》，行在《孝經》」，又曰：「我欲託之空言，不如見之行事」，又曰：「其義則某竊取之矣」，又曰：「屬詞比事，《春秋》教也」，然則本志以立事，考義以定詞，苟非因端覩指，別嫌明微，精求于繁殺之間，嚴辨于同異之故，率詞揆方，各得其序，守文持論鮮有能通者焉。前輩少宗伯莊方耕先生，學貫六藝，才超九能，始入翰林即以經學受主知，羣經各有論著。斐然述作，遂造其深；率爾簡札，必衷於道。疇昔之歲，與余同官禁近，朝夕論思，無間術業。挹其淵醇如飲醇醴，窺厥原本疑入寶藏，洵當代之儒宗、士林之師表也。公之孫儁甲，為余丙午典試江南所得士，偕其弟貴甲來京師，持公所纂《春秋正辭》一書問序于余。余受而讀之，義例一宗《公羊》，起應寔述何氏，事亦兼資左氏，義或拾補《穀梁》，條列其目，屬比其詞，若網在綱，如機省括，義周旨密，博辨宏通。近日說經之文，此為卓絕。用以詔茲來哲，庶幾得所折衷，由是抉經心、執聖權，則偏惑乖方之誚，吾知免矣。嘉慶六年龍集辛酉四月望，大興朱珪序。

◎敘目：

存與讀趙先生汸《春秋屬辭》而善之，輒不自量，為隳括其條，正列其義，更名曰《正辭》，備遺忘也。以尊聖尚賢，信古而不亂，或庶幾焉。敘曰：

大哉受命，釗我至聖。弗庸踐於位，皇惟饗德，乃配天地。正奉天辭弟
一。

王者承天，以撫萬邦，為生民共主。嗟嗟周德，光於文武。亦越既東，元
命永固。永固在下，諸侯以僭，大夫陪隸。用貴治賤，挈諸王者。正天子辭弟
二。

於乎厚哉！周公光大，成文武德，勞謙不伐，萬民以服。元子在東，有典
有冊。欲觀周道，舍魯奚適。聖人無我，曰父母國。正內辭弟三。

三王之道，仁義為大。假之以為功，乃救罪不暇。一匡天下，實惟桓公。
晉文繼之，亦惟在王功。曰正曰譎，一奪一予。楚莊、晉悼，彼何足數。正二
伯辭弟四。

自天地生民以來，神聖有攸經緯，於是焉在。聖所貴，貴其民，循厥理，
惟庶邦君，以厥臣續大命，孶孶其無殆。黜乃心，母厎罪。正諸夏辭弟五。

蕩蕩覆載，聖則無私。疇不即工，聖其念之。明明時夏，懿德所經。頑囂
聾昧，乃狄之行，於乎慎哉！正外辭弟六。

若之何弗弔，天不享右。罔愛於居圉多辟，罔克究於永祀。侵戎虐我黎服，
潰潰靡所止。聖乃欽厎罰於有辭，以差厥罪。俾寅念於天，嗣天民越指疆土，
明哉明哉，天伐章哉！正禁暴辭弟七。

噫嘻！皐女民以生，其女曷克生生？女怙於口實，乃惟怙於天德。於乎德
卒喪多罪，顯聞於上，遏之絕之，乃殄滅之。殄糜有遺，民乃其蘇。時乃敬明
於聖之志，匪憮用怒，尚隱哉其懼！正誅亂辭弟八。

聖秉道，垂文辭，惟義之訓，愍事之違，匪從惟從，匪述惟述，折厥衷，
見天則。正傳疑辭弟九。

◎目錄：

卷四內辭第三中：宗廟、雩、土功、蒐狩、公會諸侯、公遇諸侯、公適諸侯、公以非事舉、公將、戰、取國邑、入國邑、滅國、公行致地、公行致伐、來朝、來聘、平、來盟、乞師。

卷五內辭第三下：大夫盟會、大夫將、大夫執、大夫卒、邦賊。

卷六二伯辭第四：齊桓盟會、齊桓侵伐、晉文盟會。

卷七諸夏辭第五：特盟會、遇、如、胥命、參盟會、合諸侯、大夫與會、大夫會、執、侵伐、會侵伐、諸侯卒葬、世子、母弟母兄。

卷八外辭第六：楚、戎、狄、徐、秦、小國。

卷九禁暴辭第七：滅國、國亡、失地、入國邑、圍國邑、伐國取邑、戰、覆師、用人、國遷、復國存祀。

卷十誅亂辭第八：弒、篡、誅絕、君出入、納子、逐世子母弟、殺君世子、殺大夫、大夫奔、大夫歸、叛人。

卷十一傳疑辭第九：闕文。

◎譚獻《譚獻日記》〔註111〕：《春秋正辭》十卷、《舉例》《要指》。先生書多未竟之緒，《正辭》往往有目有文，然而皆可推說。宗伯甘盤舊學，老成典型。經說皆非空言，可以推見時事，乾嘉之際朝章國故隱寓其中。讀楚殺其大夫卻宛篇，於身後大奸脫距，如有先見。得無入告嘉猷，有以開明睿知與？立言之效，於斯不朽。

◎楊鍾羲《續修四庫全書提要・春秋左傳正辭》：元趙汸傳《春秋》之學，謂《春秋》教有其法，所謂「屬辭比事」者是也，以經傳反覆相証，而得其可見者辨而釋之，著《春秋屬辭》十五卷。方耕閎識卓學，兼通五經，各有論述，讀汸書而善之，櫽括其條，正列其義，撰為是書，名曰《正辭》。凡正奉天辭第一、正天子辭第二、正內辭第三、正二伯辭第四、正諸夏辭第五、正外辭第六、正禁暴辭第七、正誅亂辭第八、正傳疑辭第九。每篇一卷，唯正內辭為三卷、正傳疑辭只闕文一則。每卷皆詳論於前，然後別分子目，舉經文為綱，綱下各為小論，大旨本《公羊傳》及何邵公注，兼資二傳，通會羣儒，雖偽古文《尚書》不廢。末二卷曰《春秋舉例》，凡十條，則摘《公羊傳》文為綱，各為之論；曰《春秋要指》，凡十一條，即其全書之略例也。其曰「舊典禮經，左丘多聞。淵乎《公羊》，溫故知新。《穀梁》繩愆，子夏所傳」，不似承其學者之排詆《左》《穀》。「正王居曰：遠有力臣，邇有親臣，剛德不疚，師聖友

〔註111〕河北教育出版社 20021 年版《譚獻日記》，頁 162。

賢。澳五正位，克定厥家。王無一焉，曷云其居。安不言居，危不言出，《匪風》之傷，以存周室」，詞義粹美，可為嘉謨。禁暴辭曰：「爭，逆德也。兵，爭之末。戰，兵之末。一跌不振，更事知之。其事好還，識古覺焉。聖人之心，不寧惟是，仁而已矣。仁為讓本，以讓去爭。禮為國本，以禮去兵。苟不務仁，不能去利，去兵無益，亡之道也。姑勿言去兵，姑教以不戰，療不仁之甚，為不仁之瘳，《春秋》志戰，錄內從外，曰盍姑無首惡，必以日識之；曰一日惡成，沒世不贖。北棄秦晉，南絕吳楚，冠帶之倫，廢文任武，卒乎天下之人牧，未有不嗜殺人者。《春秋》樂道堯舜之道，糜爛其民而戰之，不可同世立。錄之將何說？《論語》不云乎：『放於利而行，多怨』、『能以禮讓為國乎，何有』、『善人為邦百年，亦可以勝殘去殺矣』、『如有王者，必世而後仁』，此非告以不善，變而之善之道乎？不仁不讓，爭利害則必戰，爭是非則必戰，為惡不同，同歸於亂。及其大迷，並有爭心。天之與人，誣曰交勝，胡不相畏，不畏於天。『洪範圖天之命，弗永寅念于祀』，斯嗜殺人者之說矣。」斯為微言大義，非經生俗師所能道。李申耆稱其「涵濡聖真，執權至道」，推挹未免稍過，然其書條例賅括，甄綜精詳，所謂「尊聖尚賢，信古而不亂」者，庶幾克副其言，視趙氏書為遠勝矣。

◎《武進李先生年譜》卷三道光十八年戊戌：鄉先哲莊宗伯存與，諸經皆有譔述，多未刊行。孫卿珊受甲先以《尚書既見》《周官記》二書示先生，一一為訂正，定其體例。既序而行之矣，與卿珊書曰：「《周官記》之書，非《尚書既見》比，宜詳核《周禮》，參互融會，為之注釋，使至精之思、至實之理一一發露，庶幾懸諸日月不刊之書。」然卿珊急於刻之，未暇事此也。繼示以《四書說》《樂說》，先生復書曰：「樂律向曾學之，所說與宋明人多差異，而理解精微，遠過昔人。無奈不聰於耳，又不諳於簫管，故未能究極妙處。嘗欲覓一善吹笛者，與之細辨笛色工尺，則此處亦無不可了。而竟不得暇，此後當留心為此，稍解七律，然後合之於書，庶幾不至茫然。」再後卿珊子子定潤示以《彖傳論》《象象論》《繫辭傳論》《八卦觀象解》《卦氣論》諸種並《算法約言》，先生常自攜尋繹，歎其精微廣大，心胸常若不能容受。又曰：「此身通六藝七十子之徒也。」遂次第付刊《算法約言》未成之書，付冤之徐竟其緒，並前卿珊所刻《尚書既見》《尚書說》《毛詩說》《周官記》《春秋正辭》七種合並行世。而不為序，曰：「吾於莊宗伯，不能測其涯也。」傳宗伯之學者，從子珍藝先生述祖、外孫劉申受逢祿。申受書皆行世，珍藝書多至百卷，其子文瀕

不能盡刊，多刻序例，使學者可尋繹。先生並命子定刻卿珊遺書，使莊氏之學天下得覩其大全云。

◎臧庸《拜經堂文集》卷五《禮部侍講少宗伯莊公小傳》（摘錄）：謂學以養其良心，益其神智，須旁廣而中深，始能囊括羣言，發其精蘊。又云讀書之法，指之必有其處，持之必有其故，力爭乎毫釐之差，深明乎疑似之介。嘗自署齋聯云：玩經文，存大體，禮義悅心；若己問，作耳聞，聖賢在坐。其平生得力語也。所著有《八卦觀象篇》《彖象論》《彖傳論》《繫辭傳論》《序卦傳論》《卦氣解》《尚書既見》《毛詩說》《春秋正辭》《周官記》《律譜》《六樂解》《九律解》《生應生變解》《成律合聲論》《審一定和解》《天位人聲地律論》《合樂解》《定黃鐘之聲及其徑論》《律書解》《琴律解》《瑟音論》《算法約言》等書藏于家。易主朱子本，《詩》宗《小序》、《毛傳》，《尚書》則兼治古今文，《春秋》宗《公》《穀》義例，《三禮》采鄭注而參酌諸家。病中猶時時背誦經書不置。乾隆五十三年卒，年七十歲。贊曰：庸堂少從公之從子葆琛進士問學，嘗一見公，自慚讜陋，未敢有所質也。後讀公《尚書既見》，歎其精通浩博，深于大義，章句小儒未由問津矣。

◎魏源《古微堂外集》卷四《武進李申耆先生傳》：自乾隆中葉後，海內士大夫興漢學，而大江南北尤盛。蘇州惠氏江氏、常州臧氏孫氏、嘉定錢氏、金壇段氏、高郵王氏、徽州戴氏程氏，爭治詁訓音聲，爪剖釽析，視國初崑山、常熟二顧及四明黃南雷、萬季野、全榭山諸公，即皆擯為史學非經學，或謂宋學非漢學，惘天下聰明知慧使盡出於無用之一途。武進李申耆先生生於其鄉，獨治《通鑒》、《通典》、《通考》之學，疏通知遠，不囿小近，不趨聲氣，年甫三十而學大成，兼有同輩所長。而先生自視嗛然如弗及。所自著率書未就，而刊布前人遺書、遺集、金石、翰墨至數十種。見人一技一善，欣然若己有。其論學無漢宋，惟以心得為主，而惡夫以饾飣為漢、空腐為宋也，故以《通鑒》、《通考》二書為學之門戶。弟子蔣彤錄其平生緒論為《暨陽答問》，又記其言動為《先師小德錄》，可興可觀，與陸桴亭《思辨求》可相表裏。近代通儒，一人而已。魏源曰：乾隆間經師有武進莊方耕侍郎，其學能通於經之大誼、董／伏諸老先生之微渺，而不落東漢以下。至嘉慶、道光間而李先生出，學無不窺，而不以一藝自名，醇然粹然，莫測其際也。並世兩通儒皆出武進，盛矣哉！余於莊先生不及見，見李先生，故論其大旨於篇。

◎王其淦、吳康壽光緒《武進陽湖縣志》卷二十八《藝文》：莊存與《春秋正辭》十二卷附《舉例》一卷、《要旨》一卷（並存）。

◎趙爾巽《清史稿》卷一百四十五志一百二十《藝文》一：《春秋正辭》十一卷、《春秋舉例》一卷、《春秋要指》一卷，莊存與撰。

◎張之洞《書目答問》卷一《經部》：《春秋正辭》十三卷（莊存與。味經齋本。學海堂本。龔自珍《春秋決事比》，未見傳本）。

莊逢原 春秋三傳補正 二卷 佚

◎王其淦、吳康壽光緒《武進陽湖縣志》卷二十八《藝文》：莊逢原《春秋三傳補正》二卷（存）。

◎莊逢原（1735～1795），字開美，號匯川，一號玉泉。武進（今江蘇常州）人。莊存與長子。乾隆三十年（1765）舉人。歷任山陽訓導、全椒教諭，候選知縣。著有《易說》三卷、《詩鄭箋正謬》二卷、《春秋說》、《春秋三傳補正》二卷、《雜雅》一卷。

莊逢原 春秋說 佚

莊述祖 穀梁考異 二卷 佚

◎宋翔鳳《樸學齋文錄》卷四《朝議大夫劉君墓志銘》：乾隆丁酉，以官卷中江南鄉試，庚子成進士，相國阿桂公以先生故人子，欲羅致之，避嫌不往謁。時和相用事，阿公之門下士稍稍去，亦以是疑先生。殿試卷已擬進呈，後卒置十卷後。引見歸班銓選，先生遂歸奉母以居。先是以經學之外製詩賦詞章甚富，以不入翰林，遂棄去，從事小學，治許氏書。以先求識字，謂六書之義，轉注諧聲最繁而無定說，用《爾雅》之例，編《說文轉注》；用《廣韻》例，又博考三代秦漢有韻之文，編《說文諧聲》。《說文》之學以是遂明，而周秦之書無不可讀者。遂校《逸周書》，解《夏小正》，《詩》《書》次第皆有纂著……後生以學問就正，諄諄誨誘，未嘗有所隱也。嘗云：「吾諸甥中，劉申受可以為師，宋虞庭可以為友。」翔鳳先母為先生女弟，己未歲歸寧，命翔鳳留常州，先生教以讀書稽古之道，家法緒論得聞其略。先生饌《夏小正經傳考釋》以斗柄南門織女記天行之不變，以參中火中紀日度之差，又据二月丁亥斷夏時，以正月甲寅啟蟄為曆元，解歲祭為郊，萬用入學為明堂之祭。凡讀正經傳皆博稽載籍，精思而得之，而夏時顯矣。又饌《古文甲乙篇》，得許氏始作偏旁條例

以序文字，始於一終於十，日十二辰，此六書之條例所從出，合於《爾雅》歲陽歲名，以明十二支藏遁之法，有《歸藏》之義焉。凡天地之數，日辰干支。在黃帝世，大橈作之，隸首紀之，沮誦、倉頡名之，以書契易結繩，故伏羲畫八卦之後，以此三十二類為正名百物之本，故《歸藏》，黃帝易也，古籀條例皆由此出。凡許書所存及見於款識者，分別部居，各就條理。晚年常為口號曰：「慣看模糊字，喦攻穿鑿文」，亦紀實也。時從兄子綏甲日從講論，得之最詳。其摹寫鐘鼎彝器釋文，皆出次子又朔手。翔鳳為四方之遊者十年於茲，每於郵書中聞先生發明《歸藏》之說。因思《歸藏》首坤，坤辟亥，亥，壬甲之所藏也，則六壬六甲之古皆本於《歸藏》，惜僅存於術家。得先生之疏而闡繹之，坤乾之義佚而後存，夏時之等微而後顯。同時王給事念孫作《廣雅疏證》、段大令玉裁作《說文正義》，每采先生之說，歎為精到。不知其尚為微文碎義，非其至者也。所校古書有据意改者，證之舊本無不合。如今本《白虎通》引《書·無逸篇》曰：「厥兆天子爵」，校改為《書》逸篇，盧學士文弨采入刻本中。江方正聲深為譏笑，其後盧君又得宋元本，皆作《書》逸篇，江君始悔其說。今本《列女傳》文王太姒條乙去數行，以為後人屢入。後吳門顧氏得宋本，則無此數行，臧文學庸歎服焉。所著有《尚書古今文授讀》四卷、《尚書記章句》一卷、《尚書古今文考證》一卷、《尚書雜義》一卷、《校尚書大傳》三卷、《校逸周書》十卷、《書序說義考注》二卷、《毛詩授讀》三十卷、《毛詩口義》三卷、《毛詩考證》四卷、《詩記長編》一卷、《樂記廣義》一卷、《左傳補注》一卷、《穀梁考異》二卷、《五經小學述》二卷、《五經疑義》一卷、《特牲饋食禮節記》一卷、《論語集解別記》二卷、《明堂陰陽夏小正經傳考釋》十一卷、《明堂陰陽記長編》十卷、《古文甲乙篇》四卷、《甲乙篇偏旁條例》二十五卷、《說文古籀疏證》二十五卷、《說文諧聲考》一卷、《說文轉注》二十卷、《鐘鼎彝器釋文》一卷、《石鼓然疑》一卷、《聲字類苑》一卷、《弟子職集解》一卷、《校正列女傳凡首》一卷、《校正白虎通別錄》三卷、《史記決疑》五卷、《天官書補考》一卷、《校定孔子世家》一卷、《歷代載籍足徵錄》一卷、《漢鏡歌句解》一卷、《詩集》三卷、《文集》四卷。

◎王其淦、吳康壽光緒《武進陽湖縣志》卷二十三《人物·經學》：述祖原本家學，研求精密，於世儒所忽不經意者覃思獨闢，洞見本末。著述皆義理宏達，為前賢所未有。五經悉有撰著，旁及《逸周書》《尚書大傳》《史記》《白虎通》，於其舛句訛字、佚文脫簡編輯次序，駁引證據，不啻面稽古人也。

◎莊述祖（1751～1816），字葆琛，號珍藝，晚自號礫齋。江蘇武進人。莊培因子，莊存與從子，莊又朔父。乾隆四十五年（1780）進士。選山東樂昌知縣，調濰縣知縣，後遷曹州府桃園同知，不一月乞養歸。乾隆五十七年（1792）、六十年（1795）曾任山東鄉試同考官。著有《尚書古今文授讀》四卷、《尚書記章句》一卷、《尚書雜義》一卷、《尚書今古文考證》一卷、《書序說義考注》二卷、《校尚書大傳》三卷、《毛詩授讀》三十卷、《毛詩口義》三卷（一名《毛詩周頌口義》三卷）、《毛詩考證》四卷、《詩記長編》一卷、《特牲饋食禮節記》一卷、《明堂陰陽夏小正經傳考釋》十一卷、《夏小正經傳考釋》十卷、《明堂陰陽記長編》十卷、《樂記廣義》一卷、《左傳補注》一卷、《穀梁考異》二卷、《論語集解別記》二卷、《說文古籀疏證》二十五卷、《說文古籀疏証目》一卷、《說文諧聲考》一卷、《說文轉注》二十卷、《鐘鼎彝器釋文》一卷、《古文甲乙篇》四卷、《甲乙篇偏旁條例》二十五卷、《石鼓然疑》一卷、《聲字類苑》一卷、《五經小學述》二卷、《五經疑義》一卷、《五經異義纂》一卷、《五經摭遺》一卷、《歷代載籍足徵錄》一卷、《史記決疑》五卷、《天官書補考》一卷、《弟子職集解》一卷、《漢鐃歌句解》一卷、《珍藝宧文鈔》七卷、《珍藝宧詩鈔》二卷、《校逸周書》十卷、《校正列女傳凡首》一卷、《白虎通義考》一卷、《輯白虎通義闕文》一卷、《校正白虎通別錄》三卷、《校定孔子世家》一卷等書。

莊述祖 左傳補註 一卷 佚

◎宋翔鳳《樸學齋文錄》卷四《朝議大夫劉君墓志銘》：所著有《尚書古今文授讀》四卷、《尚書記章句》一卷、《尚書古今文考證》一卷、《尚書雜義》一卷、《校尚書大傳》三卷、《校逸周書》十卷、《書序說義考注》二卷、《毛詩授讀》三十卷、《毛詩口義》三卷、《毛詩考證》四卷、《詩記長編》一卷、《樂記廣義》一卷、《左傳補注》一卷、《穀梁考異》二卷、《五經小學述》二卷、《五經疑義》一卷、《特牲饋食禮節記》一卷、《論語集解別記》二卷、《明堂陰陽夏小正經傳考釋》十一卷、《明堂陰陽記長編》十卷、《古文甲乙篇》四卷、《甲乙篇偏旁條例》二十五卷、《說文古籀疏證》二十五卷、《說文諧聲考》一卷、《說文轉注》二十卷、《鐘鼎彝器釋文》一卷、《石鼓然疑》一卷、《聲字類苑》一卷、《弟子職集解》一卷、《校正列女傳凡首》一卷、《校正白虎通別錄》三卷、《史記決疑》五卷、《天官書補考》一卷、《校定孔子世家》一卷、《歷代載籍足徵錄》一卷、《漢鐃歌句解》一卷、《詩集》三卷、《文集》四卷。

◎董士錫《易說序》〔註112〕：莊先生存與以侍郎官於朝，未嘗以經學自鳴，成書又不刊板行世，世是以無聞焉。嘉慶間，其彌甥劉逢祿作《公羊釋例》，精密無耦，以為其源自先生。

◎趙爾巽《清史稿》列傳二百六十八《儒林》二：述祖傳存與之學，研求精密，於世儒所忽不經意者，覃思獨辟，洞見本末。著述皆義理宏達，為前賢未有。以為《連山》亡而尚存《夏小正》，《歸藏》亡而尚有倉頡古文，略可稽求義類，故著《夏小正經傳考釋》，以斗柄南門織女記天行之不變，以參中大中記日度之差，以二月丁卯知夏時，以正月甲寅啟蟄為曆元，歲祭為郊，萬用入學為禘。著《古文甲乙篇》，謂許叔重始一終亥，偏旁條例所由出，日辰干支，黃帝世大撓所作，沮誦、蒼頡名之以易結繩，伏羲畫八卦作十言之教之後，以此三十二類為正名百物之本，故《歸藏》為黃帝《易》。就許氏偏旁條例，以干支別為序次，凡許書所存及見於金石文字者，分別部居。書未竟，而條理粗具。其餘五經，悉有撰著。旁及《逸周書》、《尚書大傳》、《史記》、《白虎通》，於其舛句訛字、佚文脫簡，易次換弟，草薙腌補，咸有證據，無不疏通，曠然思慮之表，若面稽古人而整比之也。所著《夏小正經傳考釋》十卷、《尚書今古文考證》七卷、《毛詩考證》四卷、《毛詩周頌口義》三卷、《五經小學述》二卷、《歷代載籍足徵錄》一卷、《弟子職集解》一卷、《漢鐃歌句解》一卷、《石鼓然疑》一卷、《文鈔》七卷、《詩鈔》二卷。

莊有可 春秋邦交義 五卷 佚

◎王其淦、吳康壽光緒《武進陽湖縣志》卷二十八《藝文》：莊有可《春秋注解》十六卷、《字數義》一百四卷、《地名考》二卷、《人名考》二卷、《人倫考》二卷、《爵官考》二卷、《天道義》九十四卷、《人倫義》五十六卷、《地理義》十五卷、《人事義》一卷、《人名義》二卷、《謚義》一卷、《氏族義》二卷、《禮事義》二卷、《慎終義》四卷、《邦交義》五卷、《慎行義》二卷、《兵爭義》二卷、《春秋定本》一卷、《經文譌異辨正》一卷、《春秋小學》七卷附《異文小學》一卷、《字義本》四卷（佚）。

◎莊有可（1744～1821），又名獻可，字大久（岱玖），別號慕良。江蘇常州人。莊存與祖孫，莊誌男父。勤學力行，老而彌篤。博通經傳，精研義理，尤精《春秋》。乾隆五十一年（1786）課徒京師，五十七年（1792）參校文淵

〔註112〕摘自《味經齋遺書・象傳論》卷首。

閣《四庫全書》。後主講蓮城、卜里諸書院。嘉慶六年（1801）修《合肥縣志》。著有《卦序別臆》一卷、《刪輯元清江張理張仲純氏易說》一卷、《刪輯周易玩辭》二卷、《易義條析》一卷、《周易大傳十翼原本》一卷、《周易集說》七卷、《周易文字異同考》一卷、《周易異文》一卷、《周易原本訂正》二卷、《周易篆文》四卷、《毛詩說》、《周官集說》、《周官指掌》、《禮記集說》、《春秋地名考》二卷、《春秋定本》一卷、《春秋經文譌異辨正》一卷、《春秋人名考》二卷、《春秋慎行義》二卷、《春秋使師義》一卷、《春秋小學》八卷、《春秋刑法義》一卷、《春秋異文小學》一卷、《春秋注解》十六卷、《春秋字數義》一百零四卷、《春秋字義本》四卷、《慕良雜纂》、《慕良雜編》一卷、《慕良雜著》、《怡適偶成》一卷。

莊有可 春秋兵爭義 二卷 佚

◎王其淦、吳康壽光緒《武進陽湖縣志》卷二十八《藝文》：莊有可《春秋注解》十六卷、《字數義》一百四卷、《地名考》二卷、《人名考》二卷、《人倫考》二卷、《爵官考》二卷、《天道義》九十四卷、《人倫義》五十六卷、《地理義》十五卷、《人事義》一卷、《人名義》二卷、《謚義》一卷、《氏族義》二卷、《禮事義》二卷、《慎終義》四卷、《邦交義》五卷、《慎行義》二卷、《兵爭義》二卷、《春秋定本》一卷、《經文譌異辨正》一卷、《春秋小學》七卷附《異文小學》一卷、《字義本》四卷（佚）。

莊有可 春秋地理義 十五卷 佚

◎王其淦、吳康壽光緒《武進陽湖縣志》卷二十八《藝文》：莊有可《春秋注解》十六卷、《字數義》一百四卷、《地名考》二卷、《人名考》二卷、《人倫考》二卷、《爵官考》二卷、《天道義》九十四卷、《人倫義》五十六卷、《地理義》十五卷、《人事義》一卷、《人名義》二卷、《謚義》一卷、《氏族義》二卷、《禮事義》二卷、《慎終義》四卷、《邦交義》五卷、《慎行義》二卷、《兵爭義》二卷、《春秋定本》一卷、《經文譌異辨正》一卷、《春秋小學》七卷附《異文小學》一卷、《字義本》四卷（佚）。

莊有可 春秋地名考 二卷 佚

◎王其淦、吳康壽光緒《武進陽湖縣志》卷二十三《人物·經學》：幼沈粹內朗，喜讀書，無歧好。迨長，取諸經傳精研義理，句櫛字比，合諸儒之書

以正其是非而自為之說。兩游京師不遇，子宦河南，迎養至署，晨夕一編，不廢故業。年七十九卒。著書四百餘卷，於《春秋》功力最摯。

◎王其淦、吳康壽光緒《武進陽湖縣志》卷二十八《藝文》：莊有可《春秋注解》十六卷、《字數義》一百四卷、《地名考》二卷、《人名考》二卷、《人倫考》二卷、《爵官考》二卷、《天道義》九十四卷、《人倫義》五十六卷、《地理義》十五卷、《人事義》一卷、《人名義》二卷、《謚義》一卷、《氏族義》二卷、《禮事義》二卷、《慎終義》四卷、《邦交義》五卷、《慎行義》二卷、《兵爭義》二卷、《春秋定本》一卷、《經文謳異辨正》一卷、《春秋小學》七卷附《異文小學》一卷、《字義本》四卷（佚）。

莊有可 春秋定本 一卷 佚

◎王其淦、吳康壽光緒《武進陽湖縣志》卷二十八《藝文》：莊有可《春秋注解》十六卷、《字數義》一百四卷、《地名考》二卷、《人名考》二卷、《人倫考》二卷、《爵官考》二卷、《天道義》九十四卷、《人倫義》五十六卷、《地理義》十五卷、《人事義》一卷、《人名義》二卷、《謚義》一卷、《氏族義》二卷、《禮事義》二卷、《慎終義》四卷、《邦交義》五卷、《慎行義》二卷、《兵爭義》二卷、《春秋定本》一卷、《經文謳異辨正》一卷、《春秋小學》七卷附《異文小學》一卷、《字義本》四卷（佚）。

莊有可 春秋經文謳異辨正 一卷 佚

◎莊俞《岱玖公年譜》道光二年壬午七十九歲條：公之為學，思慮至周，考核至精，不持一見，不泥一說，竊自附於直道之民。

◎王其淦、吳康壽光緒《武進陽湖縣志》卷二十八《藝文》：莊有可《春秋注解》十六卷、《字數義》一百四卷、《地名考》二卷、《人名考》二卷、《人倫考》二卷、《爵官考》二卷、《天道義》九十四卷、《人倫義》五十六卷、《地理義》十五卷、《人事義》一卷、《人名義》二卷、《謚義》一卷、《氏族義》二卷、《禮事義》二卷、《慎終義》四卷、《邦交義》五卷、《慎行義》二卷、《兵爭義》二卷、《春秋定本》一卷、《經文謳異辨正》一卷、《春秋小學》七卷附《異文小學》一卷、《字義本》四卷（佚）。

莊有可 春秋爵官考 二卷 佚

◎王其淦、吳康壽光緒《武進陽湖縣志》卷二十八《藝文》：莊有可《春

秋注解》十六卷、《字數義》一百四卷、《地名考》二卷、《人名考》二卷、《人倫考》二卷、《爵官考》二卷、《天道義》九十四卷、《人倫義》五十六卷、《地理義》十五卷、《人事義》一卷、《人名義》二卷、《謚義》一卷、《氏族義》二卷、《禮事義》二卷、《慎終義》四卷、《邦交義》五卷、《慎行義》二卷、《兵爭義》二卷、《春秋定本》一卷、《經文譌異辨正》一卷、《春秋小學》七卷附《異文小學》一卷、《字義本》四卷（佚）。

莊有可 春秋禮事義 二卷 佚

◎王其淦、吳康壽光緒《武進陽湖縣志》卷二十八《藝文》：莊有可《春秋注解》十六卷、《字數義》一百四卷、《地名考》二卷、《人名考》二卷、《人倫考》二卷、《爵官考》二卷、《天道義》九十四卷、《人倫義》五十六卷、《地理義》十五卷、《人事義》一卷、《人名義》二卷、《謚義》一卷、《氏族義》二卷、《禮事義》二卷、《慎終義》四卷、《邦交義》五卷、《慎行義》二卷、《兵爭義》二卷、《春秋定本》一卷、《經文譌異辨正》一卷、《春秋小學》七卷附《異文小學》一卷、《字義本》四卷（佚）。

莊有可 春秋人倫考 二卷 佚

◎王其淦、吳康壽光緒《武進陽湖縣志》卷二十八《藝文》：莊有可《春秋注解》十六卷、《字數義》一百四卷、《地名考》二卷、《人名考》二卷、《人倫考》二卷、《爵官考》二卷、《天道義》九十四卷、《人倫義》五十六卷、《地理義》十五卷、《人事義》一卷、《人名義》二卷、《謚義》一卷、《氏族義》二卷、《禮事義》二卷、《慎終義》四卷、《邦交義》五卷、《慎行義》二卷、《兵爭義》二卷、《春秋定本》一卷、《經文譌異辨正》一卷、《春秋小學》七卷附《異文小學》一卷、《字義本》四卷（佚）。

莊有可 春秋人倫義 五十六卷 佚

◎王其淦、吳康壽光緒《武進陽湖縣志》卷二十八《藝文》：莊有可《春秋注解》十六卷、《字數義》一百四卷、《地名考》二卷、《人名考》二卷、《人倫考》二卷、《爵官考》二卷、《天道義》九十四卷、《人倫義》五十六卷、《地理義》十五卷、《人事義》一卷、《人名義》二卷、《謚義》一卷、《氏族義》二卷、《禮事義》二卷、《慎終義》四卷、《邦交義》五卷、《慎行義》二卷、《兵

爭義》二卷、《春秋定本》一卷、《經文譌異辨正》一卷、《春秋小學》七卷附《異文小學》一卷、《字義本》四卷（佚）。

莊有可 春秋人名考 二卷 佚

◎王其淦、吳康壽光緒《武進陽湖縣志》卷二十八《藝文》：莊有可《春秋注解》十六卷、《字數義》一百四卷、《地名考》二卷、《人名考》二卷、《人倫考》二卷、《爵官考》二卷、《天道義》九十四卷、《人倫義》五十六卷、《地理義》十五卷、《人事義》一卷、《人名義》二卷、《謚義》一卷、《氏族義》二卷、《禮事義》二卷、《慎終義》四卷、《邦交義》五卷、《慎行義》二卷、《兵爭義》二卷、《春秋定本》一卷、《經文譌異辨正》一卷、《春秋小學》七卷附《異文小學》一卷、《字義本》四卷（佚）。

莊有可 春秋人名義 二卷 佚

◎王其淦、吳康壽光緒《武進陽湖縣志》卷二十八《藝文》：莊有可《春秋注解》十六卷、《字數義》一百四卷、《地名考》二卷、《人名考》二卷、《人倫考》二卷、《爵官考》二卷、《天道義》九十四卷、《人倫義》五十六卷、《地理義》十五卷、《人事義》一卷、《人名義》二卷、《謚義》一卷、《氏族義》二卷、《禮事義》二卷、《慎終義》四卷、《邦交義》五卷、《慎行義》二卷、《兵爭義》二卷、《春秋定本》一卷、《經文譌異辨正》一卷、《春秋小學》七卷附《異文小學》一卷、《字義本》四卷（佚）。

莊有可 春秋人事義 一卷 佚

◎王其淦、吳康壽光緒《武進陽湖縣志》卷二十八《藝文》：莊有可《春秋注解》十六卷、《字數義》一百四卷、《地名考》二卷、《人名考》二卷、《人倫考》二卷、《爵官考》二卷、《天道義》九十四卷、《人倫義》五十六卷、《地理義》十五卷、《人事義》一卷、《人名義》二卷、《謚義》一卷、《氏族義》二卷、《禮事義》二卷、《慎終義》四卷、《邦交義》五卷、《慎行義》二卷、《兵爭義》二卷、《春秋定本》一卷、《經文譌異辨正》一卷、《春秋小學》七卷附《異文小學》一卷、《字義本》四卷（佚）。

莊有可 春秋慎行義 二卷 存

浙江藏清抄本

續修四庫全書影印浙江藏清抄本

◎王其淦、吳康壽光緒《武進陽湖縣志》卷二十八《藝文》：莊有可《春秋注解》十六卷、《字數義》一百四卷、《地名考》二卷、《人名考》二卷、《人倫考》二卷、《爵官考》二卷、《天道義》九十四卷、《人倫義》五十六卷、《地理義》十五卷、《人事義》一卷、《人名義》二卷、《謚義》一卷、《氏族義》二卷、《禮事義》二卷、《慎終義》四卷、《邦交義》五卷、《慎行義》二卷、《兵爭義》二卷、《春秋定本》一卷、《經文譌異辨正》一卷、《春秋小學》七卷附《異文小學》一卷、《字義本》四卷（佚）。

莊有可 春秋慎終義 四卷 佚

◎王其淦、吳康壽光緒《武進陽湖縣志》卷二十八《藝文》：莊有可《春秋注解》十六卷、《字數義》一百四卷、《地名考》二卷、《人名考》二卷、《人倫考》二卷、《爵官考》二卷、《天道義》九十四卷、《人倫義》五十六卷、《地理義》十五卷、《人事義》一卷、《人名義》二卷、《謚義》一卷、《氏族義》二卷、《禮事義》二卷、《慎終義》四卷、《邦交義》五卷、《慎行義》二卷、《兵爭義》二卷、《春秋定本》一卷、《經文譌異辨正》一卷、《春秋小學》七卷附《異文小學》一卷、《字義本》四卷（佚）。

莊有可 春秋使師義 一卷 存

浙江藏清抄本

續修四庫全書影印浙江藏清抄本

◎卷首云：使與師皆用也，必皆有主焉，立之體而後可以致用也。若其為用之不同，蓋又勢之所由分也。是故使也者，王帛之事，主於合好，賓禮也。帥也者，兵戎之事，主於敵愾，軍禮也。天地之大，陰陽之本，和則相生，戾則相剋，使与師其極致歟？然而使有如師如會、師有師城師救，則兵戈或轉而俎豆、安平冀得於憂患，其遷流之無定，至於不可勝窮，似亦勢運之常。然而要其握之樞而成於動者，又寧得漫而委之於命也哉！辛酉仲秋既望越七日丁卯，莊有可書於合肥縣署。

◎上海古籍出版社 2015 年《續修四庫全書總目提要・春秋類》「《春秋慎行義》二卷、《春秋刑法義》一卷、《春秋使師義》一卷」：所言慎行者，蓋凡一舉一動，不可不慎之謂。《春秋慎行義》凡兩卷，首列居，蓋居為行之本，

居能安，則心能守正，而言動無有不當。居以下，莊氏臚列在、出、入、奔、如、至、自、歸、來、次、遷、納、出奔又出奔、如又如、入又入、自又自、歸又歸、來聘又來聘、來又來、居入、至居、出入、出歸、入歸、如至、如自、如奔、如自自諸目，以明《春秋》書法之慎於行者。《春秋刑法義》一卷，卷首有短序一篇。蓋以春秋之世，亂獄滋豐，刑典壞極，而《春秋》書之，非但正刑典而已，亦是天討天罰，故序謂「與天行之秋令有適相符合者」。下列執、刺、殺、弒、用、獲諸目，以明《春秋》刑法之義。《春秋使師義》一卷，前有短序一篇，曰：「使也者，玉帛之事，主於合好，賓禮也；師也者，兵戎之事，主於敵愾，軍禮也。」然使有如師如會，師有師城師救，則兵戈俎豆，自可相轉，其樞機之間，成於動者，則或師或使，亦不可不慎，不得漫而委之於命也。以上三編，皆首列條目，次舉經文為綱，且各為之論，亦取屬辭比事之義，其間不乏有自得之說。然論見解之精到，則力或有所不逮。此本據浙江圖書館館藏清抄本影印。（郭曉東）

莊有可 春秋氏族義 二卷 佚

◎王其淦、吳康壽光緒《武進陽湖縣志》卷二十八《藝文》：莊有可《春秋注解》十六卷、《字數義》一百四卷、《地名考》二卷、《人名考》二卷、《人倫考》二卷、《爵官考》二卷、《天道義》九十四卷、《人倫義》五十六卷、《地理義》十五卷、《人事義》一卷、《人名義》二卷、《謚義》一卷、《氏族義》二卷、《禮事義》二卷、《慎終義》四卷、《邦交義》五卷、《慎行義》二卷、《兵爭義》二卷、《春秋定本》一卷、《經文譌異辨正》一卷、《春秋小學》七卷附《異文小學》一卷、《字義本》四卷（佚）。

莊有可 春秋謚義 一卷 佚

◎王其淦、吳康壽光緒《武進陽湖縣志》卷二十八《藝文》：莊有可《春秋注解》十六卷、《字數義》一百四卷、《地名考》二卷、《人名考》二卷、《人倫考》二卷、《爵官考》二卷、《天道義》九十四卷、《人倫義》五十六卷、《地理義》十五卷、《人事義》一卷、《人名義》二卷、《謚義》一卷、《氏族義》二卷、《禮事義》二卷、《慎終義》四卷、《邦交義》五卷、《慎行義》二卷、《兵爭義》二卷、《春秋定本》一卷、《經文譌異辨正》一卷、《春秋小學》七卷附《異文小學》一卷、《字義本》四卷（佚）。

莊有可 春秋天道義 九十四卷 佚

◎王其淦、吳康壽光緒《武進陽湖縣志》卷二十八《藝文》：莊有可《春秋注解》十六卷、《字數義》一百四卷、《地名考》二卷、《人名考》二卷、《人倫考》二卷、《爵官考》二卷、《天道義》九十四卷、《人倫義》五十六卷、《地理義》十五卷、《人事義》一卷、《人名義》二卷、《謚義》一卷、《氏族義》二卷、《禮事義》二卷、《慎終義》四卷、《邦交義》五卷、《慎行義》二卷、《兵爭義》二卷、《春秋定本》一卷、《經文譌異辨正》一卷、《春秋小學》七卷附《異文小學》一卷、《字義本》四卷（佚）。

莊有可 春秋小學 八卷 存

復旦、南京、臺灣大學、上海辭書出版社藏 1935 年上海商務印書館石印稿本

續修四庫全書影印上海辭書出版社藏 1935 年商務印書館石印稿本

◎序：且自伏羲畫卦，而書契之作始基之矣。然神農猶結繩為治，迨黃帝時倉頡作史，見鳥獸遞迒之跡，而後文字生焉。於是依類象形，蟲魚草木，世益滋也。禹平水土，主名山川，又鑄鼎以知神姦，而物象尤無不備。然則《周官》所言三皇五帝之書大都主於形似，易卦其尤著者也。若乃象形不已而指事，指事不已而會意，變而通之而神明愈出。其後形聲相益，孳乳彌多，於是有文同聲相近而義不盡同者，則謂之諧聲。有文同而聲義俱不必同者，則謂之轉注。又有聲義雖同而文不同者，則謂之假借。然而同異之間，錯綜反復，不拘一轍，要以窮通濟用、明辨紀治。則象形、指事、會意三者每多立異以成文；諧聲、轉注、假借三者無不從同以辨義，其大較也。三代以前，字簡書略，蓋六書成文之史必始於夏，故孔子刪書亦首《堯典》也。乃許氏不通六書之本，止見秦漢小篆，牽合偏旁成字，遂槩以形聲為主，而象形間見焉，指事、會意尤間見焉，至於轉注、假借則又全不識焉。蓋漢儒學力粗疏，亦於斯可見矣。夫書自倉頡以來至於秦篆，日異歲不同，疑若不可勝究。然而義必有由，形必有故，循餖飣訓詁一偏之說而不求其端，則雖如《爾雅》之釋至十九篇，皆俗儒之末事，且舛謬居半者也。余讀《春秋》歷二十年，每自喜得前人所未得。然雖愈有得而高堅，前後之致乃以之愈深。因念六書小學亦博文之一端，且又取義之本所必自而不可廢，故復學之年餘，始知書之有六，其原委次第有必然者，是於《春秋》之義雖甚微且末，要亦不為無補。若夫糾摘許氏之失，則固非所尚

云爾。嘉慶二年歲次丁巳五月辛亥，武進莊有可書於順德府連城書院之滌硯齋。

◎莊述祖《珍埶宦文鈔》卷六《答族孫大久論許氏說文書》：承示近箸《春秋》及各經小學敘二首，究六書之源流，獨見其大。以此發前人所未發，美矣。述祖於許氏書亦嘗稍窺一二，其有功於六埶甚鉅。自二徐以來，為其學者往往殫畢生之力猶不得其要領。而足下毅然以為於六書所由作嘗乎未辨，恐不免驚世駭俗，且非持平之論也。蓋書之所以有六，本乎制作之意，缺一不可。象形指事謂之文，會意諧聲謂之字，轉注以通會意之窮，假借以廣諧聲之用，有假借而諧聲之字固省矣。故古文字少，假借居多。象形、指事、會意、諧聲，《說文》所可言者也；轉註、假借，《說文》所不言而學者可以類推者也。何也？考老即解說，令長非本字也。豈可以許氏所不言為許氏所不知哉？總之，壁中書之存於《說文》者無幾，而鼎彝款識後世滋多，亦不能無贋託。試取許氏所說者正之以拾遺補埶，是所望於好古博學之儒也。

◎王其淦、吳康壽光緒《武進陽湖縣志》卷二十八《藝文》：莊有可《春秋注解》十六卷、《字數義》一百四卷、《地名考》二卷、《人名考》二卷、《人倫考》二卷、《爵官考》二卷、《天道義》九十四卷、《人倫義》五十六卷、《地理義》十五卷、《人事義》一卷、《人名義》二卷、《謚義》一卷、《氏族義》二卷、《禮事義》二卷、《慎終義》四卷、《邦交義》五卷、《慎行義》二卷、《兵爭義》二卷、《春秋定本》一卷、《經文譌異辨正》一卷、《春秋小學》七卷附《異文小學》一卷、《字義本》四卷（佚）。

◎上海古籍出版社2015年《續修四庫全書總目提要·春秋類》「《春秋小學》八卷」：是書名《春秋小學》，然實非《春秋》之作，乃討論《說文》字義之書。卷首有嘉慶二年自序，謂「於《春秋》之義雖甚微且末，要亦不為無補」。其書變更《說文》字序，以《說文》之字見於《春秋》者為序。凡《說文》中字，見於《春秋》者為正文，不見於《春秋》者為附文。其謂自倉頡造書以來，義必有由，形必有故，不當僅循餖飣訓詁一偏之說，故由字義之本，求六書原委次第之必然者。是編極詆許慎《說文》，序謂「許氏不通六書之本，止見秦漢小篆，牽合偏旁成字，遂概以諧聲為主，而象形間見焉，指事、會意尤間見焉，至於轉注、假借，則又全不識」。於《說文》雖有所見，然其斥許氏之不通六書，則過甚也。此本據上海辭書出版社圖書館藏民國二十四年商務印書館影印本影印。（郭曉東）

莊有可 春秋刑法義 一卷 存

浙江藏清抄本

續修四庫全書影印浙江藏清抄本

◎卷首云：在昔蚩尤作亂，始作五虐之刑，名之曰法，而後刑制興焉。夫天有四時，春主生而秋主殺，其相濟為用，本闕一而不可。則其事雖創始於蚩尤，蓋亦非其私智所能專矣。若乃大者陳之原野，金革之變固一國之存亡係之。次則肆諸市朝，亦非止一身一家之故也。故《書》曰：「士制百姓於刑之中，以教祇德」，刑人殺人，不与禮樂相為表裏哉！王者之道不敢侮鰥寡，諸侯之法無專殺大夫，此成周之隆司寇之禁所由刑措歟？至於春秋，亂獄滋豐，執殺從欲，馴至犯上行逆，弒君二十有四，則刑典之壞極矣。然而世有治亂，道無汙隆，究其從來，亦中与不中之辨耳。《春秋》詳書之，雖以備人事，蓋實与天行之秋令有適相符合者，而何可不慎也。辛酉嘉平月望丁巳，莊有可。

◎條目：執、刺、放、殺、弒、用、獲。

莊有可 春秋異文小學 一卷 佚

◎王其淦、吳康壽光緒《武進陽湖縣志》卷二十八《藝文》：莊有可《春秋注解》十六卷、《字數義》一百四卷、《地名考》二卷、《人名考》二卷、《人倫考》二卷、《爵官考》二卷、《天道義》九十四卷、《人倫義》五十六卷、《地理義》十五卷、《人事義》一卷、《人名義》二卷、《諡義》一卷、《氏族義》二卷、《禮事義》二卷、《慎終義》四卷、《邦交義》五卷、《慎行義》二卷、《兵爭義》二卷、《春秋定本》一卷、《經文譌異辨正》一卷、《春秋小學》七卷附《異文小學》一卷、《字義本》四卷（佚）。

莊有可 春秋注解 十六卷 佚

◎王其淦、吳康壽光緒《武進陽湖縣志》卷二十八《藝文》：莊有可《春秋注解》十六卷、《字數義》一百四卷、《地名考》二卷、《人名考》二卷、《人倫考》二卷、《爵官考》二卷、《天道義》九十四卷、《人倫義》五十六卷、《地理義》十五卷、《人事義》一卷、《人名義》二卷、《諡義》一卷、《氏族義》二卷、《禮事義》二卷、《慎終義》四卷、《邦交義》五卷、《慎行義》二卷、《兵爭義》二卷、《春秋定本》一卷、《經文譌異辨正》一卷、《春秋小學》七卷附《異文小學》一卷、《字義本》四卷（佚）。

莊有可 春秋字數義 一百零四卷 佚

◎王其淦、吳康壽光緒《武進陽湖縣志》卷二十八《藝文》：莊有可《春秋注解》十六卷、《字數義》一百四卷、《地名考》二卷、《人名考》二卷、《人倫考》二卷、《爵官考》二卷、《天道義》九十四卷、《人倫義》五十六卷、《地理義》十五卷、《人事義》一卷、《人名義》二卷、《謚義》一卷、《氏族義》二卷、《禮事義》二卷、《慎終義》四卷、《邦交義》五卷、《慎行義》二卷、《兵爭義》二卷、《春秋定本》一卷、《經文譌異辨正》一卷、《春秋小學》七卷附《異文小學》一卷、《字義本》四卷（佚）。

莊有可 春秋字義本 四卷 佚

◎王其淦、吳康壽光緒《武進陽湖縣志》卷二十八《藝文》：莊有可《春秋注解》十六卷、《字數義》一百四卷、《地名考》二卷、《人名考》二卷、《人倫考》二卷、《爵官考》二卷、《天道義》九十四卷、《人倫義》五十六卷、《地理義》十五卷、《人事義》一卷、《人名義》二卷、《謚義》一卷、《氏族義》二卷、《禮事義》二卷、《慎終義》四卷、《邦交義》五卷、《慎行義》二卷、《兵爭義》二卷、《春秋定本》一卷、《經文譌異辨正》一卷、《春秋小學》七卷附《異文小學》一卷、《字義本》四卷（佚）。

莊忠棫 春秋三書平議 佚

◎郭嵩燾《郭嵩燾日記》同治二年六月廿二日：蒿庵自著書三種：一《周易繁露》，仿董江都《春秋繁露》為之；一《春秋三書平議》，因何休《左氏膏肓》/《穀梁廢》/《公羊墨守》、鄭康成《箴膏肓》/《釋廢疾》（國朝劉逢祿復申釋之）/《發墨守》，平議者，平論其義也；又《晉史表》三卷、《金源氏族志》二卷。亦見蒿庵數年用功之勤矣。

◎光緒十二年譚獻《蒿庵遺集序》：若夫其志，則學《蕃露》之學以通《春秋》，權於《春秋》之變以明《易》，夫豈空言而已！

◎袁昶撰《哀辭》〔註113〕：並吾世而居游之士，其通古學，能為漢晉之辭，而境又最窮者，莫如德清戴子高望、丹徒莊中白棫……君於經多讀《易》《春秋》，能通其象數科指。

◎莊忠棫（1830～1878），一名莊棫，字希祖，號中白，又號蒿庵。江蘇

〔註113〕節錄自《蒿庵遺集》卷首。

丹陽（今鎮江市）人。先世為鹽商，少時以輸餉得部主事，後家道中落，客遊
京師，不遇。曾國藩延致書局，校書江寧、淮南。與戴望、譚獻、劉壽曾、袁
昶等人為道義交，學益進。同邑柳興恩稱其竭力著書，窮而不愁，更出虞卿之
上。精詩文，通占候。好讀緯，以為微言大義，非緯不能通經。治易通張惠言、
焦循之學。著有《周易繁露》五卷、《周易通義》十六卷、《易荀氏九家義》九
卷、《周易荀氏例》二卷、《易緯通義》十卷、《春秋三書平議》、《蒿庵遺稿》
十二卷、《蒿庵詞》（又名《中白詞》）四卷、《東莊讀詩記》一卷、《金源氏族
志》、《金匱釋例》、《靜觀堂文》十八卷等。

莊□□輯 春秋穀梁傳釋廢疾 一卷 存

> 莊進士所集書七種本
> ◎漢鄭玄原撰。

莊□□輯 春秋左氏鍼膏肓 一卷 存

> 莊進士所集書七種本
> ◎漢鄭玄原撰。

莊□□輯 發墨守附錄 一卷 存

> 莊進士所集書七種本
> ◎漢鄭玄原撰。

卓爾康 春秋辯義 四十卷 存

> 四庫全書本
> ◎或著錄作《春秋辨義》。
> ◎春秋辯義自序：《春秋》經世聖人之志也，東洲之衰，麟泣鳳歌，夫子
> 不得行道使天下復見文武成康之盛，而徒竊取其義以寄志，然而不免為議矣。
> 故禮樂征伐自諸侯出，諸侯之罪也；政在大夫，大夫之罪也；庶人而議，庶人
> 之罪也。夫子以議自任，且以罪自任者，不得已焉耳。莊生竊窺之，曰：「《春
> 秋》議而不辯」。千古說《春秋》者，孟子「彼善於此」得《春秋》之事；莊
> 生「議而不辯」，得《春秋》之意。後聖復起，不與易矣。唐宋儒者啖、陸輩，
> 家自一學，人立一說，庾矢弈弓如聚訟。然不止於辯，所謂義者安在？夫義者，
> 立於至精，遊於眾適。惟至精，非微妙難幾；惟眾適，即日用可合。人能虛心

平氣，鋪文觀義，隨其深隱，自在現前，蓋天下未有不即人心而能合於義也。無奈諸儒各生我見，因其近資，或以純貶生辭，或以復仇起解，方聞隔守，將牢而不通，試匹《魯論》子妻一事，謝上蔡，氣高者也，則謂聖人擇壻驚人；楊龜山，氣弱者也，則謂聖人求人者薄；著意者，以為厚兄薄己；自守者，又謂可保妻孥。《春秋》諸家說亦猶此，將聖人明白正大之文、精微玄砂之義，各就其私，展轉蔽陷，或如於無明阿閃而不可知，夫子之心不滋戚乎？故學者謂《春秋》正下，則如敬翔言諸侯戰爭之書已耳。即朱子以為末後一節，是亦作方人事從識上論也。程子曰：「《春秋》一句一事，乃窮理之要」，黃楚望曰：「推窮不得，先須要悟」，夫至於窮理與悟，而《春秋》可徒作文字觀哉！予小子冥頑黯淺，學易未見一分，中詩不知何等，顧讀書觀理，頗得虛平，每見《春秋》雜說，心多所不安。已得元人黃楚望暨國初趙子嘗、嘉靖時熊過氏書而讀之，竊有所會，於是博採前言，參以獨見，潛學二十餘年，著成一書，名曰《辯義》，一曰經義、二曰傳義、三曰書義、四曰不書義、五曰時義、六曰地義，而十二公義以序次焉之于辯矣。然而辯非聖人意也，不得已也。初時好做闊大之見，以為此書竝無成例，不過寫取于此，使人自然畏懼。如此誠與日記簿相似，所謂義者安在！及究心全經，料簡每事，或拈出另書比觀本類，或仍入全文，或旁射他例，心秤目衡，針投黍累，始知《春秋》一事必有一義，真如《易》之八卦，一斷一連，自然觀察，體之三千，半周半折，許大精神毫不可移，一無所強，特其義隱難知，故妄為人穿鑿耳語曰：「《春秋》隱而易顯」，至哉言乎！崇禎辛未中秋武林卓爾康去病父撰。顧夢游書。

　　◎春秋辯義凡例：

　　一、胡文定當南渡時，發奮著書，志固有在。中間詞旨激揚，或有所過。而昭大義、明大法，炳炳日星，不可磨滅。其諸侯之薨俱書以卒，特發此義以正二百四十年諸侯擅立之罪，獨得天子心法。

　　一、朱子《春秋》未暇著書，而微詞大義見于語次者，間多標豎。其于文定，亦所不滿，嘗曰：「恐孔子家奴出來，以為未必然」，又云：「如時文答策相似」。此書一稟朱子為主，而《大全》中諸儒所為論著者，亦多採之。

　　一、《春秋》大旨，昭代所著，如趙子嘗《屬詞》、王經世《輯義》、熊南沙《明志錄》，兼總條貫，得未曾有。然大率明事迹而于義理未盡，通傳義而于書法或遺，二者之中，補缺畧而取微眇，家舅似有所長。

一、家舅于此書潛心三十年，時地之精詳、姓名之真的、事實之貫穿十有八九。開卷「君氏卒」一條，真是寸心獨知，微言若剖；其餘大義數十、碎義數百，無不定千古之喧喧，成一時之矗矗，讀者自知。

一、此書六義，其時義、地義舊原各自成書，已因兩讀不便，茲以二義隨附各條之下，其每公後列國本末則皆時義也。

一、大宗師孔公云：「此書精者不具論，即其說倒舉，凡提一綱則百目隨，探一源則眾流會，橫來豎去，出沒無窮真二百年所未有也。」諸儒即有所得，不過一事一條耳。公以麟經名家，其言當無所徇。

一、家舅匠心獨運，不敢自是。一日以舉業通礙質諸孔公，公曰：「博士家拘文束義，總絲造理不邃、考事不詳耳。」如得此書讀之，談經說義，不知更有幾多光燄精彩在。

甥沈宗壇識。

◎春秋辯義目錄：

經義一、經義而、傳義、書義一、書義二、書義三、書義四、不書義、時義、地義。

以上二義俱雜入本公本條中不另著。

隱公卷之一、卷之二。桓公卷之三、卷之四。莊公卷之五、卷之六、卷之七。閔公卷之八。僖公卷之九、卷之十、卷之十一、卷之十二。文公卷之十三、卷之十四、卷之十五。宣公卷之十六、卷之十七。成公卷之十八、卷之十九。襄公卷之二十、卷之二十一、卷之二十二。昭公卷之二十三、卷之二十四、卷之二十五。定公卷之二十六、卷之二十七。哀公卷之二十八、卷之二十九。春秋後語卷之三十。

◎康熙《德清縣志》卷七《人物傳》：諸經皆有解義，《春秋辨義》四十卷。

◎《大清一統志》卷二百八十五《杭州府》三《人物》：所著有《易說》《詩學》《春秋辨義》諸書。

◎提要：是書大旨分為六義：曰經義、曰傳義、曰書義、曰不書義、曰時義、曰地義，持論皆為醇正。其經文每條之下，皆雜取舊說排比詮次，而斷以己意。每公之末，又各附以《列國本末》一篇，舉系於盛衰興亡之大者，別為類敘，亦頗有體要。中間如甲戌己丑陳侯鮑卒，以為是甲戌年正月己丑，史官偶倒其文。不知古人紀歲，自有閼逢、攝提格等歲陰、歲陽二十二名。其六十甲子，古人但用以紀日，不以紀歲。又如五石、六鷁謂外災，何以書？為其三

恪，且在中國。不知晉之梁山崩、宋衛陳鄭災，豈皆三恪乎？又天王狩于河陽，謂晉欲率諸侯朝王，恐有畔去者，故使人言王狩以邀之。其心甚盛，無可訾議。尤為有意翻新，反於理有礙。此類皆不可為訓。然如謂「鄭人來渝平」當依左氏訓更成，其以為墮成、不果成者，文義皆誤；又解「戎伐凡伯于楚丘」，謂一國言伐，一邑亦言伐，一家言伐，一人亦言伐，《公羊》以伐為大，乃不知侵伐之義，強為之辭。則皆明白正大，足破諸說之拘牽。在明季說《春秋》家，猶為有所闡發焉。

◎《明史》卷九十六《志》第七十二《藝文》一《春秋》：卓爾康《春秋辨義》四十卷。

◎莫友芝《邵亭知見傳本書目》卷二《經部》五《春秋類》：《春秋辨義》三十九卷，明卓爾康撰。卓氏刊本。

◎《鳴野山房書目》卷一經之五《春秋》：《春秋辨義》六十卷，錢塘卓爾康著。

◎羅振玉《經義考目錄》卷六《春秋》三十九：卓氏（爾康）《春秋辨義》三十卷（存）。《四庫》本三十九卷。

◎《浙江採集遺書總錄・乙集・經部・春秋類》：《春秋辨義》三十卷（刊本），右明運判仁和卓爾康撰。辨義者，一曰經義，二曰傳義，三曰書義，四曰不書義，五曰時義，六曰地義，而十二公義復以序次之。皆自述云。

◎錢謙益《牧齋有學集》卷三十二《墓誌銘・卓去病先生墓誌銘》：愍六經之學，不違而師悖，摩跡編削，句薅字櫛，期張眾目為羅，以蒐獵聖賢之指要。作《易說》五十卷、《詩學》四十卷、《春秋辨義》四十卷。茂苑相國進講《春秋》，將錄其書以獻，去位不果上。萬曆間，河決山東。去病年二十，與休復落第居金陵，遣老丁生裹糧視張家堰口，諸生皆目笑之。舟船南北，迂道泝沿，訪問黃、淮分合情勢，作《河渠議》十篇。旁及禮樂、郊廟、財賦、漕運、錢法、官制六典會要，各有成書，而尤詳于武備。人皆易之，謂紙上兵法耳。

◎卓爾康，字去病，號農山。仁和（今浙江杭州）人，寄籍德清。萬曆四十年（1612）舉北闈鄉薦。後授祥符教諭，署儀封、封丘，假守許州。歷升工部屯田司員外，左遷常州府檢校，徙大同推官，量移兩淮分司運判。語切直多忌，坐是罷歸。著有《易學殘本》十二卷、《春秋辨義》四十卷。

宗廷輔 東萊先生左氏博議集要 八卷 存

上海藏光緒二十三年（1846）宗氏刻本

◎宗廷輔（1825～1899），字子贊，號月鋤，晚號佛懶老人。江蘇常熟人。同治六年（1867）舉人。劉熙載弟子。以博洽聞於時。事蹟見《遺著》徐兆瑋跋。著有《東萊先生左氏博議集要》八卷、《宗月鋤先生遺著八種》（括《壬子秋試行記》、《趙園觀梅記》、《寓崇雜記》、《古今論詩絕句》、《辨字通俗編》、《三橋春遊曲唱和集》、《丹陽集》、《選例匯鈔》）、《龍門書院讀書日記》、《龍門書院行事日記》。

鄒安壁 杜氏春秋釋例土地名 不分卷 存

南京藏抄本

◎鄒安壁，字敬甫。梁溪（今江蘇無錫梁溪區）人。道光三十年（1850）恩貢。著有《杜氏春秋釋例土地名》不分卷、《鄒氏地理志六種》七十卷、《琴律細草》。

鄒伯奇 春秋經傳日月考 一卷 存

國圖、湖南、天津、南京、湖北藏光緒二十七年（1901）兩湖書院正學堂刻朱印本

續修四庫全書影印中國科學院藏光緒二十七年（1901）正學堂刻本

◎卷末云：昔人考《春秋》朔閏多矣，類以經傳日月求之。今以時憲術上推二百四十二年之朔閏及食限，然後以經傳所書質其合否，乃知有經誤傳誤及術誤之別。略抒鄙見於上方，並附推步術于後。道光癸卯九月二日。

◎張之洞《書目答問》卷一《經部》：《春秋經傳朔閏表》二卷（姚文田。在《邃雅堂學古錄》內，家刻本。鄒伯奇《春秋經傳日月考》，乃《學計一得》之一篇，在《鄒徵君遺書》內）。

◎孫殿起《販書偶記》卷二：《春秋經傳日月考》一卷，南海鄒伯奇撰。光緒辛丑兩湖書院刊。

◎上海古籍出版社 2015 年《續修四庫全書總目提要・春秋類》「《春秋經傳日月考》一卷」：是書一卷，據《春秋》朔閏及日月食限，排列為表，每列一年，分十七格，冬至、首朔、太陰、交周、置閏、十二月各居其一格，並附推步術於卷末。日月干支朔閏食限等考證列於眉批，頗屬周詳。如隱元年曰《春

秋》置閏乖錯，隱、桓之正多建丑，宣、成以後又往往建亥，又有經、傳置閏各別者。隱三年曰《春秋》日食，有不言朔與日者，亦莫不在朔，而《公》、《穀》別為義例，乃有食在晦日之說。莊三十年曰經、傳書晦朔，往往與今所推差早一日，此或由《春秋》曆術先天，非經、傳誤也。昭廿二年曰周曆魯曆置閏有不同，經、傳所據之曆各異。

◎此書又收入順德馬貞榆所編《正學堂春秋左氏學叢刻六種》。

◎鄒伯奇（1819～1869），幼名汝昌，字一鶚，又字特夫。廣東廣州府南海縣（今佛山市南海區）大瀝鎮泌沖人。曾師梁序鏞。咸豐七年（1857）任學海堂學長，與陳澧過從甚密。同治三年（1864），侍郎郭嵩燾特疏薦之，兩奉優詔，令督撫迭咨，澹於仕進，堅以疾辭。曾國藩欲於上海機器局旁設書院，延為教授，亦不就。於聲音文字度數之源無不洞達，而尤精於天文曆算，能薈萃中西之說而貫通之。發明「玻璃攝影術」。著有《春秋經傳日月考》一卷、《補小爾雅釋度量衡》、《學計一得》、《乘方捷術》三卷、《甲寅恆星表》、《度算版釋例》、《磬求重心術》、《赤道星圖》、《黃道星圖》、《歷代地圖》、《地球正變兩面全圖》、《測天約說》、《求重心說》、《對數尺記》、《測量備要》、《乘方捷術》、《格術補》、《粟布演草》、《鄒徵君存稿》一卷、《鄒徵君遺書》。

鄒漢池 春秋說 一卷 存

湖南藏光緒元年（1875）刻本

◎鄒漢池（1817～1871），字季深。湖南新化人。縣學生員。通經史，精輿圖演算。著有《春秋說》一卷、《篆文論語》四卷、《濱竹山房文存》一卷、《濱竹山房詩存》三卷、《濱竹山房詩餘》一卷、《六合》一卷、《日食錄》一卷、《流迄章首》一卷、《戰國年表》一卷、《永曆劫遷日表》一卷、《度里表》二卷、《後鄒氏春秋》十二卷、《格六譜》、《新六國表》一卷、《寶慶藩封表》一卷、《寶慶氏族表》十二卷、《鄒氏受姓考》一卷、《兩漢月表》二卷、《西周至朔考》一卷。

鄒漢池 後鄒氏春秋 十二卷 佚

◎光緒《湖南通志》卷二百四十六《藝文志》二：《後鄒氏春秋》十二卷，新化鄒漢池撰（《寶慶府志》）。

鄒漢紀 春秋左氏地圖說 六卷 佚

◎光緒《湖南通志》卷二百四十六《藝文志》二：《春秋左氏地圖說》六卷，新化鄒漢紀撰（《寶慶府志》）。

◎鄒漢紀（1795～1825），字一中，號伯申。湖南新化永固羅洪村（今隆回縣羅洪鄉）人。諸生。鄒文蘇長子，鄒漢勳兄。少聰穎，仰觀乾象，指示經緯，有過目成誦之才。精音韻、天文、地理、輿地之學。贈修職郎，誥封奉直大夫，受同知銜。著有《春秋左氏地圖說》六卷、《五音表》五卷、《典韻》八卷、《二十二字母考》一卷、《字譜》五卷、《重言》一卷、《連語》一卷、《天官書》一卷、《幼雅》一卷、《後漢蒙求》二卷、《博物隨鈔》一卷、《獸譜》一卷、《三百六十骨節考》一卷、《五十二姓圖考》一卷、《黔筱園遺稿》三卷、《鸞村志》一卷、《古今輿地圖說》四卷、《兵家一得》一卷、《黔筱詩存》一卷。

鄒漢勳 春秋穀梁傳例 十四卷 佚

◎光緒《湖南通志》卷二百四十六《藝文志》二：《春秋穀梁傳例》十四卷，新化鄒漢勳撰（《寶慶府志》）。

◎鄒漢勳（1806～1854），字叔績，一字績父。湖南新化羅洪（今屬隆回）人。咸豐元年（1851）舉人。官廬州直隸州同知。精天文、算學、音韻、考據、輿地。著有《易象隱義》二卷、《雜卦圖說》一卷、《卦象推廣》一卷、《帝系詁》一卷、《夏小正義疏》一卷、《詩序去害釋滯發微記》四卷、《春秋穀梁傳例》十四卷、《說文諧聲譜》十五卷、《廣韻表》十卷、《五韻論》二卷、《二十二字母考》五卷、《六國春秋》十六卷、《新六國表》一卷、《寶慶吏書》一卷、《寶慶戶書》四卷、《寶慶禮書》七卷、《寶慶兵書》二卷、《寶慶刑書》一卷、《寶慶工書》二卷、《水經移注記》二卷、《衡陽二王著述目錄》三卷、《顓頊曆考》二卷、《貴州沿革表》二十卷、《紅崖石刻釋文》一卷、《紅巖刻石釋文題詠》一卷、《學藝齋文集》三卷,《學藝齋詩》一卷、《學藝齋文存》八卷、《學藝齋詩存》二卷、《學藝齋詩餘》一卷、《學藝齋文鈔》三十六卷、《學藝齋詩鈔》十六卷、《學藝齋外集》一卷、《水雲居詞》一卷、《借瓶居文鈔》、《寶慶沿革表》二卷、《南高平物產記》一卷、《山海集譜》、《明季十八先生成仁處考》、《讀書偶識》十卷附一卷、《鄒叔子遺書》九種，與修《貴陽府志》八十八卷首一卷，與纂《興義府志》七十四卷首一卷、《大定府志》六十卷、《安順

府志》五十四卷首一卷，編有《蔡忠烈公年譜》一卷（譜主蔡道憲。鄧顯鶴修訂）。

鄒孔搢 春秋地名表 一卷 佚

◎光緒《湖南通志》卷二百四十六《藝文志》二：《春秋人名表》《春秋地名表》，新化鄒孔搢撰（《寶慶府志》）。

◎鄒孔搢，號雲泉。湖南新化人。鄒文蘇侄，鄒漢勛從兄。花翎道銜知府，任峽江知縣。好學能文，工制舉業。著有《春秋地名表》一卷、《春秋紀年甲子表》一卷、《春秋人名表》一卷、《清癯公傳》、《雲泉文鈔》四卷。

鄒孔搢 春秋紀年甲子表 一卷 佚

◎尋霖、龔篤清編《湘人著述表》著錄。

鄒孔搢 春秋人名表 一卷 佚

◎光緒《湖南通志》卷二百四十六《藝文志》二：《春秋人名表》《春秋地名表》，新化鄒孔搢撰（《寶慶府志》）。

鄒來孝 左傳彙解 十卷 佚

◎王其淦、吳康壽光緒《武進陽湖縣志》卷二十八《藝文》：鄒來孝《左傳彙解》十卷（存）。

◎鄒來孝，著有《左傳彙解》十卷。

鄒美中 春秋約編 佚

◎同治《公安縣志》卷之七《藝文志》下《書目》：《燕石藏稿》、《西林雜著》、《左傳約編》、《左傳分紀》、《古詩選》、《語策編年》、《唐詩中聲集》、《試律約編》、《華亭韻通》、《切韻表》、《音韻支析》。

◎甘鵬雲等《湖北文徵》卷十：著有《八家同井辨》《禘祫辨》《春秋約編》《左傳分紀》《華亭韻通》《切韻表》《音韻支析》《語策編年》《史志舉要》《中星儀》《星漢平儀》《西林雜著》《燕石藏稿》《古詩選》《唐詩中聲集》。

◎鄒美中，字聖贊，別字如清，號華亭，別號西林山人。湖北公安人。道光諸生。聚書三十年，讀書三萬卷，子崇泗為建藏書樓，惜毀於兵。著有《八家同井辨》、《禘祫辨》、《春秋約編》、《左傳分紀》、《左傳約編》二十一卷、《華

亭韻通》、《切韻表》、《音韻支析》、《語策編年》、《史志舉要》、《中星儀》、《星漢平儀》、《西林雜著》、《燕石藏稿》、《試律約編》、《古詩選》五卷，輯《唐詩中聲集》七卷。

鄒美中 左傳分紀 佚

◎同治《公安縣志》卷之七《藝文志》下《書目》：《燕石藏稿》、《西林雜著》、《左傳約編》、《左傳分紀》、《古詩選》、《語策編年》、《唐詩中聲集》、《試律約編》、《華亭韻通》、《切韻表》、《音韻支析》。

◎甘鵬雲等《湖北文徵》卷十：著有《八家同井辨》《禘祫辨》《春秋約編》《左傳分紀》《華亭韻通》《切韻表》《音韻支析》《語策編年》《史志舉要》《中星儀》《星漢平儀》《西林雜著》《燕石藏稿》《古詩選》《唐詩中聲集》。

鄒美中 左傳約編 二十一卷 存

湖北、台灣藏道光二十六年（1846）鄒氏西林山房刻本

◎同治《公安縣志》卷之七《藝文志》下《書目》：《燕石藏稿》、《西林雜著》、《左傳約編》、《左傳分紀》、《古詩選》、《語策編年》、《唐詩中聲集》、《試律約編》、《華亭韻通》、《切韻表》、《音韻支析》。

鄒聖脈 春秋備旨 十二卷 首一卷 存

連雲港市博物館藏同治四年（1865）同文堂刻五經備旨本（存卷三至七、十至十二）

國圖、河北、湖南社科院、牡丹江藏光緒五年（1879）慈水古草堂刻本

湖北、陝西、石家莊、紹興藏光緒五年（1879）海陵書屋刻巾箱本

吳江區藏光緒八年（1882）湖南寶芸堂刻本

連雲港市博物館藏光緒九年（1883）四明珍經閣刻增訂五經體注大全本

陝西師範大學、吳江區藏光緒十年（1884）上海點石齋石印本

國圖藏光緒十三年（1887）刻本

國圖藏光緒十五年（1889）上海積山書局石印五經備旨本

首都圖書館藏清末濟陽貽徑別墅刻本

吳江區藏清末刻本

天津藏清翰寶樓刻本

首都圖書館藏清芸生堂刻本

天津市南開區藏清末上海大成書局石印本

儀徵藏清石印本（存卷一至四）

◎題名：霧閣鄒聖脈梧岡氏纂輯，男可庭涉園編次。孫景鴻／揚／章、克聯／襄／狪校訂。

◎一名《春秋全傳備旨》、《春秋備旨全傳》、《春秋左傳杜林備旨》、《寄傲山房塾課撰輯春秋備旨》、《御案春秋左傳經傳備旨》。

◎春秋全傳備旨編目：一卷隱公。二卷桓公。三卷莊公。四卷閔公。五卷僖公。六卷文公。七卷宣公。八卷成公。九卷襄公。十卷昭公。十一卷定公。十二卷哀公。

◎前錄乾隆《御纂春秋直解序》：中古之書，莫大於《春秋》。推其教，不越乎屬辭比事。而原夫成書之始，即游夏不能贊一辭，蓋辭不待贊也。彼南史、董狐，世稱古之遺直，矧以大聖人就魯史之舊，用筆削以正褒貶，不過據事直書，而義自為比屬。其辭本非得已，贊且奚為乎？厥後依經作傳，如左氏，身非私淑，號為素臣，猶或詳於事而失之誣。至公羊、穀梁，去聖逾遠，乃有發墨守而起廢疾，儼然操入室之戈者。下此齗齗聚訟，人自為師，經生家大抵以胡氏安國、張氏洽為最著。及張氏廢而胡氏直與三傳並行其間，傅會臆斷，往往不免。承學之士，宜何考衷也哉！我皇祖欽定《傳說彙纂》一書，鎔範羣言，去取精當，麟經之微言大義炳若日星。朕服習有年，紹聞志切，近因輯《易》《詩》二書竣事，命在館諸臣條系是經，具解以進，一以《彙纂》為指南，意在息諸說之紛岐，以翼融諸傳之同異以尊經，庶幾辭簡而事明，於范寧「去其所滯，擇善而從」之論深有取焉。夫儒者猥云五經如法律《春秋》如斷例，故啖助、趙匡、陸淳輩悉取經文書法纂而為例，一一引徽切墨以求之，動如鑿枘之不相入。譬諸叔孫通、蕭何增置傍章已後，例轉多而律轉晦。蓋曲說之離經，甚於曲學之泥經也，審矣！書既成，命之曰《直解》。匪不求甚解之謂，謂夫索解而過，不直則義不見爾，而豈獨《春秋》一經為然哉！是所望乎天下之善讀經者。乾隆二十三年秋月御製。署理刑部左侍郎事臣于敏中奉勅敬書。

◎春秋備旨序：《春秋》大義，隱寓微詞，是者是之而不明言其是，非者非之而不直指其非。中涵褒貶，索解維艱。幸有《胡傳》揭出經文蘊奧以開示乎後人，如星之麗天、江河之行地。今聖天子培植人材，五經輪試，非得發揮旨趣言簡意該者以為後學津梁，徒耗士子之心思，難眩主司之取舍。因採各書，專宗《胡傳》，以其善糸聖人之本意，能闡聖人之微言，因顏之曰《備旨》。即

於上截簡端遵奉御纂《經解》正鵠，有如射者發必破的也。藏諸家塾，以課兒孫。不意坊人陰持付梓，雕工已竣，浼敘於余，始覺災梨，殊為自噱。爰攄數語，計圖解嘲，非敢藉此冀以揚聲云。霧閣鄒梧岡識。

◎寄傲山房塾課纂輯春秋全傳備旨凡例（計七則）：

一、是編上例遵奉御纂《經解》，下載諸傳註，筆削微旨，無不抉摘，顏曰《備旨》，蓋明各說所載，不敢有所遺漏也。

一、《左》《國》《公》《穀》並經史有與《胡傳》相發明者，悉為纂入，使讀者如覩五星之麗天也。

一、六經之理相通，讀經者往往於《春秋》難之，謂其難記憶也。記憶何難乎？如讀各傳，其為題有單有傳有合有比有脫母，認題旨於諸說中，博採群言，自可抒其意見。是編參互攷訂，較諸先輩著說欲為詳盡，足以供窮經者之取携。

一、書法為題中要領，有全收者，有帶綴者，有可起不可收者，有只作事實者，有應提過者，今皆拈出列於詮旨中，閱者觸目便見。

一、合題或載前傳或載後傳，參差不一，今槩從前傳下段，仍紀年號，以便繙閱。

一、無傳經文有見他傳者，有主某傳借某傳者，亦有無傳可寄者。夫因經作傳，豈可因傳廢經。茲編備列事蹟，亦以尊所聞行所知爾。

一、題中精義，諸家未盡透解，如單題某句要發某字要覰，合題則云兩邊具有某句某字，閱者未曉其來歷，作文便無把柄。今糸諸解，運以條緒，貫串詳明，一覽了然。至於傳有兩意，或對作側作、另主別意，俱有發明，悉載以備攷。

寄傲山房主人述。

◎鄒聖脈，字宜彥，號梧岡。福建長汀連城縣四堡霧閣人。不縈富貴，取樂山水。著有《周易備旨》、《春秋備旨》十二卷首一卷、《增訂明李廷機撰課兒鑑畧妥注善本》五卷、與董成注明程登吉撰《幼學求源》三十三卷、《幼學故事瓊林》四卷首一卷，輯《書畫同珍二刻》不分卷。

鄒圖雲 春秋辨疑 佚

◎李人鏡修，梅体萱纂同治《南城縣志》卷八之二《宦業》：著有《春秋辨疑》、《一草堂詩集》。

◎鄒圖雲，字挹清，號挽波。江西南城人。康熙三十六年（1697）進士。任四川大竹知縣。在任八年，擢禮部主事，轉河南道監察御史，清標介節，有鐵面風。康熙六十年（1721）因疏言立儲落職，發邊外效力，後卒於戍所。著有《春秋辨疑》、《一草堂詩集》。

鄒忠胤〔註114〕春秋衷 佚

◎王其淦、吳康壽光緒《武進陽湖縣志》卷二十八《藝文》：鄒忠允《春秋衷》（佚）。

◎鄒忠胤，字肇敬。武進（今江蘇常州）人。萬曆四十一年（1613）進士。任錢塘縣令，官至江西按察司副使。著有《詩傳闡》二十三卷、《詩傳闡餘》二卷、《春秋衷》。

左雛麟 左氏蒙求 一卷 佚

◎尋霖、龔篤清編《湘人著述表》著錄。

◎左雛麟（1859～1931），名庶生。湖南衡陽人。光緒十五年（1889）舉人，曾任江蘇兩淮鹽場大使。著有《左氏蒙求》一卷、《說肥》、《說豬》、《說罌》、《藏乘》六卷、《教學錄》、《土爾其國志》六卷、《旅順痛史》二卷、《法夷窺越始末》三卷、《耐園雜鈔》、《廣楚檮杌》三卷、《四裔人物考未定稿》三卷、《輿地碎金》六卷、《四川方物表》四卷、《耐園詩文存》二卷、《麻連崗方物圖表》一卷、《耐園種桑實驗》一卷、《南海白衣尊者顯化記》二卷、《耐園集》、《衡陽左雛麟耐園叢書》，纂《湖南衡陽三甲左氏六修族譜》首五卷。

左鼎新 左傳類編 八卷 佚

◎尋霖、龔篤清編《湘人著述表》著錄。

◎左鼎新（1625～1691），字而定，號峙石。湖南衡陽人。授徒為生，時與王介之遊。致知窮理，以聖賢自居。著有《左傳類編》八卷、《五經纂要》十卷、《綱鑑略知》二十二卷、《庭訓》一卷。

左眉 左傳補註 十二卷 佚

◎一名《春秋左傳補注》。

〔註114〕或著錄作鄒忠允。

◎道光《桐城續修縣志》卷十六《人物志·文苑》：著有《靜菴詩集》六卷、《文集》四卷、《蔡傳正偽》六卷、《左傳補註》六卷。

◎道光《續修桐城縣志》卷第二十一《藝文志·春秋類》：《春秋左傳補注》十二卷（左眉撰）。

◎劉聲木《桐城文學撰述考》卷二「左眉撰述」：《蔡傳正訛》六卷、《左傳補註》六卷（已佚）、《十三經音註異同》八卷。

◎左眉，字良宇，號靜菴。安徽桐城人。選拔貢生。家貧力學。弱冠有聲，受知於大興朱文正，然試輒不利。老就州判，復不樂外任，挈其婿姚元之遊京師，授徒焉，名弟子有大興徐松。卒年七十三。著有《蔡傳正偽》六卷、《左傳補註》六卷、《靜菴文集》四卷、《靜菴詩集》六卷。

左文高　春秋摘要　佚

◎道光《桐城續修縣志》卷十三《人物志·宦蹟》：著有《經學類纂》《春秋摘要》《典故筆談》《紉椒詩集》若干卷。

◎左文高，字迋平，號二松。安徽桐城人。左文言仲弟。廩貢生。雍正五年（1727）保舉孝廉方正，授廣西遷江知縣。著有《春秋摘要》《經學類纂》《典故筆談》《紉椒詩集》。

參考文獻

A

1. 阿思哈修、嵩貴纂，(乾隆)《續河南通志》，乾隆三十二年刻本。
2. 阿桂等修、劉謹之等纂，《欽定盛京通志》，《文淵閣四庫全書》本。
3. 《安徽歷史名人詞典》編委會編，《安徽歷史名人詞典》，安徽教育出版社，2008 年。
4. 安徽省圖書館編，《安徽省館藏皖人書目》，黃山書社，2003 年。

B

1. 白玉岱，《甘肅出版史略》，甘肅人民出版社，1995 年。
2. 鮑廷博，《知不足齋叢書》，乾隆嘉慶刻本。
3. 鮑廷爵，《後知不足齋叢書》，同治光緒刻本。
4. 北京圖書館編，《北京圖書館善本書目》，書目文獻出版社，1987 年。
5. 北京圖書館古籍組編，《北京圖書館普通古籍總目》，書目文獻出版社，1990 年。
6. 北京圖書館出版社古籍影印室輯，《明清以來公藏書目匯刊》，北京圖書館出版社，2008 年。
7. 北平直隸書局編，《北平直隸書局書目錄》，山東大學圖書館 2021 年編《山東大學圖書館藏稀見書目書志叢刊》影印民國二十三年、二十五年鉛印本。
8. 卞永譽，《式古堂書考》三十卷目錄二卷，清刻本。
9. 博潤修、姚光發等纂，(光緒)《松江府續志》，光緒九年刻本。

C

1. 曹掄彬修、曹掄翰纂，（乾隆）《雅州府志》，乾隆四年刻本。

2. 曹咸熙，《松風堂讀書圖題辭》，光緒八年刻本。

3. 曹咸熙，《松風堂讀書圖題辭姓氏小傳》，光緒八年刻本。

4. 長順修、李桂林纂，（光緒）《吉林通志》，光緒十七年刻本。

5. 常琬修、焦以敬纂，（乾隆）《金山縣志》，乾隆刊民國重印本。

6. 車吉心等主編，《齊魯文化大辭典》，山東教育出版社，1989 年。

7. 陳朝爵，《讀左隨筆》，華東師範大學出版社，《經典與解釋・古學縱橫叢書》排印《《左傳》讀法兩種》本，2018 年。

8. 陳淳纂修，（康熙）《武定府志》，康熙刻本。

9. 陳宏謀、范咸纂修，（乾隆）《湖南通志》，乾隆二十二年刻本。

10. 陳嘉榆等修、王闓運等纂，（光緒）《湘潭縣志》，光緒十五年刻本。

11. 陳澧，《東塾集》，光緒十八年菊坡精舍刻本。

12. 陳澧著、鍾旭元等校點，《東塾讀書記》，上海古籍出版社，2012 年。

13. 陳琳主編，《貴州省古籍聯合目錄》，貴州人民出版社，2007 年。

14. 陳履中纂修，（乾隆）《河套志》，乾隆寓園刻本。

15. 陳喬樅纂修，（咸豐）《袁州府志》，咸豐十年刻本。

16. 陳慶鏞，《籀經堂類藁》，《續修四庫全書》影印光緒九年刻本。

17. 陳確，《乾初先生遺集》，《續修四庫全書》影印上海圖書館藏清餐霞軒鈔本。

18. 陳鱣，《簡莊文鈔》，光緒十四年羊復禮刻本。

19. 陳士楨修、涂鴻儀纂，（道光）《蘭州府志》，道光十三年刻本。

20. 陳壽祺，《左海文集》，《續修四庫全書》影印清刻本。

21. 陳文述，《頤道堂文鈔》，道光八年刻本。

22. 陳訓慈編，《浙江省立圖書館四年來新收善本書目》，山東大學圖書館 2021 年編《山東大學圖書館藏稀見書目書志叢刊》影印民國藍格鈔本。

23. 陳用光，《太乙舟文集》，《續修四庫全書》影印道光二十三年孝友堂刻本。

24. 程晉芳，《勉行堂文集》，《續修四庫全書》影印嘉慶二十五年冀蘭泰吳鳴捷刻本。

25. 崔華等修、王方歧纂，（康熙）《揚州府志》，康熙刻本。

26. 崔述，《崔東壁遺書》，《續修四庫全書》影印道光四年陳履和刻本。

27. 粹經閣編《粹經閣書目》附《文殿閣致張鑑祥售書單》，山東大學圖書館 2021 年編《山東大學圖書館藏稀見書目書志叢刊》影印民國紅格稿本。

D

1. 達春市修、黃鳳樓纂，(同治)《九江府志》，同治十三年刻本。

2. 達靈阿修、周方炯纂，(乾隆)《鳳翔府志》乾隆三十一年刻本。

3. 戴殿泗，《風希堂文集》，《續修四庫全書》影印道光八年九靈山房刻本。

4. 戴鈞衡，《味經山館文鈔》，《續修四庫全書》影印咸豐三年刻本。

5. 戴名世，《南山集》，《續修四庫全書》影印光緒二十六年刻本。

6. 戴望，《風雨樓叢書》，宣統三年鄧氏鉛印本。

7. 戴震，《戴東原集》，《續修四庫全書》影印乾隆五十七年段玉裁刻本。

8. 鄧本章總主編，《中原文化大典》，中州古籍出版社，2008 年。

9. 鄧顯鶴，《南村草堂文鈔》，《續修四庫全書》影印咸豐元年刻本。

10. 鄧繹，《雲山讀書記》，臺中文聽閣圖書有限公司據光緒十四年刻本影印本，2011 年。

11. 丁丙，《善本書室藏書志》，中華書局，1993 年。

12. 丁申，《武林藏書錄》，光緒二十六年錢塘丁氏嘉惠堂刻本。

13. 丁廷楗修、趙吉士纂，(康熙)《徽州府志》，康熙三十八年刻本。

14. 丁晏，《頤志齋文鈔》《頤志齋感舊詩》，民國四年羅氏鉛印《雪堂叢刻》本。

15. 董醇，《甘棠小志》，咸豐五年甘棠董氏刻本。

16. 董沛，《正誼堂文集》，光緒刻本。

17. 杜濬，《變雅堂遺集》，《續修四庫全書》影印光緒二十年黃岡沈氏刻本。

18. 段玉裁，《經韻樓集》，上海古籍出版社，2008 年。

19. 杜澤遜，《四庫存目標注》，上海古籍出版社，2007 年。

E

1. 鄂爾泰等修、靖道謨等纂，(乾隆)《雲南通志》，《文淵閣四庫全書》本。

2. 鄂爾泰修、杜詮纂，(乾隆)《貴州通志》，乾隆六年刻嘉慶修補本。

F

1. 法式善，《存素堂文集》，《續修四庫全書》影印嘉慶十二年程邦瑞揚州刻增修本。

2. 樊增祥，《樊山集》，光緒十九年渭南縣署刻本。

3. 樊增祥，《樊山續集》，光緒二十八年西安臬署刻本。

4. 樊增祥修、田兆岐纂，（光緒）《富平縣志稿》，光緒十七年刻本。

5. 范迪襄，《廉讓問居書錄》四卷附錄一卷，光緒十五年稿本。

6. 方苞，《望溪先生文集》《集外文》《集外文補遺》，咸豐元年戴鈞衡刻本。

7. 方東樹，《攷槃集》，《續修四庫全書》影印光緒二十年刻本。

8. 方濬頤，《二知軒文存》，光緒四年刻本。

9. 方履籛，《萬善花室文藁》，光緒七年王氏刻《畿輔叢書》本。

10. 方文，《嵞山集》，《續修四庫全書》影印康熙二十八年王槩刻本。

11. 方孝標，《光啟堂文集》，《續修四庫全書》影印清刻本。

12. 方以智，《浮山文集》，《續修四庫全書》影印康熙此藏軒刻本。

13. 馮桂芬，《顯志堂稿》，光緒二年馮氏校邠廬刻本。

14. 馮景，《解春集文鈔》，《續修四庫全書》影印乾隆盧氏刻《抱經堂叢書》本。

15. 傅逅勒，《嘉興歷代人物考略》，中華書局，2017 年。

G

1. 甘鵬雲等編、湖北省博物館整理，《湖北文徵》，湖北人民出版社，2014年。

2. 甘汝來纂修，（雍正）《太平府志》，雍正四年刻本。

3. 高龍光修、朱霖纂，（乾隆）《鎮江府志》，乾隆十五年增刻本。

4. 高燨泉編，《錫山歷朝著述書目考》，光緒二十八年刻本。

5. 葛元煦，《嘯園叢書》，光緒刻本。

6. 龔寶琦修、黃厚本纂，（光緒）《金山縣志》，光緒四年刻本。

7. 龔景瀚，《澹靜齋全集》，《續修四庫全書》影印道光二十年恩錫堂刻本。

8. 龔自珍，《龔定盒全集》，光緒二十三年萬堂刻本。

9. 顧廣圻，《顧廣圻書目題跋》，中華書局，1993 年。

10. 顧廣圻，《思適齋集》，《續修四庫全書》影印道光二十九年徐渭仁刻本。

11. 顧修，《讀畫齋叢書》，嘉慶四年桐鄉顧修刻本。

12. 顧雲，《盋山文錄》，上海古籍出版社 2010 年《清代詩文集彙編》影印光緒十五年刻本。

13. 顧志興，《浙江藏書家藏書樓》，浙江人民出版社，1987 年。

14. 關中書院藏並編，《關中書院志學齋藏書總目》，山東大學圖書館 2021 年編《山東大學圖書館藏稀見書目書志叢刊》影印民國鈔本。

15. 管棆纂修、夏治源續修，（康熙）《師宗州志》，康熙刻雍正增修本。

16. 管庭芬，《花近樓叢書序跋記》二卷，國學扶輪社宣統三年鉛印本。

17. 管同，《因寄軒文》，《續修四庫全書》影印道光十三年管氏刻本。

18. 桂馥，《晚學集》，《續修四庫全書》影印道光二十一年孔憲彝刻本。

19. 桂垣書局編，《廣西存書總目》，光緒十六年桂垣書局刻本。

20. 郭漢儒編，《隴右文獻錄》，甘肅文化出版社，2014 年。

21. 郭尚先，《郭大理遺稿》，《續修四庫全書》影印道光二十五年刻本。

22. 國史館，《清史稿校注》，臺灣商務印書館，1999 年。

23. 國史館，《清史列傳》，中華書局，1987 年王鍾翰點校本。

24. 國學圖書館編，《江蘇省立國學圖書館圖書總目》，國學圖書館鉛印本，1982 年。

H

1. 海忠修、林從炯等纂，（道光）《承德府志》，光緒十三年廷傑重訂本。

2. 韓守安輯，《晝錦堂書影第一輯》，山東大學圖書館 2021 年編《山東大學圖書館藏稀見書目書志叢刊》影印民國稿本。

3. 漢文淵書肆編，《漢文淵書肆書目》，山東大學圖書館 2021 年編《山東大學圖書館藏稀見書目書志叢刊》影印民國二十一年石印本。

4. 漢陽縣縣志編纂委員會編，《漢陽縣志》，武漢出版社，1989 年。

5. 翰文齋編，《翰文齋售書書目》，山東大學圖書館 2021 年編《山東大學圖書館藏稀見書目書志叢刊》影印稿本。

6. 杭世駿，《道古堂文集》，《續修四庫全書》影印乾隆四十一年刻光緒十四年汪曾唯增修本。

7. 郝懿行，《曬書堂集》，光緒十年東路廳署刻本。

8. 郝玉麟等修、魯曾煜等纂，《廣東通志》，《文淵閣四庫全書》本。

9. 郝玉麟等修、謝道承等纂，（乾隆）《福建通志》，《文淵閣四庫全書》本。

10. 何紹基，《東洲草堂文鈔》，光緒刻本。

11. 何焯，《義門先生集》，《續修四庫全書》影印道光三十年姑蘇刻本。

12. 何焯，《義門讀書記》五十八卷，乾隆三十四年長洲蔣維鈞編刻本。

13. 賀長齡，《耐菴文存》，《續修四庫全書》影印咸豐十年刻本。

14. 賀濤，《賀先生文集》，民國三年徐世昌刻本。

15. 洪頤煊，《筠軒文鈔》，民國二十三年《邃雅齋叢書》本。

16. 湖北官書處編，《湖北官書處書目》，山東大學圖書館 2021 年編《山東大學圖書館藏稀見書目書志叢刊》影印光緒三年（1877）刻六年補刻本。

17. 胡承珙，《求是堂文集》，《續修四庫全書》影印道光十七年刻本。

18. 胡鳳丹，《退補齋文存》，《續修四庫全書》影印同治十二年退補齋鄂州刻本。

19. 胡鳳丹，《退補齋文存》二編，光緒七年退補齋刻本。

20. 胡季堂，《培蔭軒文集》，《續修四庫全書》影印道光二年胡鏻刻本。

21. 胡敬，《崇雅堂文鈔》，《續修四庫全書》影印道光二十六年刻本。

22. 胡培翬，《研六室文鈔》，《續修四庫全書》影印道光十七年涇川書院刻本。

23. 胡天游，《石笥山房集》，《續修四庫全書》影印咸豐二年刻本。

24. 胡玉縉撰、吳格整理，《續四庫提要三種》，上海書店出版社，2002 年。

25. 湖北人民政府文史研究館、湖北省博物館整理，《湖北文徵》，湖北人民出版社，2014 年。

26. 懷陰布修、黃任纂，（乾隆）《泉州府志》，光緒八年補刻本。

27. 淮南書局編，《淮南書局各種書籍價目》，山東大學圖書館 2021 年編《山東大學圖書館藏稀見書目書志叢刊》影印光緒六年刻本。

28. 黃本驥，《三長物齋叢書》，《續修四庫全書》影印道光刻本。

29. 黃靈庚、陶誠華編，《重修金華叢書提要》，上海古籍出版社，2014 年。

30. 黃開國主編，《經學辭典》，四川人民出版社，1993 年。

31. 黃樂之修、鄭珍纂，（道光）《遵義府志》，道光刻本。

32. 黃鳴珂修、石景芬纂，（同治）《南安府志》，同治七年刻本。

33. 黃凝道修、謝仲坃纂，（乾隆）《岳州府志》，乾隆十一年增修刻本。

34. 黃彭年，《陶樓文鈔》，民國十二年章鈺等刻本。

35. 黃培傑纂修，（道光）《永寧州志》，道光十七年刻本。

36. 黃丕烈，《黃丕烈書目題跋》，中華書局，1993 年。

37. 黃丕烈，《士禮居叢書》，嘉慶道光刻本。

38. 黃廷桂修、張晉生纂，（雍正）《四川通志》，《文淵閣四庫全書》本。

39. 黃廷鑒，《第六弦溪文鈔》，道光十四年刻本。

40. 黃鐘駿，《疇人傳四編》，北京：商務印書館，1957 年。

41. 惠棟，《松崖文鈔》，《續修四庫全書》影印光緒劉氏刻聚學軒叢書本。

42. 惠周惕，《硯谿先生集》，《續修四庫全書》影印康熙惠氏紅豆齋刻本。

J

1. 嵇曾筠等修、沈翼機等纂，《浙江通志》，《文淵閣四庫全書》本。

2. 紀大奎，《紀慎齋先生全集》，《續修四庫全書》影印嘉慶十三年刻本。

3. 紀昀，《四庫全書總目提要》，中華書局，1965 年。

4. 江標，《靈鶼閣叢書》，光緒刻本。

5. 江溶源，《介亭全集》，《續修四庫全書》影印同治十三年江潮刻本。

6. 江南圖書館編，《江南圖書館善本書目》，清末南洋印刷廠鉛印本。

7. 江蘇省立國學圖書館編，《江蘇省立國學圖書館善本書目》，山東大學圖書館 2021 年編《山東大學圖書館藏稀見書目書志叢刊》影印民國油印本。

8. 《江西省志人物志》編委會編，《江西省志人物志》，方志出版社，2007年。

9. 江西省高校古籍整理領導小組編，《豫章叢書》，江西教育出版社，2008年。

10. 江藩，《半氈齋題跋》，中華書局，1985 年。

11. 江藩撰、漆永祥箋釋，《漢學師承記箋釋》，上海古籍出版社，2006 年。

12. 江左書林主人編，《江左書林書目》，山東大學圖書館 2021 年編《山東大學圖書館藏稀見書目書志叢刊》影印光緒十二年江左書林刻本。

13. 蔣湘南，《七經樓文鈔》，《續修四庫全書》影印同治八年馬氏家塾刻本。

14. 蔣光煦藏並編，《寅舫藏書目》，山東大學圖書館 2021 年編《山東大學圖書館藏稀見書目書志叢刊》影印民國鈔本。

15. 蔣毓英纂修，（康熙）《臺灣府志》，康熙刻本。

16. 蔣元卿，《皖人書錄》，黃山書社，1989 年。

17. 焦書卿編，《山東全省官書局書目》，山東大學圖書館 2021 年編《山東大學圖書館藏稀見書目書志叢刊》影印光緒二十九年（1903）鉛印本。

18. 焦循，《雕菰集》，《續修四庫全書》影印道光四年阮福嶺南節署刻本。

19. 金福曾纂，（光緒）《南匯縣志》，光緒五年刻本。

20. 金鉷等修、錢元昌等纂，（雍正）《廣西通志》，《文淵閣四庫全書》本。

21. 金農撰，《所見古書述》，清稿本。

22. 金吳瀾等修、汪堃等纂，（光緒）《崑新兩縣續修合志》，光緒六年刻本。

23. 金毓黻主編，《遼海叢書》，遼海出版社影印民國本，2009 年。

24. 金之俊，《金文通公集》，康熙二十五年金祖彭重刻本。

25. 京師圖書館編，《京師圖書館志書目錄》，山東大學圖書館 2021 年編《山東大學圖書館藏稀見書目書志叢刊》影印民國綠格稿本。

26. 聚文齋書店編，《海源閣現存書目》，山東大學圖書館 2021 年編《山東大學圖書館藏稀見書目書志叢刊》影印民國濟南聚文齋書店藍色油印本。

27. 覺羅石麟等修、儲大文等纂，《山西通志》，《文淵閣四庫全書》本。

K

1. 康有為撰、姜義華等編，《康有為全集》，中國人民大學出版社，2007 年。

2. 柯劭忞，《柯鳳孫遺著三種》，1934 年國立北京大學研究院文史部鉛印本。

3. 孔廣陶，《三十有三萬卷堂書目略》，光緒十五年刻本。

4. 孔廣森，《顨軒孔氏所著書七種》，山東大學出版社 2011 年山東文獻集成影印嘉慶二十二年（1817）本。

L

1. 雷鋐撰，《讀書偶記》，臺灣商務印書館《景印文淵閣四庫全書》影印本，1983 年。

2. 雷夢水，《販書偶記續編》，上海古籍出版社，1999 年。

3. 黎汝謙，《夷牢溪廬文鈔》，光緒二十七年羊城刻本。

4. 黎庶昌，《拙尊園叢稿》，光緒二十一年金陵狀元閣刻本。

5. 李紱，《穆堂初稿穆堂別稿》，《續修四庫全書》影印道光十一年奉國堂刻本。

6. 李慈銘，《越縵堂文集》，民國北平圖書館鉛印本。

7. 李慈銘著、張桂麗輯校，《越縵堂讀書記全編》，上海古籍出版社，2021 年。

8. 李慈銘撰、由雲龍輯，《越縵堂讀書記》，中華書局，2006 年。

9. 李富孫，《校經廎文稾》，《續修四庫全書》影印道光刻本。

10. 李塨,《恕谷後集》,《續修四庫全書》影印雍正刻增修本。

11. 李桓,《國朝耆獻類徵初編》,廣陵書社,2007 年。

12. 李敏修著、申暢等校補,《中州藝文錄校補》,中州古籍出版社,1995 年。

13. 李啟原編著,《左傳著述考》,國立編譯館,2003 年。

14. 李盛平主編,《中國近現代人名大辭典》,中國國際廣播出版社,1989 年。

15. 李調元,《童山文集》,《續修四庫全書》影印乾隆刻道光五年增修《函海》本。

16. 李衛修、沈翼機纂,(雍正)《浙江通志》,《文淵閣四庫全書》本。

17. 李文藻,《南澗文集》,《續修四庫全書》影印光緒刻《功順堂叢書》本。

18. 李希泌,《中國古代藏書與近代圖書館史料》,中華書局,1982 年。

19. 李星沅,《李文恭公遺集》,《續修四庫全書》影印同治五年李概等刻本。

20. 李學勤等主編,《四庫大辭典》,吉林大學出版社,1996 年。

21. 李雪梅,《中國近代藏書文化》,現代出版社,1999 年。

22. 李元度,《天岳山館文鈔》,光緒六年刻本。

23. 李元度撰、易孟醇點校,《國朝先正事略》,嶽麓書社,2008 年。

24. 李兆洛纂修,(嘉慶)《鳳臺縣志》,嘉慶十九年刻本。

25. 李兆洛,《養一齋文集》,《續修四庫全書》影印道光二十三年活字印二十四年增修本。

26. 李佐賢,《石泉書屋類稿》,《續修四庫全書》影印同治十年刻本。

27. 梁九圖撰、吳炳南輯,《嶺表詩傳》十卷,道光二十三年刻本。

28. 梁同書,《頻羅庵遺集》,《續修四庫全書》影印嘉慶二十二年陸貞一刻本。

29. 廖平撰、舒大剛主編整理,《廖平全集》,上海古籍出版社,2015 年。

30. 林碧英主編,《南平市古籍文獻聯合目錄》,海潮攝影藝術出版社,2006 年。

31. 林昌彝,《小石渠閣文集》,福建人民出版社,2023 年。

32. 林慶彰、蔣秋華主編,《經學研究論著目錄》(1912~1987),漢學研究中心,1989 年。

33. 林慶彰、蔣秋華主編,《經學研究論著目錄》(1998~2002),漢學研究中心,2013 年。

34. 林紓,《左傳擷華》,華東師範大學出版社,《經典與解釋‧古學縱橫叢書》排印《左傳》讀法兩種》本,2018 年。

35. 林夕主編，《中國著名藏書家書目匯刊》，商務印書館，2005 年。

36. 凌廷堪，《校禮堂文集》，《續修四庫全書》影印嘉慶十八年張其錦刻本。

37. 劉大櫆，《海峰文集》，《續修四庫全書》影印清刻本。

38. 劉逢祿，《劉禮部集》，《續修四庫全書》影印道光十年思誤齋刻本。

39. 劉光第，《衷聖齋文集》，民國三年成都昌福公司鉛印《劉楊合刊》本。

40. 劉開，《劉孟塗集》，《續修四庫全書》影印道光六年姚氏檗山草堂刻本。

41. 劉聲木，《萇楚齋隨筆》，中華書局《清代史料筆記叢刊》本，1998 年。

42. 劉聲木撰、徐天祥點校，《桐城文學淵源撰述考》，黃山書社，1989 年。

43. 劉師培，《經學教科書》，上海科學技術文獻出版社，2015 年。

44. 劉世珩，《聚學軒叢書》，光緒貴池劉世珩刻本。

45. 劉文淇，《青溪舊屋文集》，光緒九年刻本。

46. 劉熙載，《昨非集》，清刻《古桐書屋六種》本。

47. 劉咸炘，《推十書》，上海科學技術文獻出版社，2009 年。

48. 劉曉東等，《清經解全編》，齊魯書社，2016 年。

49. 劉毓崧，《帶耕通義堂文集》，民國劉氏刻《求恕齋叢書》本。

50. 劉宗棠等，《清代左傳學成就研究》，吉林人民出版社，2019 年。

51. 龍啟瑞，《經德堂文集》，光緒四年龍繼棟京師刻本。

52. 盧見曾，《雅雨堂文集》，《續修四庫全書》影印道光二十年盧樞清雅堂刻本。

53. 盧文弨，《抱經堂叢書》，乾隆嘉慶間盧氏刻本。

54. 盧址，《抱經樓盧氏書目》，清抄本。

55. 魯銓等修、洪亮吉等纂，（嘉慶）《寧國府志》，民國八年影印嘉慶二十年刻本。

56. 魯仕驥，《山木居士外集》，乾隆四十七年刻本。

57. 魯一同，《通甫類藁》《通甫類藁續編》，《續修四庫全書》影印咸豐九年刻本。

58. 陸銓編，《鄉土書錄》，山東大學圖書館 2021 年編《山東大學圖書館藏稀見書目書志叢刊》影印稿本。

59. 陸世儀，《桴亭先生遺書》，《續修四庫全書》影印光緒二十五年唐受祺刻本。

60. 陸心源，《皕宋樓藏書志》《皕宋樓藏書續志》，中華書局，1993 年。

61. 陸心源，《儀顧堂題跋》《續跋》，中華書局，1993 年。

62. 陸心源，《儀顧堂集》，光緒刻本。

63. 陸烜，《奇晉齋叢書》，乾隆刻本。

64. 路德，《檉華館全集》，《續修四庫全書》影印光緒七年解梁刻本。

65. 羅汝懷編纂，《湖南文徵》，嶽麓書社《湖湘文庫》本，2008 年。

66. 羅有高，《尊聞居士集》，《續修四庫全書》影印光緒七年刻本。

67. 羅振常原著、周子美編，《嘉業堂鈔校本目錄》，華東師範大學出版社，1986 年。

68. 羅振常編，《蟫隱廬舊本書目》，山東大學圖書館 2021 年編《山東大學圖書館藏稀見書目書志叢刊》影印民國石印本。

69. 呂留良，《呂晚村先生文集》，《續修四庫全書》影印雍正三年呂氏天蓋樓刻本。

M

1. 馬國翰，《玉函山房藏書簿錄》，北京圖書館出版社，2001 年。

2. 馬建國，《冀東書報刊史料》，河北人民出版社，1995 年。

3. 馬其昶，《抱潤軒文集》，宣統元年安徽官紙印刷局石印本。

4. 馬宗霍、馬巨，《經學通論》增訂本，中華書局 2011 年。

5. 馬貞榆，《讀左傳法》，清末刻朱印兩湖書院經學課程本。

6. 梅曾亮，《柏梘山房全集》，《續修四庫全書》影印咸豐六年楊以增楊紹穀等刻民國七年蔣國榜補修本。

7. 繆荃孫，《藝風堂藏書記》《續記》《再續記》，中華書局，1993 年。

8. 繆荃孫，《繆荃孫全集》，鳳凰出版社，2014 年。

9. 莫友芝，《邵亭遺文》，清末刻本。

10. 牟庭著、牟房編次，《雪泥屋遺書目錄》，民國瑞安襃殷堂排印本。

N

1. 納蘭性德，《通志堂經解》，康熙十九年徐乾學刻本。

2. 南京大學圖書館編，《南京大學圖書館中文舊籍分類目錄初稿》，南京大學圖書館，1958 年。

3. 南京師範大學古文獻研究所編著，《江蘇藝文志》，江蘇人民出版社，1995 年。

4. 倪模藏並編，《江上雲林閣書目》，山東大學圖書館 2021 年編《山東大學圖書館藏稀見書目書志叢刊》影印道光二十三年刻本。

5. 粘良圖、李燦煌編，《晉江歷代人名辭典》，廈門大學出版社，2013 年。

6. 牛運震，《空山堂全集》，山東大學出版社 2011 年《山東文獻集成》影印嘉慶二十三年（1818）刻本。

O

1. 歐陽厚均撰、方紅姣校點，《歐陽厚均集》，嶽麓書社，2013 年。

P

1. 潘德輿，《養一齋集》，《續修四庫全書》影印道光二十九年刻本。

2. 潘耒，《遂初堂文集》，《續修四庫全書》影印康熙刻本。

3. 潘樹廣等主編，《中國古代著名叢書提要》，廣西師範大學出版社，2015 年。

4. 潘衍桐，《緝雅堂詩話》，光緒十七年刻本。

5. 潘雨廷，《讀易提要》，上海古籍出版社，2006 年。

6. 潘祖蔭著、佘彥焱標點，《滂喜齋藏書記》，上海古籍出版社，2007 年。

7. 潘祖蔭編，《滂喜齋藏書目錄》，山東大學圖書館 2021 年編《山東大學圖書館藏稀見書目書志叢刊》影印民國紅格鈔本。

8. 潘宗周編、柳向春標點，《寶禮堂宋本書錄》，上海古籍出版社，2007 年。

9. 彭潤章修、葉廉鍔纂，（光緒）《平湖縣志》，光緒十二年刻本。

10. 彭紹升，《二林居集》，《續修四庫全書》影印嘉慶四年味初堂刻本。

11. 彭元瑞，《恩餘堂輯稿》，《續修四庫全書》影印道光七年刻本。

12. 皮錫瑞撰、吳仰湘編，《皮錫瑞全集》，中華書局，2015 年。

13. 平翰等修、鄭珍等纂，（道光）《遵義府志》，道光二十一年刻本。

14. 浦衛忠，《春秋三傳綜合研究》，臺灣文津出版社，1995 年。

Q

1. 戚學標，《鶴泉文鈔》，《續修四庫全書》影印嘉慶五年刻本。

2. 戚學標，《鶴泉文鈔續選》，《續修四庫全書》影印嘉慶十八年刻本。

3. 齊召南，《寶綸堂文鈔》，《續修四庫全書》影印嘉慶二年刻本。

4. 錢澄之，《藏山閣集》，《續修四庫全書》影印光緒三十四年鉛印本。

5. 錢澄之，《田間文集》，《續修四庫全書》影印康熙刻本。

6. 錢大昕，《潛研堂文集》，《續修四庫全書》影印嘉慶十一年刻本。

7. 錢灃，《錢南園先生遺集》，《續修四庫全書》影印同治十一年劉崐長沙刻本。

8. 錢林，《文獻徵存錄》，咸豐八年有嘉樹軒刻本。

9. 錢思元，《吳門補乘》，上海古籍出版社，2015 年。

10. 錢儀吉、繆荃孫、閔爾昌、汪兆鏞等，《清代碑傳合集》，廣陵書社，2016年。

11. 錢謙益，《列朝詩集小傳》，上海古籍出版社，2008 年。

12. 錢泰吉，《甘泉鄉人稿》，《續修四庫全書》影印同治十一年刻光緒十一年增修本。

13. 錢維城，《茶山文鈔》，《續修四庫全書》影印乾隆四十一年眉壽堂刻本。

14. 錢維喬修、錢大昕纂，（乾隆）《鄞縣志》，乾隆五十三年刻本。

15. 錢載，《萚石齋文集》，《續修四庫全書》影印乾隆刻本。

16. 強汝詢，《求益齋全集》，光緒二十四年江蘇書局刻本。

17. 秦瀛，《己未詞科錄》，同治六年世恩堂刻本。

18. 秦瀛，《小峴山人詩文集》，《續修四庫全書》影印嘉慶刻增修本。

19. 清華大學圖書館編，《清華大學圖書館藏善本書目》，清華大學出版社，2003 年。

20. 屈大均，《翁山文外》，《續修四庫全書》影印康熙刻本。

21. 瞿啟甲，《鐵琴銅劍樓藏書目錄》，中華書局，1993 年。

22. 全祖望，《鮚埼亭集》《鮚埼亭外集》，商務印書館《四部叢刊》本。

R

1. 任繼愈，《中國藏書樓》，遼寧人民出版社，2001 年。

2. 任啟運，《清芬樓遺藳》，《續修四庫全書》影印嘉慶二十二年刻本。

3. 茹綸常，《容齋文鈔》，《續修四庫全書》影印嘉慶刻增修本。

4. 阮元，《揅經室集》，《續修四庫全書》影印道光阮氏文選樓刻本。

5. 阮元撰、王愛亭等點校，《文選樓藏書記》，上海古籍出版社，2009 年。

S

1. 上海圖書館編，《上海圖書館善本書目》，上海圖書館，1957 年。

2. 上海圖書館編，《中國叢書綜錄》，上海古籍出版社，1986 年。

3. 邵晉涵撰，《南江書錄》，《聚學軒叢書》本。

4. 邵懿辰撰，《增訂四庫簡明目錄標注》，上海古籍出版社，1979 年。

5. 邵懿辰，《半巖廬遺集》，光緒三十四年邵章等刻本。

6. 沈家本、韓延龍等整理，《沈家本未刻書集纂補編》，中國社會科學出版社，2006 年。

7. 沈懋德，《昭代叢書》，道光刻本。

8. 沈欽韓，《幼學堂文稿》，《續修四庫全書》影印嘉慶十八年刻道光八年增修本。

9. 沈垚，《落帆樓文集》，民國七年嘉業堂刻《吳興叢書》本。

10. 沈豫，《皇清經解提要》，華夏出版社，2014 年。

11. 盛大士，《蘊愫閣文集》，《續修四庫全書》影印道光六年刻本。

12. 盛宣懷，《常州先哲遺書》，光緒刻本。

13. 盛昱，《意園文略》，宣統二年楊鍾羲金陵刻本。

14. 施補華，《澤雅堂文集》，光緒十九年陸心源刻本。

15. 史夢蘭，《爾爾書屋文鈔》，光緒十七年止園刻本。

16. 史夢蘭原著、石向騫主編，《史夢蘭集》，天津古籍出版社，2015 年。

17. 宋琬，《安雅堂文集》，《續修四庫全書》影印康熙五年刻本。

18. 宋翔鳳，《樸學齋文錄》，《續修四庫全書》影印嘉慶二十五年刻《浮谿精舍叢書》本。

19. 碩盦藏並編，《碩盦藏書目錄》，山東大學圖書館 2021 年編《山東大學圖書館藏稀見書目書志叢刊》影印民國朱絲欄稿本。

20. 孫葆田，《校經室文集》，民國五年吳興劉承幹刻本。

21. 孫殿起，《販書偶記》，上海古籍出版社，1999 年。

22. 孫先英等編，《廣西儒學文獻敘錄》，上海古籍出版社，2022 年。

23. 孫星衍，《平津館叢書》，嘉慶刻本。

24. 孫星衍撰、陳宗彝編、沙莎標點，《廉石居藏書記》，上海古籍出版社，2008 年。

25. 孫星衍，《孫淵如先生全集》，民國八年商務印書館《四部叢刊》影印嘉慶刻本。

26. 孫仰曾編，《壽松堂進呈書目》，山東大學圖書館 2021 年編《山東大學圖書館藏稀見書目書志叢刊》影印民國樊氏綿絳書屋刻朱印本。

27. 孫宗彝,《愛日堂文集》,廣陵書社 2015 年《揚州文庫》據乾隆三十五年刻本影印本。

T

1. 譚嗣同,《寥天一閣文》,民國六年上海商務印書館鉛印《戊戌六君子遺集》本。

2. 譚瑩,《樂志堂文集》,《續修四庫全書》影印咸豐十年吏隱園刻本。

3. 譚宗浚藏並編,《希古堂書目》,山東大學圖書館 2021 年編《山東大學圖書館藏稀見書目書志叢刊》影印清末鈔本。

4. 唐才常,《覺顛冥齋內言》,光緒二十四年長沙刻本。

5. 唐執玉等修、田易等纂,《畿輔通志》,《文淵閣四庫全書》本。

6. 唐仲冕,《陶山文錄》,《續修四庫全書》影印道光二年刻本。

7. 陶方琦,《漢孳室文鈔》,光緒十八年徐氏鑄學齋刻本。

8. 陶梁輯,《國朝畿輔詩傳》,道光十九年刻本。

9. 陶澍,《陶文毅公全集》,《續修四庫全書》影印道光二十年兩淮淮北士民刻本。

10. 田明曜修、陳灃纂,(光緒)《香山縣志》,光緒刻本。

11. 童書業,《春秋左傳研究》,上海人民出版社,1980 年。

12. 屠英等修、江藩等纂,(道光)《肇慶府志》,光緒二年重刻道光本。

W

1. 萬壽祺,《隰西草堂文集》,《續修四庫全書》影印民國八年羅氏鉛印《明季三孝廉集》本。

2. 萬斯同,《石園文集》,《續修四庫全書》影印民國二十五年張氏約園刻《四明叢書》本。

3. 汪紱,《雙池文集》,《續修四庫全書》影印道光十四年一經堂刻本。

4. 汪坤厚修、張雲望纂,(光緒)《婁縣續志》,光緒五年刻本。

5. 汪中,《述學》,《續修四庫全書》影印清刻本。

6. 王柏心,《百柱堂全集》,《續修四庫全書》影印光緒十九年刻本。

7. 王伯祥,《庋稼偶識》,中華書局,2008 年。

8. 王昶編,《塾南書庫目錄初編》,山東大學圖書館 2021 年編《山東大學圖書館藏稀見書目書志叢刊》影印民國朱絲欄鈔本。

9. 王昶，《春融堂集》，《續修四庫全書》影印嘉慶十二年塾南書舍刻本。

10. 王重民，《中國善本書提要》，上海古籍出版社，1983 年。

11. 王達津主編，《清代經部序跋選》，天津古籍出版社，1991 年。

12. 王國維撰、謝維揚等主編，《王國維全集》，浙江教育出版社，2009 年。

13. 王桂平，《清代江南藏書家刻書研究》，鳳凰出版社，2008 年。

14. 王闓運，《湘綺樓全集》，光緒三十三年墨莊劉氏長沙刻本。

15. 王克昌撰，《寶翰堂藏書考》，清抄本。

16. 王念孫，《王石臞先生遺文》，民國十四年羅氏鉛印《高郵王氏遺書》本。

17. 王其淦修、湯成烈纂，（光緒）《武進陽湖縣志》，康熙三十四年刻本。

18. 王芑孫，《淵雅堂全集》，《續修四庫全書》影印嘉慶刻本。

19. 王紹曾主編，《清史稿藝文志拾遺》，中華書局，2000 年。

20. 王士俊等修、孫灝等纂，《河南通志》，《文淵閣四庫全書》本。

21. 王士禛，《帶經堂集》，《續修四庫全書》影印康熙五十年程哲七略書堂刻本。

22. 王韜，《弢園文錄外編》，光緒九年鉛印本。

23. 王頌蔚撰，《古書經眼錄》，1915 年鮮溪王氏刻《寫禮廎遺著》本。

24. 王先謙，《虛受堂文集》，光緒二十六年刻本。

25. 王懿榮，《王文敏公遺集》，民國劉氏刻《求恕齋叢書》本。

26. 王欣夫，《蛾術軒篋存善本書錄》，上海古籍出版社，2002 年。

27. 王引之，《王文簡公文集》，民國十四年羅氏鉛印《高郵王氏遺書》本。

28. 王雲五主編，《續修四庫全書提要》，臺灣商務印書館，1972 年。

29. 王源，《居業堂文集》，《續修四庫全書》影印道光十一年讀雪山房刻本。

30. 王增山，《李佐賢生平著述考》，齊魯書社，2014 年。

31. 魏禧，《魏叔子文集外篇》，《續修四庫全書》影印清易堂刻《寧都三魏全集》本。

32. 魏小虎，《四庫全書總目匯訂》，上海古籍出版社，2012 年。

33. 魏源，《古微堂集》，宣統元年國學扶輪社鉛印本。

34. 魏源，《魏源全集》，嶽麓書社，2011 年。

35. 溫蕙撰，《讀書一間抄》，1936 年鉛印溫良儒輯《溫氏叢書》本。

36. 文奎堂書莊編，《文奎堂書目》，山東大學圖書館 2021 年編《山東大學圖書館藏稀見書目書志叢刊》影印民國二十三年北平文奎堂書莊鉛印本。

37. 翁方綱，《復初齋文集》，北京大學，2023 年。

38. 翁方綱撰、吳格整理，《翁方綱纂四庫提要稿》，上海科學技術文獻出版社，2005 年。

39. 吳墀藏並編，《南窗藏書目錄》，山東大學圖書館 2021 年編《山東大學圖書館藏稀見書目書志叢刊》影印民國鈔本。

40. 吳篪修、李兆洛等纂，(嘉慶)《東流縣志》，嘉慶二十三年刻本。

41. 吳重憙編，《海豐吳氏藏書目》，清抄本。

42. 吳格等整理，《續修四庫全書總目提要·叢書部》，北京圖書館出版社，2010 年。

43. 吳晗，《江浙藏書家史略》，中華書局，1981 年。

44. 吳坤修修、何紹基纂，(光緒)《重修安徽通志》，光緒四年刻本。

45. 吳茂雲、鄭偉榮編著，《台州古籍存佚錄》，上海古籍出版社，2019 年。

46. 吳敏樹，《柈湖文集》，光緒十九年思賢講舍刻本。

47. 吳騫，《拜經樓叢書》，民國十一年影印本。

48. 吳騫，《愚谷文存》，《續修四庫全書》影印嘉慶十二年刻本。

49. 吳騫，《愚谷文存續編》，《續修四庫全書》影印嘉慶十九年刻本。

50. 吳榮光，《石雲山人文集》，《續修四庫全書》影印道光二十一年吳氏筠清館刻本。

51. 吳汝綸，《桐城吳先生全集》，光緒三十年王恩紱等刻本。

52. 吳省欽，《白華前稿》，《續修四庫全書》影印乾隆刻本。

53. 吳省欽，《白華後稿》，《續修四庫全書》影印嘉慶十五年刻本。

54. 吳偉業，《梅村家藏藁》，《續修四庫全書》影印宣統三年董氏誦芬室刻本。

55. 吳馨修、姚文枏纂，(民國)《上海縣續志》，民國七年鉛印本。

56. 伍媽喜，《春秋左氏傳古注輯考》，臺灣學海出版社，1982 年。

57. 武億，《授堂遺書》，《續修四庫全書》影印道光二十三年武氏刻本。

X

1. 蕭穆，《敬孚類藁》，光緒三十三年刻本。

2. 謝旻等修、陶成等纂，《江西通志》，《文淵閣四庫全書》本。

3. 謝啟昆，《樹經堂文集》，《續修四庫全書》影印嘉慶刻本。

4. 謝庭薰修、陸錫熊纂，(乾隆)《婁縣志》，乾隆五十三年刻本。

5. 謝章鋌，《賭棋山莊所著書》，光緒刻本。

6. 徐敬修，《經學常識》，大東書局，1926年。

7. 徐乾學，《憺園文集》，《續修四庫全書》影印康熙刻冠山堂印本。

8. 徐釚，《南州草堂集》，《續修四庫全書》影印康熙三十四年刻本。

9. 徐時棟，《煙嶼樓文集》，光緒元年葛氏松竹居刻本。

10. 徐泳，《山東通志藝文志訂補》，山東人民出版社，2016年。

11. 許容等修、李迪等纂，《甘肅通志》，《文淵閣四庫全書》本。

12. 許瑤光《許雪門書目》，山東大學圖書館2021年編《山東大學圖書館藏稀見書目書志叢刊》影印民國鈔本。

13. 尋霖、龔篤清編，《湘人著述表》，嶽麓書社，2010年。

Y

1. 閻爾梅，《白耷山人文集》，《續修四庫全書》影印康熙刻本。

2. 嚴昌埈，《海藻》，民國三十二年鉛印本。

3. 嚴可均，《鐵橋漫稿》，《續修四庫全書》影印道光十八年四錄堂刻本。

4. 嚴庸輯，《吳興嚴氏藝文志略》，山東大學圖書館2021年編《山東大學圖書館藏稀見書目書志叢刊》影印民國八年（1919）鉛印本。

5. 楊寶彝，《大亭山館叢書》，光緒刻本。

6. 楊椿，《孟鄰堂文鈔》，《續修四庫全書》影印嘉慶二十四年楊魯生刻本。

7. 楊芳燦，《芙蓉山館全集》，光緒十七年活字印本。

8. 楊復豐編，《華堂藏書目錄第一集》，山東大學圖書館2021年編《山東大學圖書館藏稀見書目書志叢刊》影印民國油印本。

9. 楊紹和編，《楹書偶錄初編》、《楹書偶錄續編》，光緒二十年海源閣刻本

10. 陽海清等編，《文字音韻訓詁知見書目》，湖北人民出版社，2002年。

11. 陽海清編，《中國叢書綜錄補正》，江蘇廣陵古籍刻印社，1984年。

12. 陽海清編，《中國叢書廣錄》，湖北人民出版社，1999年。

13. 陽海清主編，《中南、西南地區省、市圖書館館藏古籍稿本提要》，華中理工大學出版社，1998年。

14. 姚鼐，《惜抱軒文集》，《續修四庫全書》影印嘉慶三年刻增修本。

15. 姚文田，《邃雅堂集》，《續修四庫全書》影印道光元年江陰學使署刻本。

16. 姚文田，《邃雅堂文集續編》，《續修四庫全書》影印道光八年刻本。

17. 姚瑩,《中復堂全集》,《續修四庫全書》影印同治六年姚濬昌安福縣署刻本。

18. 葉昌熾,《奇觚廎文集》,民國十年刻本。

19. 葉昌熾編,《葉學使擬購甘肅學堂應用經史諸書書目》,山東大學圖書館2021年編《山東大學圖書館藏稀見書目書志叢刊》影印清末蘭州官書局鉛印本。

20. 葉昌熾,《藏書紀事詩》,上海古籍出版社,1989年。

21. 葉德輝撰、葉啟倬輯,《郋園先生全書》,中國古書刊印社,1935年。

22. 葉景葵,《卷盦書跋》,上海古籍出版社,2006年。

23. 葉瑞寶、曹正元主編,《蘇州市古籍善本書目》,1980年油印本。

24. 儀董學堂編,《儀董學堂藏書總目》,山東大學圖書館2021年編《山東大學圖書館藏稀見書目書志叢刊》影印光緒刻本。

25. 佚名編,《光緒各省書局刊書售價目錄》,山東大學圖書館2021年編《山東大學圖書館藏稀見書目書志叢刊》影印清末木活字印本。

26. 佚名編,《畿輔人物著述稿》,山東大學圖書館2021年編《山東大學圖書館藏稀見書目書志叢刊》影印民國朱絲欄稿本。

27. 易順鼎,《盾墨拾餘》,光緒二十二年刻《哭盦叢書》本。

28. 應寶時修、俞樾纂,(同治)《上海縣志》,同治十一年刻本。

29. 于世琦編,《盧鄉叢書目錄》,山東大學圖書館2021年編《山東大學圖書館藏稀見書目書志叢刊》影印民國二十二年石印本。

30. 于萬川修、俞樾纂,(光緒)《鎮海縣志》,光緒五年刻本。

31. 余廷燦,《存吾文稿》,《續修四庫全書》影印咸豐五年雲香書屋刻本。

32. 俞樾,《春在堂全書》,光緒二十五年刻本。

33. 俞樟華等,《中國學術編年·清代卷》,華東師範大學,2013年。

34. 袁昶,《于湖小集》,光緒袁氏水明樓刻本。

35. 袁家穀編,《文瀾閣恭鈔四庫全書待訪目》《文瀾閣恭藏四庫全書闕卷待訪鈔補目》,山東大學圖書館2021年編《山東大學圖書館藏稀見書目書志叢刊》影印民國鈔本。

36. 袁枚,《小倉山房文集》,《續修四庫全書》影印乾隆刻增修本。

37. 岳濬等修、杜詔等纂,《山東通志》,《文淵閣四庫全書》本。

38. 惲敬,《大雲山房文稿》,民國八年上海商務印書館《四部叢刊》本。

Z

1. 曾國藩修、劉繹纂，（光緒）《江西通志》，光緒七年刻本。

2. 曾國藩，《曾文正公文集》，《續修四庫全書》影印同治十三年傳忠書局刻本。

3. 曾紀澤，《曾惠敏公文集》，光緒十九年江南製造總局鉛印本。

4. 查揆，《篔谷文鈔》，《續修四庫全書》影印道光十五年菽原堂刻本。

5. 瞿灝，《無不宜齋未定稿》，《續修四庫全書》影印乾隆十七年刻本。

6. 張寶琳修、王棻等纂，（光緒）《永嘉縣志》，光緒八年刻本。

7. 張岱年主編，《中國哲學大辭典》，上海辭書出版社，2010 年。

8. 張德意、李洪編，《江西古今書目》，江西人民出版社，1996 年。

9. 張海鵬，《借月山房匯鈔》，嘉慶刻本。

10. 張海鵬，《墨海金壺》，嘉慶刻本。

11. 張海鵬，《學津討原》，嘉慶刻本。

12. 張惠言，《茗柯文編》，民國八年上海商務印書館《四部叢刊》本。

13. 張惠言，《茗柯文補編》《茗柯文外編》，民國八年上海商務印書館《四部叢刊》本。

14. 張鑑祥編，《千目廬鬻書簡目》，山東大學圖書館 2021 年編《山東大學圖書館藏稀見書目書志叢刊》影印一九五五年紅格稿本。

15. 張鑑祥撰並輯，《張氏雜鈔書目六十種》，山東大學圖書館 2021 年編《山東大學圖書館藏稀見書目書志叢刊》影印民國鈔本暨稿本。

16. 張金吾，《愛日精廬藏書志》，中華書局，1993 年。

17. 張九鉞，《紫峴山人全集》，《續修四庫全書》影印咸豐元年張氏賜錦樓刻本。

18. 張履祥，《楊園先生詩文》，《續修四庫全書》影印同治十年江蘇書局刻《重訂楊園先生全集》本。

19. 張穆，《脣齋文集》，《續修四庫全書》影印咸豐八年祁寯藻刻本。

20. 張佩綸，《澗于集》，民國十五年張氏澗于草堂刻本。

21. 張聖誥修、焦欽寵等纂，（康熙）《登封縣志》，康熙三十五年刻本。

22. 張壽榮，《花雨樓叢鈔》，光緒刻本。

23. 張澍，《養素堂文集》，《續修四庫全書》影印道光十五年棗華書屋刻本。

24. 張舜徽，《清人文集別錄》，中華書局，1963 年。

25. 張祥雲修、孫星衍等纂,(嘉慶)《盧州府志》,嘉慶八年刻本。

26. 張雨蒼修、王樹枬纂,(民國)《新城縣志》,民國二十四年鉛印本。

27. 張裕釗,《濂亭文集》,光緒八年查氏木漸齋蘇州刻本。

28. 張雲璈,《簡松草堂文集》,《續修四庫全書》影印道光刻《三影閣叢書》本。

29. 張之洞撰、范希曾補正,《書目答問補正》,上海古籍出版社,1983 年。

30. 章炳麟,《章氏叢書》,民國浙江圖書館刻本。

31. 趙爾巽,《清史稿》,中華書局,1998 年。

32. 趙弘恩等修、黃之雋等纂,《江南通志》,《文淵閣四庫全書》本。

33. 趙懷玉,《亦有生齋集》,《續修四庫全書》影印道光元年刻本。

34. 趙紹祖撰、趙英明等點校,《讀書偶記消暑錄》,中華書局,1997 年。

35. 趙翼,《甌北集》,《續修四庫全書》影印嘉慶十七年湛貽堂刻本。

36. 趙昱藏並編,《小山堂藏書目錄備覽》,山東大學圖書館 2021 年編《山東大學圖書館藏稀見書目書志叢刊》影印道光十四年趙應壬刻本。

37. 趙元益,《高齋叢刻》,光緒新陽趙元益刻本。

38. 政協定西市安定區委員會,《重修定西縣志校注》,甘肅文化出版社,2011 年。

39. 鄭虔唐,《空齋遺集》,康熙二十一年刻本。

40. 鄭偉章,《文獻家通考》,中華書局,1999 年。

41. 鄭元慶輯,《湖錄經籍考吳興藏書錄》,臺北廣文書局有限公司,1969 年。

42. 鄭珍,《遵義鄭徵君遺著》,民國三年花近樓刻本。

43. 支偉成,《清代樸學大師列傳》,嶽麓書社,1998 年。

44. 《中國古籍善本書目》編委會,《中國古籍善本書目》,上海古籍出版社,1986 年。

45. 《中華大典》編纂委員會,《中華大典·文獻目錄典·古籍目錄分典·經總部》,廣西師範大學出版社,2015 年。

46. 中山大學中國古文獻研究所編,《粵詩人匯傳》,嶺南美術出版社,2009 年。

47. 周廣業,《蓬廬文鈔》,燕京大學圖書館民國二十九年鉛印本。

48. 周懷文,《續經義考·周易之部》,花木蘭文化事業有限公司,2022 年。

49. 周家齊修、鞠建章纂,(光緒)《高唐州志》,光緒三十三年刻本。

50. 周星，《九煙先生遺集》，《續修四庫全書》影印道光二十九年左仁周詒樸刻本。
51. 周星詒編，《書鈔閣行篋書目》，清抄本。
52. 周膺、吳晶主編，《杭州丁氏家族史料》，當代中國出版社，2016 年。
53. 周永年，《林汲山房遺文》，《續修四庫全書》影印清鈔本。
54. 周永年撰，《借書園書目》，清抄本。
55. 周中孚，《鄭堂讀書記》，中華書局，1993 年。
56. 朱次琦，《朱九江先生集》，光緒刻本。
57. 朱方增，《求聞過齋文集》，光緒二十年刻本。
58. 朱記榮輯錄，《國朝未刊遺書志略》，抄本。
59. 朱記榮，《槐廬叢書》，光緒刻本。
60. 朱琦，《小萬卷齋文稿》，光緒十一年刻本。
61. 朱駿聲，《傳經室文集》，民國劉氏刻《求恕齋叢書》本。
62. 朱緒曾，《開有益齋讀書志》，中華書局，1993 年。
63. 朱一新，《佩弦齋文存》，光緒二十二年龍氏葆真堂刻《拙盦叢稿》本。
64. 朱彝尊，《曝書亭集》，康熙五十三年刻本。
65. 朱彝尊著、林慶彰等主編，《經義考新校》，上海古籍出版社，2010 年。
66. 朱枕薪藏並編，《寸心日月樓藏書目》，山東大學圖書館 2021 年編《山東大學圖書館藏稀見書目書志叢刊》影印民國列印稿本。
67. 莊述祖，《珍埶宧文鈔》，《續修四庫全書》影印清刻本。
68. 宗舜年編，《金陵藝文志》，南京圖書館藏清稿本。
69. 鄒炳泰，《午風堂集》，《續修四庫全書》影印嘉慶刻本。
70. 鄒伯奇，《鄒徵君遺書》，《續修四庫全書》影印同治十二年鄒達泉刻本。
71. 鄒漢勛，《斅藝齋文存》，《續修四庫全書》影印同治九年華鼎元都門刻本。